轻历史阅读系列 Relaxed History Reading

绝代风华

道不尽69位才子佳人

代言 著

山西出版传媒集团
北岳文艺出版社
BEIYUE LITERATURE & ART PUBLISHING HOUSE

图书在版编目(CIP)数据

绝代风华：道不尽69位才子佳人 / 代言著. — 太原：北岳文艺出版社，2017.1(2023.6重印)

ISBN 978-7-5378-5015-5

Ⅰ. ①绝… Ⅱ. ①代… Ⅲ. ①人物—列传—中国 Ⅳ. ①K82

中国版本图书馆CIP数据核字(2016)第324993号

书名：绝代风华
——道不尽69位才子佳人

著者：代言

责任编辑：韩玉峰
装帧设计：张永文

出版发行　山西出版传媒集团·北岳文艺出版社
地　　址　山西省太原市并州南路57号
邮　　编　030012
电　　话　0351-5628696(发行部)
　　　　　0351-5628688(总编室)
传　　真　0351-5628680
经 销 商　新华书店

印刷装订　山西万佳印业有限公司
开　　本　710mm×1000mm　1/32
字　　数　220千字
印　　张　9.375
版　　次　2017年1月第1版
印　　次　2023年6月山西第2次印刷
书　　号　ISBN 978-7-5378-5015-5
定　　价　55.00元

前　言

中华民族是勤劳、智慧的民族，历史文化源远流长，才人、圣人、贤人等不计其数，但少有大成者。本书收录了从春秋到民国二千多年来69位集大成者，这69人是精中选精、优中选优。

上编为“经天纬地之才，青云鸿鹄之志”，主要选了从先秦到民国集大成者的才子。

先秦篇选了孔丘（孔子），他是儒家学派的创始人，被誉为万世师表，名望至今不衰；李耳（老子），他是道家学派的创始人，被道家奉为道祖，《道德经》称为千古绝唱；墨翟（墨子），他是墨家学派的创始人，提倡兼爱非攻，与儒家一起为当时“显学”；屈原，他是我国第一位爱国主义诗人，他的离骚体，至今无人超越，端午节因他而设，传承千年不衰；最后一个被选入的人是管仲，他被后人称为“中华第一相”，辅佐齐桓公，使其成为春秋第一个霸主，连诸葛亮都崇拜不已。

秦朝太短，未录，秦相李斯虽然是荀况（荀子）弟子，但其才华和成就远远赶不上师出同门的韩非。

汉篇录入了张良，“汉初三杰”之首，辅佐汉高祖刘邦建立汉朝，深明“兔死狗烹、鸟尽弓藏”的道理，功成身退，勉强接受了刘邦的“留侯”封号；司马相如，汉赋四大家之首，琴棋书画无所不能。扬雄、班固、张衡，他们都是汉赋四大家之三大家，成就非凡，尤其是张衡，他虽然在四大家中出生最晚，但他多才多艺，集科学家、发明家、文学家、史学家等于一身，在那个科学不发达的年代就提出“月光是日光的反照，宇宙是无限的”；司马迁，他写就了《史记》，通古今之变，成一家之言，性格耿直，得罪汉武帝，被处以宫刑，坚持著书。

三国篇录了曹操和诸葛亮二人，两人皆有神鬼莫测之能。晋篇录了陈寿，是《三国志》的作者；王羲之，被誉为“书圣”，古今第一书法大家；陶渊明，我国著名田园诗人，晋代代表作家，因志向高远，不愿为官，与俗人同流合污。从东汉末年到隋朝的数百年时间，华夏满目疮痍，连年征战，民不聊生，社会极不稳定，虽然有过“建安七子”“竹林七贤”等文人，但是整体成就不高，故不录入，唐代韩愈文起八代之衰就是这个道理。

唐代选录李白，他被誉为“诗仙”，在唐代诗坛成就最大，争议也大，有人说他是太白金星下凡，总之，他的天才足以傲视群雄；其次，是杜甫，他被誉为“诗圣”，他忧国忧民，苦难一生，是我国著名爱国诗人，他的诗可以当作唐代正史读，因此，又被视为“史诗”；王维，他被誉为“诗佛”，王维一生信奉佛教，因此，诗中有弘扬佛法的痕迹，他的诗久唱不衰；韩愈，他是“唐宋八大家”之首，又是“千古文章四大家”（与欧阳修、柳宗元、苏轼）之一，文起八代之衰，提倡“古文运动”；唐朝最后一个入选的是柳宗元，他与韩愈一样属于“唐宋八大家”之一，又是“千古文章四大家”之一。

五代十国统治期半个世纪，太短，鲜有大成者，只一个李煜，此人颇有才情，但前期诗词多是淫词滥调，不入选。

宋代选录欧阳修，欧阳文公在苏轼出现之前，当属一代文宗，“唐宋八大家”之一，“千古文章四大家”之一，他的散文成就颇高。苏轼，就是所谓的苏东坡，他的名气在宋代很大，在今天也很大，像“东坡肉”等等，他是“唐宋八大家”成就最大的一个，一身正气，两袖清风，却命运坎坷。司马光，宋代著名政治家、文学家，一代泰斗。宋代最后一位入选者是朱熹，他在理学上的成就超越了创始人周敦颐，成就一代宗师。

元代不足百年，只入选关汉卿、施耐庵两位艺术家。

明篇录入刘基（刘伯温），明太祖朱元璋的军师，助其一统天下，不仅深谙兵法、谋略，还写的一手好文章，但是他没有像张良那样功成身退，最后惨死，传说刘伯温有神鬼莫测之能，能清楚地计算到明朝的统治时间以及清朝的诞生，但不解地是他为何不能预料自己的命运？明篇入选的还有杨慎、徐渭，明代三大才子其二；还有唐伯虎，自封为“江南第一风流才子”，他诗、书、画三绝。还有罗贯中，他是章回体小说的鼻祖。还有吴承恩，写下了迄今为止世界上最有名的小说《西游记》，艺术成就之高。

清篇录入曹雪芹，他是千古第一小说《红楼梦》作者；蒲松龄，他的《聊斋志异》就连之后的纪晓岚的《阅微草堂笔记》都赶不上；纳兰性德，他是大清第一词人，词风忧郁，有点像李煜；郑板桥，他是“扬州八怪”之首，诗、书、画三绝，但仕途坎坷，不与黑暗同流合污；最后一位录入的是曾国藩，他博览群书，官居高位，被誉为“圣人师”。

民国篇有鲁迅，被誉为“民族之魂”；还有胡适，新文化运动的倡导者和发起人。

下编为“气质美如兰，才华馥比仙”，主要选了从汉代到民国集大成者的佳人。

汉代的卓文君，“蜀中四大才女”之首；王昭君，出塞和亲，为大汉换来了和平；班婕妤，以赋账；班昭，为了家族荣誉续写《汉书》；蔡文姬，随风飘零的一代才女，父亲蔡邕去世后，流落异乡，远嫁胡人。

魏晋南北朝只一位谢道韫。

唐朝，录入上官婉儿，唐初重臣上官仪的孙女，后辅佐女皇武则天，为后来的“开元盛世”打下基础，被誉为“一代女相”；薛涛，“蜀中四大才女”之一，对于造纸术拥有一套独特的工艺，诗文了得，错信爱情，看破红尘，终身不嫁；鱼玄机，女诗人，道姑，美丽动人，但命运坎坷，应验了红颜薄命那句话；唐朝最后录入者是李冶，唐中期的女诗人，影响一时。

五代篇选录李后主之妻周娥皇，多才多艺的一代才女，最后发现丈夫和自己的妹妹女英偷情，病情恶化，英年早逝；还有一位是后蜀皇帝的妃子，叫花蕊夫人，为“蜀中四大才女”之一，才情了得，相貌更是绝色。

宋篇选录张玉娘、朱淑真、吴淑姬，他们都是宋代颇有影响的才女，其中最具盛名的是李清照和唐婉，李清照被誉为“千古第一女词人”，才女之首；唐婉的名气大，可能因为她是陆游的表妹，并且深爱着表哥陆游，主要还是因为这段爱情佳话。

明篇选录冯小青、薛素素、柳如是、黄娥，她们都是明代颇有文名的才女，尤其是黄娥，她是“蜀中四大才女”之一，并且又是明代第一才子杨慎之妻；柳如是，晚明的一朵鲜花，她是“秦淮八艳”之首，她令当时的文坛泰斗钱谦益都拜倒在其石榴裙下。

清篇选录清朝中期的贺双卿，她被誉为“大清第一才女”；还有清末的秋瑾，举起了推翻清朝统治的大旗。

民国篇，入选了被胡适称为“民国第一才女”的林徽因，还有民国四大才女：萧红、石评梅、吕碧城、张爱玲。

每位人物的小传末尾，都有作者点评，总结其一生的成就。点评只是作者的一家之言，如有不当之处请读者指正。书中69人，皆古今之集大成者，古代才女远不止书中所录，只是限于古代男尊女卑、妇女极其没有社会地位的年代，她们的思想和行为皆遭到禁锢或者未有青史留名者，所以，少有大成者。如果没有贵人赏识或者机遇，佳人很难出人头地。

代　言

2016年8月13日，成都

目　录

上编　经天纬地之才，青云鸿鹄之志

先秦篇

孔丘（孔子）/003
李耳（老子）/009
墨翟（墨子）/015
王诩（鬼谷子）/018
屈原/021
管仲/026

汉　篇

张良/030
司马相如/037
司马迁/041
扬雄/045
班固/048
张衡/052

三国篇

曹操/055
诸葛亮/063

晋篇

陈寿/069
王羲之/071
陶渊明/073

唐篇

李白/076
杜甫/080
王维/084
韩愈/086
柳宗元/090

宋篇

欧阳修/093
苏轼(苏东坡)/096
司马光/101
朱熹/108

元篇

关汉卿/114
施耐庵/117

明篇

刘基(刘伯温)/119
罗贯中/124
吴承恩/127
唐寅(唐伯虎)/129
徐渭/133
杨慎/136

清篇

曹雪芹/139
纳兰性德(纳兰容若)/142
蒲松龄/147
郑板桥/150
曾国藩/154

民国篇

鲁迅/159
胡适/163

下编　气质美如兰,才华馥比仙

汉篇

卓文君/169
王昭君/173
班婕妤/176
班昭/179
蔡文姬/182

晋篇

谢道韫/185

唐篇

上官婉儿/188
薛涛/193
鱼玄机/196
李冶/199

五代篇

花蕊夫人/201
周娥皇/204

宋篇

李清照/207
唐婉/214
朱淑真/216
张玉娘/222
吴淑姬/228

明篇

黄娥/231
柳如是/235
冯小青/240
薛素素/246

清篇

贺双卿/251
秋瑾/256

民国篇

林徽因/260
张爱玲/265
石评梅/271
吕碧城/275
萧红/279

后　记/284

上编

经天纬地之才 青云鸿鹄之志

先秦篇

孔　丘

孔丘，字仲尼，就是世人所知道的“孔子”。祖籍在西周公爵诸侯国宋国。公元前551年出生在侯爵诸侯国鲁国，出生地相当于今天的山东省曲阜市。他是儒家学派的创始人，中国乃至世界著名的大思想家、大教育家，被誉为“万世师表”。

孔丘身世渊源，他的祖上本是宋国的贵族，宋国王室姓子，孔丘随子姓。先祖是商朝开国君主商汤。孔子的父亲叫叔梁纥。叔梁纥为了躲避宋国战乱，于是逃到了鲁国定居，在鲁国做了大夫。叔梁纥在鲁国生了九个女儿，没有一个儿子。好不容易生了一个儿子，这个儿子却有足疾。后来颜徵在又嫁给了叔梁纥，颜徵在和叔梁纥的年龄相差四十多岁，夫妻二人在尼山居住，称之为“野合”。颜徵在怀孕后生下了孔子，孔子生下来时头顶凹陷，不同常人。因为其母颜徵在曾祷告于尼丘山，故而孔子名丘，字仲尼。

鲁襄公二十四年(前549年)，也就是孔子三岁时，叔梁纥病逝。叔梁纥死后，颜徵在失去庇佑，被叔梁纥正妻施氏所逐，于是带孔子庶兄孟皮与孔子搬至曲阜阙里，过着清贫的生活。鲁昭公五年(前

537年),孔子日见其长,已意识到要努力学习做人与生活的本领,自己已经十五岁,志在做学问。鲁昭公七年(前535年),孔子的母亲颜徵在去世。这一年,季氏宴请士一级贵族,孔子去赴宴,被季氏家臣阳虎拒之门外。鲁昭公九年(公元前533年),孔子十九岁,为了能够常回祖籍地宋国祭拜祖先,便迎娶了宋国人亓官氏之女为妻。

鲁昭公十年(前532年),亓官氏生子。相传此时正赶上鲁昭公赐鲤鱼于孔子,故给其子起名为鲤,字伯鱼。孔子自20多岁起,志在仕途,所以对天下事非常热衷,对治理国家的诸多问题,常思考,也常发表一些见解。是年,孔子开始为委吏,管理仓库。鲁昭公十一年(前531年),孔子改作乘田,管理畜牧。孔子小时候生活艰难,会干一些粗活。鲁昭公十七年(前525年),郯子来到鲁国朝见,孔子向郯子询问郯国古代官制。孔子开办私人学校。

鲁昭公二十年(前522年),孔子到30岁时,已有些名气。当年,齐景公与晏婴来出访鲁国时召见了孔子,与他讨论秦穆公称霸的问题,孔子由此结识了齐景公。鲁昭公二十四年(前518年),孟懿子和南宫敬叔学礼于孔子。相传孔子与南宫敬叔适周问礼于老聃,问乐于苌弘。

鲁昭公二十五年(公元前517年),鲁国发生内乱。鲁昭公被迫逃往齐国。孔子离开鲁国,到齐国,受到齐景公的赏识和厚待,甚至曾准备把尼溪一带的田地封给孔子,但被大夫晏婴阻止。鲁昭公二十六年(前516年),齐景公问政于孔子,孔子提出君王要像个君王,臣下要像个臣下,父亲要像个父亲,儿子要像个儿子。孔子在齐闻《韶》乐,如醉如痴,三月不知肉味。鲁昭公二十七年(前515年),齐国的大夫想加害孔子，孔子听说后向齐景公求救，齐景公不救。孔子只好仓皇逃回鲁国。鲁昭公二十八年（前514年），晋魏献子执政，举贤才不论亲疏。孔子认为这是义举，在近处不会埋没与自己亲近而有贤德的人，在远处不会埋没受人推举而有贤德的人，这可以说是仁义了。鲁昭公二十九年（前513年）冬天，晋国铸刑鼎。孔子认为晋国的灭亡，主要是因为统治者没有好的制度和法度。鲁昭公三十年（前512年），孔子已经四十岁。孔子经过几十年的磨炼，对人生有了更加深刻的认识，自称四十岁不惑。

鲁定公六年（前504年），季氏家臣阳虎擅权日重，孔子称之为家臣掌政。孔子不上任，退隐而修著《诗》《书》《礼》《乐》，众多弟子跟着孔子周游列国，随他学习。阳虎想见孔子，而孔子却不想见阳虎，后来两人在路上相遇。阳虎劝孔子出仕，孔子没有明确表态，随后孔子被升为小司空。鲁定公十一年（前499年），孔子升为鲁国大司寇，摄相事，七日而诛少正卯，曝尸三日，鲁国大治。

鲁定公十二年（前498年），孔子为削弱三桓采取了隳三都的措施，拆毁三桓所建城堡。后来隳三都的行动半途而废，孔子与三桓的矛盾也随之暴露。鲁定公十三年（前497年）春天，齐国送八十名美女到鲁国。季桓子接受了女乐，君臣迷恋歌舞，多日不理朝政。孔子与季氏出现不和。孔子非常失望。不久鲁国举行郊祭，祭祀后按惯例送祭肉给大夫们却没有送给孔子，这表明季氏不想再任用他，孔子在不得已离开鲁国寻找出路，开始了周游列国的旅程，是年，孔子五十五岁。

鲁定公十四年（公元前496年），孔子带领弟子离开鲁国来到卫国。孔子在卫国被卫灵公夫人南子召见。孔子的弟子子路就此事批评了孔子。郑国的子产去世，孔子得到消息后，十分难过，称赞子产是从古代流传下来的慈惠的人。卫灵公开始非常尊重孔子，按照鲁国的俸禄标准发给孔子俸粟六万，但并没给他什么官职，没让他参与政事。孔子在卫国住了约十个月，因有人在卫灵公面前进谗言，卫灵公对孔子起了疑心，派人公开监视孔子的行动，因此孔子带弟子离开卫国，打算去陈国。孔子路过匡城（今河南睢县）时，因误会被人围困了五日，逃离匡城，到蒲地，又碰上卫国贵族公叔氏发动叛乱，再次被围。逃脱后，孔子又返回卫国，卫灵公听说孔子师徒从蒲地返回，非常高兴，亲自出城迎接。此后孔子几次离开卫国，又几次回到卫国，这一方面是由于卫灵公对孔子时好时坏，另一方面是孔子离开卫国后，没有去处，只好又返回卫国。鲁定公十五年（前495年），孔子离开卫国回到鲁国。鲁哀公元年（前494年），吴国使人聘鲁国，就“骨节专车”一事问孔子。鲁哀公二年（前493年），孔子由鲁国来到卫国。卫灵公问政于孔子，孔子婉言拒绝卫灵公。孔子在卫国住不下去，离开卫国西行。经过曹国到宋国。宋司马桓魋讨厌孔子，扬言要杀害孔子，孔子微服而行。五十九岁的孔子离开卫国经曹国、宋国、郑国至陈国，陈国于是派服役人将孔子师徒围困在半道，前不靠村后不靠店，绝粮七日，最后子贡找到楚人，楚国派兵迎孔子，孔子师徒才免于一死。

鲁哀公三年（前492年），孔子六十岁，称自己能正确对待各种言论，不觉得不顺。孔子过郑到陈国，在郑国都城与弟子失散独自在东门等候弟子来寻找，被人嘲笑，称自己颓丧的样子如同丧家之犬。鲁哀公四年（前491年），孔子离开陈国，来到蔡国。鲁哀公五年（前490年），孔子从蔡国来到叶国。叶国君主叶公向孔子问政，并与孔子讨论有关道德问题。在离开叶国返回蔡国的途中，孔子遇到一位隐者。鲁哀公十年（前485年），孔子在卫国，孔子的夫人亓官氏去世。鲁哀公十一年（前484年），齐国讨伐鲁国，孔子弟子冉有率鲁师与齐战，获胜。季康子问冉有指挥才能从何而来，冉有说来自孔子。六十八岁的孔子在季康子的迎接下归鲁国。孔子周游列国十四年，至此结束。孔子仍有心从政，但仍是不被用。季康子欲施行田赋，孔子反对。对冉有说判断一个人的行为是不是君子的行为，应从他的礼数来判断。施舍时，从重付出；做事时，中庸而行之；死时，对自己薄葬。

鲁哀公十二年（前483年），孔子继续从事教育及整理文献工作。这年冬天，孔子的儿子孔鲤去世。鲁哀公十三年（前482年），孔子已七十岁，称自己这时随心行事也可以不逾越规矩了。身处乱世的孔子所主张的仁政没有施展的空间，但在治理鲁国的三个月中，使强大的齐国也畏惧孔子的才能，足见孔子无愧于杰出政治家的称号。政治上不得意，使孔子将很大一部分精力用在教育事业上。孔子曾任鲁国司寇，后携弟子周游列国，入东周向老子请教。最终返回鲁国，专心执教。孔子打破了教育垄断，开创了私学，弟子多达三千人，其中有七十二贤人，便是著名的七十二贤士。七十二人中有很多为各国高官栋梁，又为儒家学派延续了辉煌。这“七十二贤士”中，又数颜回是孔子最爱的弟子。但颜回先他而死，孔子十分悲伤。鲁哀公十四年（公元前481年）春天，西狩获麟。孔子认为这不是好征兆，吾道穷矣，于是停止修《春秋》。同年六月，齐国陈恒弑齐简公，孔子斋戒沐浴三天，孔子见鲁哀公，请求鲁国出兵讨伐陈恒，没有得到支持。孔子又向季孙请求出兵，结果遭到拒绝。

鲁哀公十五年（前480年），孔子得意门生子路死于卫国内乱，还被剁成肉酱。经过这一系列打击后，孔子知道自己时日不多。鲁哀公十六年二月初四日（前479年4月4日），子贡来见孔子，孔子拄杖依于门前遥遥相望。他责问子贡为何那么晚来见自己。于是叹息，泰山将要坍塌，梁柱将要腐朽折断，哲人将要如同草木一样枯萎腐烂。孔子流下眼泪，讲到天下无道已经很久，没有人肯采纳自己的主张，自己的主张不可能实现。鲁哀公十六年二月十一日（前479年4月11日），孔子患病不愈而卒，终年七十三岁，葬于鲁城北泗水边。弟子为之守墓三年，唯独子贡为孔子守墓六年。弟子及鲁国人从墓而家者上百家，得名孔里。孔子故居改为庙堂，孔子受到人们的奉祀。

周朝的分封制孵化出那个战乱纷飞的年代，正因为如此却锻炼了很多圣贤，孔子的一生充满传奇且有些戏剧色彩，他的命运坎坷，使他积累了丰富的人生经历。他是儒家学派的创始人，也是当时之集大成者，弟子数千人，证明他的身上的确有很多闪光点，孔子七十三年的生命历程，影响了中国乃至世界数千年，他无疑是中国乃至世界的文化标杆。

李　耳

“李耳”这个名字肯定有些人会觉得很生僻，但是说到“老子”，相信很多人并不陌生。老子，本姓李，名耳，字聃。由于他是道家学派的创始人，他的人生颇具神话色彩，生卒年不详，大约生活在公元前571年到前471年之间，他是中国乃至世界上伟大的哲学家、思想家。他出生在楚国苦县（今河南省鹿邑县），一个文化璀璨的诸侯国家。他被唐朝帝王认为是李姓始祖，同时在当今世界享有颇高的名气。他的代表著作《道德经》至今被奉为经典，作品朴素且精华，主张无为而治。对中国乃至世界哲学的发展起到奠基作用，同时，李耳被道家尊为始祖。

但凡大人物出世，都颇有点传奇和神话色彩，尤其是李耳这样的道祖。相传，被道教奉为太上老君的老子是彭祖的后裔，大约在商朝阳甲年，公神化气，老子寄胎玄妙王之女理氏（玄妙玉女）腹中。理氏（玄妙玉女）在河边洗衣，忽见上游飘来一个李子。理氏忙用树枝将这个拳头大小的李子捞上来。中午，理氏又热又渴，便将李子吃下去。此后，理氏怀了身孕。理氏养胎八十一年，生下一男孩。男孩生下来，没多久就长出白头发、白眉、白胡须。因此，理氏给他取名“老子”。老子生下来就会说话,他指着一棵李子树说“李就是我的姓”。

老聃自幼聪慧好学,经常问些国家兴衰、战争成败、祭祀占卜、观星测象之事。母亲望子成龙,请精通殷商礼乐的商容教授。商容通天文地理,博古今礼仪,深受老聃敬重。一日,商容教授道:“天地之间人为贵,众人之中王为本。”李耳问道:“天为何物?”先生道:“天者,在上之清清者也。”李耳又问:“清清者又是何物?”先生道;“清清者,太空是也。”“太空之上,又是何物?”先生道:“太空之上,清之清者也。”“之上又是何物?”“清之清者之上,更为清清之清者也。”李耳又问。“清者穷尽处为何物?”先生道:“先贤未传,古籍未载,愚师不敢妄言。”夜晚,李耳以其疑惑问其母,母不能答;问家将,家将不能言。于是仰头观日月星辰,低首思天上之天为何物,彻夜不能寐。

又一日,商老先生教授道:“六合之中,天地人物存焉。天有天道,地有地理,人有人伦,物有物性。有天道,故日月星辰可行也;有地理,故山川江海可成也;有人伦,故尊卑长幼可分也。有物性,故长短坚脆可别也。”李耳问道:“日月星辰,何人推而行之?山川江海,何人造而成之?尊卑长幼,何人定而分之?长短坚脆,何人划而别之?”先生道:“皆神所为也。”李耳问道:“神何以可为也?”先生道:“神有变化之能。造物之功,故可为也。”李耳问:“神之能何由而来?神之功何时而备?”先生道:“先师未传,古籍未载,愚师不敢妄言。”夜晚,李耳以其疑惑问其母,母不能答。问家将,家将不能言。于是视物而思,触物而类,三日不知饭味。

一日,商老教授道:“天下之事,和为贵。失和则交兵,交兵则相残,相残则两伤,两伤则有害而无益。故与人利则利己,与人祸则祸己。”李耳问道：“天下失和，百姓之大害也，君何以不治？”先生道：“民争，乃失小和也；失小和则得小祸，然而君可以治也。国争，乃失大和也；失大和则得大祸，大祸者，君之过也，何以自治？”李耳问：“君不可自治，神何以不治？”先生道：“先哲未传，古籍未载，愚师不敢妄言。”夜晚，李耳以其疑惑问其母，母不能答；问家将，家将不能言。于是，遍访相邑之士，遍读相邑之书，遇暑不知暑，遇寒不知寒。

老子的天赋很高，聪敏好学，不到三年就学完了商老先生所教授的全部学问，商老自言惭愧，无法再教授老子。商老建议李耳去周都，就是周朝都城，天子所在地，那里典籍甚多，名士更是灿如星海。李耳入周，拜见博士，入太学，天文、地理、人伦，无所不学，文物、典章、史书无所不习，三年而大有长进。博士又荐其入守藏室为吏。藏室是周朝典籍收藏之所，集天下之文，收天下之书，无所不有。李耳处其中，如饥似渴，博览群书，三年后又迁任守藏室史，声名远播。

就连儒家创始人孔子也都问礼于李耳。公元前523年的一天，孔子对弟子南宫敬叔说：“周之守藏室史老聃，博古通今，知礼乐之源，明道德之要。今吾欲去周求教，汝愿同去否？”南宫敬叔欣然同意，随即报请鲁君。鲁君准行。遣一车二马，一童一御，由南宫敬叔陪孔子前往。老子见孔丘千里迢迢而来，非常高兴，教授之后，又引孔丘访大夫苌弘。苌弘善乐，授孔丘乐律、乐理；引孔丘观祭神之典，考宣教之地，察庙会礼仪，使孔丘感叹不已，获益不浅。逗留数日。孔丘向老子辞行。李耳送至馆舍之外，赠言道：“吾闻之，富贵者送人以财，仁义者送人以言。吾不富不贵，无财以送汝；愿以数言相送。当今之世，聪明而深察者，其所以遇难而几至于死，在于好讥人之非也；善辩而通达者，其所以招祸而屡至于身，在于好扬人之恶也。为人之子，勿以己为高；为人之臣，勿以己为上，望汝切记。”孔丘顿首道：“弟子一定谨记在心！”行至黄河之滨，见河水滔滔，浊浪翻滚，其势如万马奔腾，其声如虎吼雷鸣。孔丘伫立岸边，不觉叹曰：“逝者如斯夫，不舍昼夜！黄河之水奔腾不息，人之年华流逝不止，河水不知何处去，人生不知何处归？”闻孔丘此语，老子道：“人生天地之间，乃与天地一体也。天地，自然之物也；人生，亦自然之物；人有幼、少、壮、老之变化，犹如天地有春、夏、秋、冬之交替，有何悲乎？生于自然，死于自然，任其自然，则本性不乱；不任自然，奔忙于仁义之间，则本性羁绊。功名存于心，则焦虑之情生；利欲留于心，则烦恼之情增。”孔丘道：“吾乃忧大道不行，仁义不施，战乱不止，国乱不治也，故有人生短暂，不能有功于世、不能有为于民之感叹矣。”老子道：“天地无人推而自行，日月无人燃而自明，星辰无人列而自序，禽兽无人造而自生，此乃自然为之也，何劳人为乎？人之所以生、所以死，所以荣、所以辱，皆有自然之理、自然之道也。顺自然之理而趋，遵自然之道而行，国则自治，人则自正，何须津津于礼乐而倡仁义哉？津津于礼乐而倡仁义，则违人之本性远矣！犹如人击鼓寻求逃跑之人，击之愈响，则人逃跑得愈远矣！”

孔子回到鲁国，感慨问礼于李耳，他对身边的弟子说，李耳才是他的真师父。

周敬王二年（前518年），李耳守丧期满返周。周敬王四年（前516年），周王室发生内乱，王子朝率兵攻下刘公之邑。周敬王受迫。当时晋国强盛，出兵救援周敬王。王子朝势单力薄，与旧僚携周王室典籍逃亡楚国。李耳蒙受失职之责，受牵连而辞职。于是离宫归隐，骑一青牛，欲出函谷关，西游秦国，励志著书。离开周都洛邑不远，见四野一片荒凉，断垣颓壁，田园荒芜。李耳心如刀绞，道："夫兵者，不祥之器也，非君子之器。不得已而用之，适可而止，恬淡为上。胜而不必自美，自美者乃乐杀人也。夫乐杀人者，不可以得志于天下矣！以道佐人主者，不以兵强天下。兵之所处，荆棘生焉；大兵之后，必有凶年。天下有道，却走马以粪；天下无道，则戎马生于郊。戎马生于郊，则国乱家破矣。"

函谷关官员关尹，一向好学，少时好天文、读古籍。一日夜晚，独凝视星空，忽见东方紫云聚集，其长三万里，形如飞龙，由东向西滚滚而来，自语道："紫气东来三万里，圣人西行经此地。青牛缓缓载老翁，藏形匿迹混元气。"关尹早闻李耳大名，心想莫非是他，于是派人清扫道路四十里，夹道焚香，以迎圣人。

七月十二日午后，夕阳西斜。关尹欲下关查看，忽见关下行人中有一老者，倒骑青牛而来。老者白发如雪，其眉垂鬓，其耳垂肩，其须垂膝，红颜素袍，简朴洁净。关尹仰天而叹道："此生有幸，得见圣人！"三步并作两步，奔上前去，跪于青牛前拜道："关尹叩见圣人！"

李耳见叩拜之人方脸、厚唇、浓眉、端鼻，威严不冷酷，柔慈不媚，早知非常人，故试探道："关令大人叩拜贫贱老翁，非常之礼也！老夫不敢承当，不知有何见教？"关尹道："老丈，圣人也！务求留宿关舍以指修行之途。"老子道："老夫有何神圣之处，受你如此厚爱？惭愧惭愧，羞煞老夫矣？"关尹道："关尹不才，好观天文略知变化。见紫气东来，知有圣人西行，见紫气浩荡，滚滚如龙，其长三万里。知来者至圣至尊，非通常之圣也；见紫气之首白云缭绕，知圣人白发，是老翁之状；见紫气之前有青牛星相牵，知圣人乘青牛而来也。”

老子听罢，大笑：“老夫亦早闻你大名，特来拜会。”关尹闻言大喜，叩头不迭。之后，关尹引老子至官舍，请老子上坐，焚香而行弟子之礼，恳求道：“先生乃当今大圣人也！圣人者，不以一己之智为己有，必以天下人智为己任也。今汝将隐居而不仁，求教者必难寻矣！何不将汝之圣智著为书？关尹虽浅陋，愿代先生传于后世，流芳千古，造福万代。”

李耳允诺，以王朝兴衰成败、百姓安危祸福为鉴，溯其源，著上、下两篇，共五千言。上篇起首为“道可道，非常道；名可名，非常名”，故人称《道经》；下篇起首为“上德不德，是以有德；下德不失德，是以无德”，故人称为《德经》，合称《道德经》。《道经》言宇宙本根，含天地变化之机，蕴阴阳变幻之妙；下篇《德经》，言处世之方，含人事进退之术，蕴长生久视之道。关尹得《道德经》，如获至宝，终日默诵，如饥似渴。

老子生卒不详，究竟活了多少岁，无确切记载，一说一百六十岁，一说两百余岁。他与孔子同属一个时代，当时的两大圣人。

李耳，出生在文化璀璨的楚国。加上他过人的天赋，好学的品格，出生在那样一个百家争鸣的时代，集百家之所长，成一家之言，创建独立思想体系，为道学创始人。后来的庄子也在一定程度上继承和弘扬了道家学说，汉代的张道陵创立的道教，也奉李耳的《道德经》为道教真经，奉李耳为道祖。李耳是集天下之大成者的圣人。

墨　翟

墨子，本名墨翟，生卒年不详。他大约生活在春秋末期战国初期，他的出生地历来有争议，一说是宋国人，一说是滕国人，说法不一。但说法最多的是，他是宋国贵族目夷的后代，墨翟是墨家学派的创始人，著名的思想家、教育家、科学家、军事家等，是一位集大成者。

墨翟是中国历史上唯一的农民哲学家，墨翟创立墨家学说，墨家在战国时期影响很大，与儒家并称“世之显学”。他主张“兼爱”“非攻”“尚贤”“尚同”“天志”“明鬼”“非命”“非乐”“节葬”“节用”等观点。以兼爱为主，以节用、尚贤为辅。墨翟在战国时期创立以几何学、物理学、光学为突出成就的一系列科学理论。当时百家争鸣，有“非儒即墨”的说法。

墨翟在少年时放过牧，学过木工。他发明创造的天赋比公输班还要高，他自称“鄙人”，称为“布衣之士”。虽然是落魄的贵族后裔，但也受到不少教育，墨翟是一个有文化知识、又接近工农小生产的士人。说“上无君上之事，下无耕农之难”，是一位同情农民与工肆的士人。墨翟决心拜访天下名师，探索治国之道。

墨翟着草鞋，步行天下，开始各地游学。墨子曾学习孔子的儒学，学习《诗》《书》《春秋》等儒家典籍。但墨翟批评儒家对待天帝、鬼神和命运的偏颇态度，以及奢靡礼乐，认为儒家之言华而不实，“故背周道而行夏政”。

墨翟最终舍弃儒学，另立学说，聚众讲学，以激烈的言辞抨击儒家和各诸侯国的暴政。大量的手工业者和下层士人开始追随墨翟，逐步形成墨家学派，成为儒家的主要反对派。墨家是一个宣扬仁政的学派。代表地主阶级利益的法家崛起前，墨家是先秦时期和儒家相对立的最大的一个学派，并列为“显学”。

墨翟一生广收门徒，宣传自己的学说，不遗余力地反对兼并战争。亲信弟子达到数百人之多，形成声势浩大的墨家学派。墨翟在宋昭公时曾做过宋国大夫。但后来地位下降，接近劳动者。墨翟的行迹很广，东到齐，北到郑、卫，并打算到越国，但终未成行。墨翟曾阻止鲁阳文君攻打郑国，说服鲁班而止楚攻宋。墨翟多次访问楚国，献书给楚惠王。楚惠王打算以书社封墨翟，但墨翟没有接受。后来他又拒绝了楚王赐给他的封地，离开楚国。越王邀请墨翟做官，并许给他以五百里的封地。墨翟以“听我劝告，按我道理办事”作为前往条件，不计较封地与爵禄，目的是为实现自己的政治抱负和思想主张，遭到越王拒绝。墨翟晚年来到齐国，企图劝止项子牛讨伐鲁国，但未成功。

墨翟晚年，儒墨齐名。墨翟死后，墨家弟子仍遍布天下，不可胜数，战国时期虽有诸子百家，但“儒墨显学”则是百家之首。墨翟死后，墨家分裂为相里氏之墨、相夫氏之墨、邓陵氏之墨三个学派。他们都传习《墨子》，但有所不同，互相攻击对方是“别墨”。从第四代

"矩子"起,墨学的中心已经转移到秦国。墨家与儒、法、道等家不同之处在于,它是由墨者组成的带有宗教色彩的集团,有严格的纪律,能赴汤蹈火,视死如归。这些,一般人是难以办到的。

春秋、战国时代虽然是一个百家争鸣、诸侯纷争的年代,但是以孔子的儒家文化和墨翟的墨家文化为世之显学。学习儒学以后,不认可儒家的一些观点,因此而自创学说,创立墨学,这是一个有主见且有大抱负的人。中国几千年的历史,他是第一个为底层农民说话的集大成者。他在军事、科学、教育等领域都有所成就,尤其是在科学领域,被后人尊称为"科圣"。墨家思想的核心其实就是"兼爱""非攻","兼爱"就是提倡天下兼相爱,爱别人就像爱自己一样,爱别人的父母就像爱自己的父母一样,爱别人的家庭就像爱自己的家庭一样,以这样的方式缓解人们的矛盾,阻止战争。"非攻"就是不主张攻打别国。墨家思想就是围绕爱进行的,但是他们的组织并不像道家、儒家、法家等那样,墨家的组织带有明显的宗教色彩,还有严密的组织,在墨家内部严刑峻法,已经不完全是学术的交流了。

王诩(鬼谷子)

王诩,又名王禅、王利,号玄微子。额头前长着四颗肉痣,成鬼宿之象,其貌不扬,但却有经纬盖世大才。此等神人往往颇多传奇,且神秘,他的出生地依旧是个谜,说法大多不一。一说他是卫国朝歌人(今河南鹤壁市淇县),一说他是魏国邺人(今河北邯郸临漳县)。他大约生活在公元前400年到公元前320年。

他延续和发扬了道家文化,也是纵横家的鼻祖。由于他常年入山采药修道,隐居在鬼谷,所以又称为鬼谷子。"王禅老祖"是后人对鬼谷子的尊称,为老学五派之一。

很多小说作品将他神化,说他通天彻地,人不能及。一曰数学,日星象纬,在其掌中,占往察来,言无不验;二曰兵学,六韬三略,变化无穷,布阵行兵,鬼神不测;三曰言学,广记多闻,明理审势,出词吐辩,万口莫当;四曰出世,修真养性,祛病延年,服食异引,平地飞升。二千多年来,兵家尊他为兵圣,纵横家尊他为始祖,算命占卜者尊他为祖师爷,道教则将他与老子同列,尊他为王禅师。孙膑、张仪那么厉害的人物都是其弟子,鬼谷子的成就可见一斑。

关于鬼谷子的传说,很多。相传,有一家赵姓和一家周姓,他们是邻居，赵家经商，周家务农，两家交情匪浅。后来，赵家破产，周家慷慨接济，赵家为表谢意，将女儿许配给周家。不久，周家父母去世，家境败落，作为商人的赵家，悔婚。周家公子念在青梅竹马，相思成疾，病亡。赵家女贤惠，闻其噩耗，到周家公子坟前，痛哭不止，哀痛过度，昏过去，意识模糊的她好像看到周家公子让她把坟前的一苗稻谷带回去。赵家女醒后，见身边确有稻谷一苗，她带回去，吃了，赵家女怀孕，生下一男孩，这就是鬼谷子。因鬼生谷，因谷生子，赵家女给自己的孩子取名为鬼谷子。

另一些传说中，说鬼谷子是道教洞府真仙，位居第四座左位第十三人，被尊为玄微真人，又号玄微子。在道教中，真仙又称真人，只有得道成仙方可称为真人，玄微真人鬼谷子住在鬼谷洞天，是为了在凡间超度几位仙人。他的弟子苏秦、张仪、孙膑、庞涓等尘缘未了。鬼谷子只好暂居世间，暗自关注弟子，帮助他们扶正祛邪。

相传鬼谷子有隐形藏体之术，有混天移地之法，还会脱胎换骨，起死回生，能撒豆为兵。鬼谷子是真仙，历数代而不老，“鬼谷先生者，古之真仙也。云姓王氏。自轩辕之代，历于商周，随老君两化流沙，洎周末复还中国。居汉斌鬼谷山。”据传，秦始皇曾寻访鬼谷先生，向他讨要长生不老药。“神州之上有不死草，似菰苗，人已死，此草覆之即活。秦始皇时，大苑中多枉死者，有鸟状衔此草坠地以覆，死人即起坐。始皇遣问北郭鬼谷先生，云东海瀛州上不死之草，生琼田中。”“秦始皇闻鬼谷先生言，因遣徐福入求玉蔬金菜，并一寸葚。”

鬼谷子晚年隐居云梦山，一则聚徒讲学，二则孝敬老母。

鬼谷子的时代虽然已经过去两千多年，备受后人的推崇，将其神化，但俗话说世上并无空穴来风之事，鬼谷子既然被争议了两千多年，张仪、孙膑、苏秦等这些经纬大才皆出其门，可见此人具有神鬼莫测之能。鬼谷子集道家、兵家、纵横家之大成者。

屈 原

屈原，生活在公元前340年到公元前278年，芈姓，屈氏，名平，字原，出身楚国王室。楚武王熊通的后代，少年时代受到过良好的教育，博学多闻，志向远大，战国时期伟大的诗人、政治家。屈原是中国历史上第一位伟大的爱国诗人，中国浪漫主义文学的奠基人，被誉为“中华诗祖”“辞赋之祖”。他是“楚辞”的创立者和代表者，开辟了“香草美人”的屈原被后人称为“诗魂"。1953年，屈原逝世2230周年，世界和平理事会通过决议，定屈原为世界四大文化名人之一。

周显王二十九年正月初七日（前340年），屈原生于楚国丹阳(今河南淅川县)，屈原一周岁，居乐平里。屈原自幼嗜书成癖，读书多而杂，“石洞读书”与“巴山野老授经”当在这一年的时期。屈原虽出身贵族，但自幼生活在民间，加之良好教育，故而同情贫穷的百姓。周显王四十八年（前321年），秦军犯境，屈原组织乐平里的青年奋力抗击，他一方面对青年进行思想教育，一方面巧用战术，机智果断地给敌人以沉重打击，一展其才华。公元前320年，仲春时节，屈原应怀王之召出山进京，这年他在鄂渚为县丞。公元前317年，屈原忙于变法改革，制订并出台各种法令。公元前316年，继续进行变法改革，与旧贵族和一切顽固势力进行斗争。公元前315年，深入改革，民心所向，楚形势大变，旧贵族面临着覆灭的命运。公元前314年，屈原因上官大夫之谗而见疏，被罢黜左徒之官，任三闾大夫之职。

周赧王二年（前313年），屈原第一次流放汉北地区（今河南西峡、淅川、内乡一带）。为打破楚、齐联盟，秦国派张仪贿赂楚国权贵宠臣，欺骗楚王说："楚国如能与齐国绝交，秦国愿意献出商、于一带六百多里土地。"屈原极力劝谏，但是楚王不听，楚怀王听信张仪就把相印授予，跟张仪去秦国受地。张仪回秦后称病，三月不见楚使。怀王以为张仪怨他与齐国绝交时不够坚决，又派人去辱骂齐王一通。齐王大怒，断绝与楚合纵，反被秦国联合起来。这时，张仪才出面对楚使说："您为什么不接受土地呢？从某地到某地，广袤六里。"六百里变成了六里，楚使很生气，回来报告楚怀王，怀王大怒，先后两次兴师伐秦于汉北楚古都丹阳（今河南西峡、淅川一带），结果都被秦打败，丧失八万军队，大将军屈丐、裨将军逢侯丑等70余人被秦军俘虏，汉中郡沦陷，史称"丹阳之战"。随后，秦又遣军攻取楚地汉中(今陕西汉中)600里地，置汉中郡。

公元前312年，楚国发兵反击，在蓝田（今陕西蓝田一带）大败。韩、魏趁机偷袭楚国至邓（今河南邓州），楚国军队畏惧，从秦国回归。韩宣王死，在位二十一年。子襄王仓立。孟轲在周赧王三年离开齐国。孟轲主张"性善"，劝齐宣王行仁政，劝滕文公行"井田"，均因为迂阔难行，不受两国采纳。怀王重新启用屈原，令他出使齐国，目的是让齐楚两国联盟。公元前311年，秦惠文王更元十四年，攻取楚召陵。惠文王愿分汉中之半给楚，与楚结盟。楚怀王比起汉中的土地，更想获得张仪。张仪来到楚国，由于重金贿赂靳尚，并得到楚怀王宠姬郑袖进言，得到释放，回到秦国。秦惠文王死，武王荡继位。屈原出使齐国，回来楚国时，张仪已离开，劝谏怀王说："为什么不杀张仪？"怀王后悔，派人追张仪没有追到。公元前310年，秦武王元年。张仪被武王排斥，愤然离开秦国赴魏国。屈原仍事怀王。怀王领悟到被张仪欺骗，出于一时权宜之计起用屈原为齐使，当屈原从齐国回来后被楚怀王疏远。公元前309年，秦武王二年，齐宣王欲为纵长，恶楚之与秦合，遣使遗楚王书，怀王犹豫不决，昭睢力谏，遂不合秦而合齐以善韩。屈原不能参与朝政，极可能通过昭睢等大臣敦怀王合齐。公元前304年，秦楚复合，与屈原谋划相反，而奸人必有谗言相害。次年，秦国一大夫与太子横因私事被杀死。太子横惧怕秦昭王怪罪，私自逃回楚国。此事使秦、楚两国关系恶化，导致此后秦国对楚国的频繁进攻。屈原憎恨楚怀王听信小人谗言，蒙蔽视听，屈原在忧愁幽思而作《离骚》。

前303年，齐、韩、魏三国攻楚，声讨楚违约。楚向秦求救，还把太子送到秦国做人质。次年，楚太子杀秦大夫逃回楚国。公元前301年，秦以此为借口，联合齐、韩、魏攻楚，杀楚将唐昧，占领了今河南泌阳县东北。次年又攻楚，消灭楚军两万，又杀楚将景缺。这时，昏庸的怀王才又想起齐楚联盟的重要，让太子质于齐以求齐楚联盟反秦。前299年，秦又攻楚，取楚八城。趁这形势，秦昭王"邀请"怀王在武关（今陕西商县东）相会。公元前299年，屈原此时已从流放地返回，和昭睢等一起，力劝怀王不要赴会，说："秦，虎狼之国，不可信，不如无行。"可怀王的幼子怕不去会得罪秦王，怂恿怀王前去。怀王一入武关，就被秦军扣留，劫往咸阳，威胁他割让巫郡和黔中郡。楚怀王到咸阳，楚从齐迎归太子横立为顷襄王，公子子兰为令尹，不肯向秦割让土地，秦又发兵攻楚，大败楚军，斩首五万，取十六城。公元前296年，顷襄王二年，怀王死于秦国，秦国将他的尸体送回楚国安葬。诸侯由此认为秦国不义。秦国、楚国绝交。公元前296年，屈原免去三闾大夫之职，放逐江南。他从郢都出发，先到鄂渚，然后入洞庭。公元前295年，屈原到达长沙，在楚先王始封之地遍览山川形势，感慨万千。前293年，秦国派白起前往伊阙攻打韩国，取得胜利，斩首二十四万。秦国送给楚王书信说："楚国背叛秦国，秦国准备率领诸侯讨伐楚国，决一胜负。"

公元前294年到公元前279年，屈原第二次被流放到南方的荒僻地区。这次流放的路线，按《哀郢》分析，是从郢都（湖北江陵县）出发，先往东南顺江而下经过夏首（湖北沙市东南）、遥望龙门（郢都的东门）经由洞庭湖进入长江，然后又离开夏浦（湖北汉口），最后到陵阳（据说是今安徽青阳县南）。

长达16年，这期间屈原写了大量优秀的文学作品。秦国对楚王的退让并不满足。前280年，秦将司马错攻楚，楚割让上庸、汉北地；次年，秦白起攻楚，取邪、邓、西陵；前278年，白起更进一步攻下郢都，顷襄王只好跟那些执政的贵族一起狼狈不堪地逃跑，屈原在悲痛欲绝下于农历五月五日投汨罗江自尽。这年是前278年，屈原当时62岁。

屈原是我国第一位伟大的爱国主义诗人，他一生为了楚国鞠躬尽瘁，殚精竭虑，但最终怀才不遇，才华得不到发挥，很多主张令楚国贵族嫉恨。他是一位出色的政治家,亦是一位出色的诗人。他是楚辞的创立者,开创了一代诗风。他投了汨罗江,人们为了他的尸体不被鱼虾分食,于是发明了粽子,端午节也因为他流传了两千年。

管　仲

管仲，姬姓，管氏，名夷吾，字仲，谥敬，春秋时期法家代表人物，生活在约公元前723年到公元前645年，颍上人（今安徽颍上），周穆王的后代。是中国古代著名的经济学家、哲学家、政治家、军事家。被誉为“法家先驱”“圣人之师”“华夏文明的保护者”“华夏第一相”。就连诸葛亮那样的千年大才曾经都自比管仲、乐毅，可见此人非同一斑。管仲一生最能体现其才华的地方就是助齐桓公称霸。

管仲的祖先是姬姓后代，与周王室同宗。管仲的父亲管庄是齐国大夫，后来家道中落，到管仲时已很贫困。为谋生与鲍叔牙合伙经商失败，管仲做过在当时认为是很低贱的商人。

齐僖公三十三年（前698年），齐僖公驾崩，留下三子，太子诸儿、公子纠和小白。齐僖公死后，太子诸儿即位，为齐襄公。当时，管仲和鲍叔牙分别辅佐公子纠和公子小白。不久，齐襄公与其妹鲁桓公的夫人文姜私通，醉杀鲁桓公。管仲预感齐国将会发生大乱。公子纠的母亲是鲁君的女儿，因此管仲和召忽就保护公子纠逃到鲁国。

前686年，齐国内乱，两个逃亡在外的公子，见时机成熟，都急忙设法回国，以便夺取宝座。鲁庄公知齐国无君，万分焦急，立即派兵护送公子纠回国，后发现公子小白已先出发回国。管仲于是决定先行，亲率三十乘兵车到莒国通往齐国的路上去截击公子小白。人马过即墨三里，正遇公子小白的大队车马。管仲待公子小白车马靠近，就对准公子小白射去，一箭射中，公子小白倒下。管仲见公子小白已死，就率人马回去。其实公子小白没有死，管仲射中的是他的铜制衣带勾，公子小白咬破舌尖装死。经此，公子小白与鲍叔牙更警惕，迅速向齐国挺进。当他们来到临淄时，由鲍叔牙先进城里劝说，齐国正卿高氏和国氏都同意拥立公子小白为国君，于是公子小白就进城，顺利登上君位，这就是历史上有名的齐桓公。

前685年，齐桓公即位后，急需人才辅佐，准备请鲍叔牙任齐相。但鲍叔牙称才能不如管仲，若要齐国称霸，必用管仲为相。管仲与公子纠一伙认为小白已死，没有人与之夺位，不急于赶路。六天后到齐国。到齐国，才知道齐国已有国君，新君是公子小白。鲁庄公得知齐国已有新君后气急败坏，当即进攻齐国，企图武装干涉。双方在乾时会战，管仲建议趁小白人心未定速攻，但鲁庄公却说："如果一切如你所料，小白早就被射死。"不听管仲的话，结果遭遇伏击，鲁军大败，公子纠和管仲随鲁庄公败归鲁国。齐军乘胜追击，进入鲁国境内。齐桓公为绝后患，遣书给鲁庄公，叫鲁国杀公子纠，交出管仲和召忽。否则齐军将大举进攻鲁国。鲁庄公得知后与大夫施伯商量，施伯认为齐国要管仲不是为了报仇雪恨，而是为重用他。管仲之才世间少有，他为政，齐国必然称霸。如果管仲被齐国任用，将是鲁国的大患。施伯主张杀死管仲，将尸首还给齐国。但鲍叔牙略施小计称齐桓公恨管仲入骨，定要生杀管仲。且鲁庄公新败，闻齐国大兵压境，没有听施伯的主张。在齐国压力下，杀死公子纠，将管仲和召忽擒住，准备将二人送还齐桓公发落，以期退兵。管仲清楚这是鲍叔牙的计谋，于是快马加鞭赶去齐国，最后平安到达齐国，经鲍叔牙建议，齐桓公选择吉祥日，以隆重的礼节，亲自迎接管仲，以此来表示对管仲的重视和信任。同时让天下人看到齐桓公的贤达、大度。齐桓公接到管仲后，聊了三天三夜，很是投机，斋戒三日，拜管仲为相，并称管仲为“仲父”。

前684年，桓公对管仲说：“吾想加强军备。”管仲说：“不行。”桓公不听，毅然修治军备。一日，宋夫人惹怒了齐桓公，桓公对管仲说：“吾想伐宋。”管仲说：“不可，我以为不修内政，对外用兵难以取胜。”桓公不听，毅然起兵伐宋。各诸侯救宋，把齐军打得大败。前683年，管仲建议出兵问罪不遵礼法的谭国。谭国十分弱小，很快被齐国消灭。齐国不费吹灰之力灭了谭国，扩大了国土。前681年，管仲建议，齐国与宋、陈、蔡、郑等国在齐的北杏（今山东聊城东）会盟，商讨安定宋国。遂国（今山东肥城南）也被邀请，但没参加。管仲为提高齐国的威望，就出兵把遂国灭了。鲁国本来比较强大，但因接连被齐国打败，又看到诸侯都服从齐国，不服从的遂、谭两国被消灭，也屈服齐国。不久，齐与鲁和好，在柯（今山东东阿西南）会盟。在这次会盟中，发生了著名的曹沫劫盟事件。曹沫迫使齐国归还鲁国失地，齐桓公事后反悔，但管仲以大国不失信让齐桓公归还了失地。前680年，鲁、宋、陈、蔡、卫都先后屈服齐国，只有郑国还在内乱。管仲建议齐桓公出面调解郑国内乱，以此提高齐国的地位，加速称霸。郑厉公回国杀了子仪，又杀了恩人傅瑕，逼死大夫原繁，登位后，为巩固地位，就要联齐。管仲抓住这一时机，建议齐桓公联合宋、卫、郑三国，又邀请周王室参加，于鄄（今山东鄄城）会盟。前679年，管仲又让齐桓公以自己的名义召集宋、陈、卫、郑在鄄会盟。从此齐桓公成为霸主。

管仲小时候很苦，在贫困中锻炼了自己，他并不自怨自艾，他韬光养晦，发奋苦读，有了本领，最终辅佐齐桓公称霸于春秋初年。他被誉为“华夏第一相”，良相的楷模，诸葛亮年轻时还自比管仲，他不愧为圣人之师。他博览群书、博闻强识，通经济、军事、法学，他是那一时期的集大成者。

汉篇

张　良

张良，字子房，颍川城父人，生活在前250年至前186年，他与萧何、韩信并称“汉初三杰”。汉高祖刘邦手下重要的谋士、大臣，刘邦击败武神项羽，建立汉朝，全依杖此三人，而张良的功劳是居功至伟的。刘邦曾自言，夫运筹策帷幄之中，决胜于千里之外，吾不如子房。镇国家，抚百姓，给馈饷，不绝粮道，吾不如萧何。连百万之军，战必胜，攻必取，吾不如韩信。此三者，皆人杰也，吾能用之，此吾所以取天下也。

张良出身贵族，祖父张开地，连任韩国三朝宰相。父亲张平，亦任韩国二朝宰相。张良时，韩国已衰落。韩国的灭亡，使张良失去发展的机会，丧失其政治地位，他心存亡国之恨，一心想着反秦。张良拜见仓海君，共同策划谋杀计划。他散尽家产，找一力士，为他打造一只重达120斤的大铁锤(约合60公斤)，后打探秦始皇行踪。按君臣车辇规定，天子六驾，其他大臣四匹马拉车，刺杀目标是六驾马车。

秦始皇二十九年(前238年)，秦皇东巡，张良得知，秦皇巡游车队将到阳武县，于是张良命力士埋伏在到阳武县的必经之地。看到三十六辆车队由西边走来，张良分不清秦始皇所乘车驾，张良锁定奢华车架。张良命力士进攻该车，120斤的大铁锤一下将乘车者击毙。张良趁乱钻入芦苇丛中，逃离现场。然而，被力士击中的只是副车，始皇因多次遇刺，早有防备，所有车辇全部四驾。秦皇幸免，但秦皇对此事十分恼怒，令全国缉捕刺客，张良因为刺秦从此闻名遐迩。

一日，张良在沂水圯桥头散步，遇一老翁，老翁走到张良身边，故意把鞋脱落桥下，傲慢地道："年轻人，下去拾鞋！"张良不满，违心地替他拾上来。老人坐下来，又跷起脚，命张良给他穿上。张良蹲在老者面前，小心翼翼地帮老人穿好鞋。老人不谢，反而仰面长笑而去。张良不解，只见老翁又返回桥上，笑道："孺子可教也。"并约张良五日后凌晨再到桥头相会。张良不知何意，但还是恭敬地应诺。五日后，鸡鸣，张良匆匆赶到桥上。老人提前来到桥上，已等候多时，见张良，斥责道："与人有约，何故误时？五日后再来！"说罢，拂袖而去。第二次张良还是晚老人一步。第三次，张良索性半夜就在桥上等候。他的隐忍感动了老者，于是老者送他一本书，说："读此书可为王者师，待天下大乱，你可以因此书兴邦。"说罢，乃去。老人就是隐身岩穴的高士黄石公，亦称"圯上老人"。

天亮，张良捧书一看，乃《太公兵法》，从此，张良日夜研习。终成深明韬略、文武兼备、足智多谋的奇才。前209年，陈胜、吴广在大泽乡举兵反秦。张良聚集一百多人，也拉开了反秦的序幕。因势单力薄，只好率众往投景驹，途中遇刘邦率领义军在下邳一带发展势力。两人相见如故，张良多次以《太公兵法》授予刘邦，刘邦也常采纳张良的谋略。张良果断改变投奔景驹的主意，决定追随刘邦。良臣择主而事，良禽择木而栖，张良遇明主。

前208年，项梁、项羽叔侄所率领的队伍已壮大到六七万人，并拥立楚怀王之孙熊心为王，集各路义军首领齐聚薛城（今山东省滕州市东南）共商大事。张良不忘复韩国，对项梁提道："君既已立楚王后人，而韩王诸公子中的横阳君成最贤，可为王。"在下邳，张、项之间有旧谊，而项梁应承。他找到韩王成，立为韩王，并以张良为司徒。张良达到"复韩"目的。年底，楚怀王命刘邦、项羽分兵伐秦，并约定，先入关进咸阳者可自立为王。刘邦取道颍川、南阳，打算从武关进入。前207年，刘邦率兵占颍川。韩王和张良便与刘邦会合。刘邦请韩王留守阳翟（韩故都，今河南禹州市），而让张良随军。九月，军队抵南阳郡（今河南南阳市）。南阳郡守奇退入宛城（河南南阳）固守。刘邦见宛城一时难以攻取，打算绕过宛城西进。张良认为不妥，劝道："你急于进关，这一路上秦兵还很多，而且地势险要。如不拿下宛城，一旦宛城秦兵从后面追杀过来，强秦在前，追兵在后，就很危险。刘邦采纳他的建议，立即更换旗帜，率兵乘夜抄小路返回。拂晓，刘邦的军队已把宛城围住。接着，刘邦又采纳陈恢的意见，以攻心之术，招抚南阳太守，赦免全城吏民，兵不血刃地轻取了宛城，解了刘邦西进的后顾之忧，刘邦兵威由此大振，南阳郡的其他城池见太守已降，纷纷望风而降。

刘邦率军抵峣关，亲率所部两万，强行攻取。张良劝道："目前，秦守关兵力还很强，不可轻举妄动。"刘邦唯恐项羽大军先入，心急如焚，向张良问计。张良说："听说峣关守将是屠夫的儿子，市侩小人，用点财就可打动他。您派先遣部队，预备五万人的粮饷，并在山间上增设旗号，虚张声势，故作疑兵。然后多带财物去诱秦将，事情就成功。刘邦依计而行，峣关守将果然献关投降，并表示愿意和刘邦联合进攻咸阳。刘邦大喜，张良认为不可。他分析道："这只是峣关的守将想叛秦，部下士卒未必服从。士卒不从，后果不堪设想。不如乘秦兵懈怠之机消灭他们。于是，刘邦率兵向峣关发起攻击，秦军大败，弃关退守蓝田(今陕西蓝田县西)。刘邦乘胜追击，引兵绕过峣关，穿越蒉山，大败秦军。然后，大军继续西进，于前207年十月抵达灞上。

前206年二月，项羽率诸侯抵达函谷关。刘邦令守军紧闭关门，阻止诸侯进关。项羽得知刘邦攻下咸阳，恼怒不已，刘邦部下曹无伤密告项羽，说："沛公在关中称王。"项羽即令英布督军强攻。十二月，项羽大军攻破函谷关，进驻新丰、鸿门，与刘邦决一死战。项羽的叔父与张良有旧交。项羽大军进攻刘邦的前夜，项伯悄悄来刘邦军中私见张良，把消息告知张良，并邀他一同潜逃。张良说："奉韩王之命，送沛公入关，而今沛公身处危难，我逃走，不合道义。我必须向他辞行。"随即，张良到刘邦营帐中，把项伯所说告诉刘邦。刘邦忙问："这可怎么办？"张良反问刘邦："您估计我军能抵挡项羽的进攻吗？"刘邦说："确实不能。事已至此，又怎么办呢？"张良想当务之急是打消项羽对刘邦的疑虑，使他放弃进攻刘邦的计划。张良给刘邦出了个主意："您去告诉项伯，说您不敢背叛项王。"刘邦问："项伯和你谁的年龄大？"张良说："项伯长我几岁。"于是，刘邦对张良说："你替我把项伯请来，我像对待兄长一样对待他。"张良出去，再三邀请项伯入帐见刘邦。项伯进帐后，刘邦亲自为项伯斟酒祝寿，并结亲家。刘邦委屈地说："我入关以来，吏民造册入籍，财产加以封存，等待项将军来接收。之所以派将士把守函谷关，是为防备盗贼。我守在这里，日夜盼望项将军到来，怎么敢反叛呢？请您向项将军转达我的心意，我绝不敢背弃将军。”一席话说得项伯信以为真，项伯连夜回鸿门，把刘邦的话都转告项羽，使已剑拔弩张的局势得到缓解。

项伯让刘邦亲自去鸿门谢罪，刘邦明白此去凶多吉少。次日，刘邦带着张良、樊哙、百余名将士来到楚营。刘邦见项羽，忙上前道："我与将军合力攻秦，将军战河北，我战河南。我侥幸入关破秦，得以在此见将军。今小人进谗，致将军与我结怨。”项羽见刘邦只带百余从骑来赴宴，又是一副委屈的样子，说道："这是沛公的左司马曹无伤告诉我的，说你要在关中称王，令子婴为相。不然，我何至如此。”项羽、刘邦会饮。席间，项羽的谋臣范增屡次举目示意项羽，又再三举起所佩玉玦，暗示他速下决断，杀死刘邦。项羽犹豫不决。范增只好从帐外召来项庄，授意他舞剑助兴，伺机杀掉刘邦。项伯看出破绽，拔剑对舞，时时用自己的身体护住刘邦。张良见情况不妙，赶快起身出帐找樊哙，命其速去护驾。樊哙持剑拥闯入军门，直奔帐下，两眼怒视项羽，头发上指，大有万夫不当之勇。项羽忙问："这是什么人？”张良道："沛公的随从樊哙。”项羽说："一条好汉，赏给他酒！”左右侍从捧上一大杯酒，樊哙站着一饮而尽。再劝再饮，并数落项羽道："臣死且不避，卮酒安足辞！”接着，陈述刘邦的劳苦功高和忠义，指斥项羽疑心太重。项羽被他慷慨激昂的言辞所震慑，招呼樊哙说："坐！”樊哙乘势坐在张良身边。一会儿，刘邦见情势好转，便借口如厕，招呼樊哙出帐，张良随之而出。三人商量对策，决定由樊哙保护刘邦脱身，张良留下来应付局面。

项羽后来自立为西楚霸王，定都彭城（今江苏徐州），统辖梁、楚九郡，他分封了十八位诸侯。违背楚怀王“谁先攻入关中，谁就做关中王”的约定，把刘邦分封到偏僻荒凉的巴蜀，称为汉王。把关中之地一分为三，封给秦的三个降将，用以遏制刘邦。刘邦十分怨恨，想攻击项羽，后经萧何、张良一再劝阻，才暂且隐忍不发。天下分封已定，张良打算离开刘邦回韩国再事韩王成。刘邦赐金百镒，珠二斗。而张良把金珠悉数转赠给项伯，再为汉王请求加封汉中地区。项伯前去说服项羽。这样，刘邦建都南郑（今陕西南郑县东北），占据了秦岭以南巴、蜀、汉中三郡之地。后来，韩信先用“十面埋伏”之计兵围项羽于垓下，继而又用“四面楚歌”之计瓦解了敌兵士气，打败项羽，迫其自刎乌江。长达四年之久的楚汉战争，以刘邦的彻底胜利而告终结。

前202年二月，刘邦正式即帝位，史称汉高祖。同年五月，汉高祖在洛阳南宫举行庆功大典，大宴群臣。席间，觥筹交错，君臣共饮。刘邦特高兴，盛赞张良道：“夫运筹策于帷帐之中，决胜于千里之外，吾不如子房。”张良体弱多病，天下初定，便托病，闭门不出。随着刘邦皇位的稳固，张良退居。

前197年，汉王朝高层出现新的危机。刘邦有改易太子之意。戚夫人，察知吕后有异心，故欲废太子孝惠（吕后子），改立赵王如意为国储。大臣群起相谏，丝毫不能改变刘邦初衷。太子位将被剥夺，吕后求于张良。张良考虑到太子之位事关重要，不可轻易更立，张良遂对吕后道：口舌难保太子，“商山四皓”（即四个白头发的老人，分别是东园公、甪里先生、绮里季和夏黄公）皆八十多岁，节义清高，不就汉朝爵位，匿亡山林，皇上敦聘不至，但仍然高义“四皓”。太子若卑辞固请“四皓”出山，出入宫廷以“四皓”相随，皇上必问而知之，知之则太子位可固。果如张良言，刘邦问知伴随太子的“四皓”就是自己数请不来的隐士，今为太子左右，可见太子羽翼已丰，翅膀亦硬，奈何不得，从此再也不提易立太子。太子终得嗣位，吕后为此对张良感恩戴德。

汉高祖刘邦令张良自择齐国三万户为食邑，张良辞让，谦请封始与刘邦相遇的留地（今江苏沛县），刘邦同意了，故称张良为留侯。张良辞封的理由是，布衣得封万户、位列侯，应满足。张良深悟“狡兔死，走狗烹；飞鸟尽，良弓藏”的道理，怕韩信的命运落到自己身上，张良乃自请告退，专心修道养精，崇信黄老之学，静居行气，欲轻身成仙。但吕后感德张良，劝他毋自苦，张良最后还是听从了吕后的劝告，仍服人间烟火。前186年，张良病逝，谥号文成侯。

张良当属大汉第一功臣，应该说没有张良的辅佐，也许不会有大汉朝，张良深谙《太公兵法》，活学活用，终有大成。他功成身退，乃明智之举，因为他知道“飞鸟尽，良弓藏；狡兔死，走狗烹”的道理。所以，归隐山林、爵禄不受，乃大智慧。

司马相如

司马相如，字长卿，西汉安汉人（今四川蓬安县相如镇）。生活在大约前179到前118年，汉赋四大家之首，精通音律，好剑术，博学多才。司马长卿，因仰慕战国名相蔺相如而改名。少年时期的司马相如喜欢读书、练剑，家庭经济不错，二十多岁时用钱换了个官职，做了汉景帝的武骑常侍，但景帝不喜欢赋，司马相如郁郁不得志。

梁孝王刘武来朝，司马相如得以结交邹阳、枚乘、庄忌等辞赋家。后来称病退职，前往梁地，与这些志趣相投的文友共事，此时相如为梁王写了著名的《子虚赋》，梁孝王很喜欢。其主题以这一时期虚静为君的道家思想为指向。刘武去世后，不得志，司马相如离开梁地回到四川临邛（今邛崃市），投靠好友临邛知县王吉，生活清贫。相如在临邛住下，王吉每日拜访相如，相如托病不见，王吉更显恭敬。

临邛富人卓王孙得知县令有贵客，便设宴结交，相如称病不能前往，王吉亲自相迎，相如只得前去赴宴。卓王孙有位在新婚夜就死了丈夫的女儿，名文君。久仰相如文采，从屏风外窥视相如，司马相如佯作不知，受邀抚琴时，趁机弹了一曲《凤求凰》，以传爱慕之情，因司马相如早闻卓文君芳名，文君听司马相如的琴声，被他的气质和才情吸引。宴毕，相如通过文君的侍婢转达心意，文君深夜逃出家门，与相如私奔。卓王孙大怒，声称违反礼教，以此断了卓文君的经济来源。司马相如的家境败落，一无所有。卓文君与司马相如在成都生活了一段时间，这段时间很苦，对司马相如说："其实只要跟我到临邛去，向我同族兄弟借些钱，我们就可以维持生活。"司马相如跟她一起到临邛。他们有了本钱，开了一家酒店。卓文君卖酒，掌管店务，司马相如夹杂在伙计中间洗杯盘。卓王孙闻后，深以为耻，不出大门。他的弟兄都劝说："你只有一子二女，又不缺钱财。如今文君已经委身于司马相如，司马相如一时不愿到外面去求官，虽然清贫，但毕竟是个人才，文君的终身总算有了依托。而且，他还是县令的贵客，你怎么可以叫他难堪？"卓王孙无奈，分给文君奴仆百人，铜钱百万，又把她出嫁时的衣物一并送去。于是，卓文君和司马相如回到成都，购买田地住宅，过着富足的生活。

汉武帝刘彻继位，看到《子虚赋》非常喜欢，以为是古人之作，感叹不能与作者同时代。当时侍奉刘彻的太监杨得意是蜀人，对刘彻说："此赋是我的同乡司马相如所作。"刘彻惊喜，召司马相如进京。司马相如向武帝表示说："《子虚赋》写的是诸侯王打猎的事，算不了什么，请允许我再作一篇天子打猎赋。"这就是内容与《子虚赋》相接的《上林赋》，不仅内容可以相衔接，且更有文采。此赋以"子虚""乌有先生""亡是公"为假托人物，设为问答，放手铺写，以维护国家统一、反对帝王奢侈为主旨，歌颂统一大帝国的形象，对统治者有讽谏，开创了汉代大赋的一个基本主题。此赋出，司马相如被刘彻封为郎官。

公元前135年，相如担任郎官数年，正逢唐蒙受命掠取和开通夜郎及其西面的僰中，征发巴、蜀二郡的官吏士卒上千人，西郡为唐蒙征调陆路及水上的运输人员一万人。唐蒙杀了大帅，巴、蜀百姓大为恐惧。皇上就派相如去责备唐蒙，趁机告知巴、蜀百姓，唐蒙所为并非皇上本意。司马相如在那儿发布一张《谕巴蜀檄》公告，并采取恩威并施的手段，起到良好的效果。相如出使完，回京向汉武帝汇报。唐蒙已掠取并开通夜郎，趁机要开通西南夷的道路，征发巴、蜀、广汉的士卒，参加筑路的有数万人。修路两年，没有修成，士卒多死亡，耗费钱财。当权者多有反对者。这时，邛、笮的君长听说南夷已与汉朝交往，请求汉朝委任他们以官职。刘彻任命相如为中郎将，令持节出使，笼络西南夷。相如到达蜀郡，蜀人都以迎接相如为荣。司马相如平定西南夷。邛、笮、冉、駹、斯榆的君长都请求成为汉王朝的臣子。于是拆除了旧有的关隘，使边关扩大，开通了灵关道，在孙水上建桥，直通邛、笮。相如还京告刘彻，刘彻特高兴。他的《难蜀父老》以解答问题的形式，说服了众人，使少数民族与汉廷合作，为开发西南边疆做出贡献。可好景不长，司马相如被人告发收受贿赂，遂遭免官。岁余，被重新启用，仍为郎官。

公元前118年，相如因病免官，住茂陵。天子说："司马相如病情严重，可派人去把他的书全部取回来；不这样做，以后就散失了。"派所忠前往茂陵，而相如已经死去，家中没有书。询问文君，她说："长卿本来不曾有书，他时写书，别人就时取走，因而家中总是空的。长卿还没死的时候，写过一卷书，他说如有使者来取书，就把它献上，再没有别的书了。"他留下的书上写的是有关封禅的事，进献给所忠。

所忠把书进献给天子，天子惊异其书。如《平陵侯书》《与五公子相难》《草木书》篇没有收录，收录了他在公卿中的作品。

司马相如善辞赋，又通音律，还会剑术，是一个全才，他在汉赋四大家中排行首位。他在赋体上的成就，两千多年来，虽不乏模仿司马相如的辞赋家，但总体成就上远远不及司马相如。司马相如虽然出生小商人之家，但家道中落，中期生活很苦，但后期在卓王孙的资助下，生活有了好转，被汉武帝赏识以后，逐渐被重用，这时的司马相如春风得意。做了大官，有了钱以后，司马相如对爱情也不再忠贞，常寻花问柳，因此，卓文君有怨言，不过这是一个男人发达后的正常举动，司马相如在整体成就上，集大成，影响了后代文人。

司马迁

司马迁，字子长，夏阳人（今陕西韩城）。生活在公元前145年到公元前90年。西汉时期伟大的史学家、文学家、思想家。

司马迁祖父司马喜在汉文帝以粟米受爵位的政策下，用四千石粟米换取九等五大夫的爵位，因此全家得以免于徭役。年幼的司马迁在父亲司马谈的教导下习字读书，十岁时已能阅读古文《尚书》《左传》《国语》等书。汉武帝建元年间，司马谈到京师任太史令一职，司马迁则留在老家，持续耕读。

司马迁长大后离开故乡，到京城父亲身边。此时司马迁学有所成，司马谈便让司马迁遍访河山，搜集遗闻旧事。司马迁二十岁开始游历天下，他从长安出发，出武关至宛。南下襄樊、江陵。渡江，溯沅水至湘西，然后到九嶷。后北上长沙，到汨罗江屈原沉处凭吊，经洞庭，越长江，顺流东下。登庐山，观九江，到钱塘。上会稽，还吴游春申君宫室。上姑苏，望五湖。后北上渡江，过淮阴，至临淄、曲阜，考察了齐鲁地区文化，观孔子遗风，受困于鄱、薛、彭城，然后寻秦汉历史人物故乡，楚汉相争的古战场，经彭城，历沛、丰、砀、睢阳，至梁（今河南开封），回到长安。

受父荫，司马迁回京后得以任郎中。汉武帝元鼎六年（前111年），驰义侯授命平定西南夷，中郎将郭昌、卫广率八校尉之兵攻破且兰，平南夷。夜郎震恐，自请入朝称臣。汉军又诛邛君，杀笮侯，冉震恐，请臣置吏。后汉武帝在西南夷设置武都、牂柯、越嶲、沈黎、文山五郡。此时随汉武帝东行的司马迁在继唐蒙、司马相如、公孙弘之后，再次出使西南，被派往巴、蜀以南筹划新郡的建设。随后又抚定了邛、笮、昆明，次年回朝向武帝复命。

公元前110年春，汉武帝东巡渤海返回，在泰山举行封禅大典。参与制定封禅礼仪官员的司马谈因病留在周南（今洛阳），心中愤懑以致病情加重。使西征的司马迁在完成任务后即赶往泰山参加封禅大典，到洛阳却见到命悬一线的父亲。

司马谈对司马迁说："我们祖先是周朝太史。远在虞舜夏禹时就取得显赫功名，主管天文。后衰落，难道要断送在我这里吗？你继任太史，就可接续祖先的事业。今天子继承汉朝一统大业，到泰山封禅，我不得从行！我死后，你一定做太史，你万不可忘记我要编写的论著，况且孝是从侍奉双亲开始，经过侍奉君主，最终能够立足，扬名于后世，光耀父母。天下称颂周公，说他能够歌颂周文王的功德，宣扬周、召遗风，使人懂得周太王、王季的思想以及公刘的功业，使始祖后稷受到尊崇。周幽王、厉王以后，王道衰落，礼乐崩溃，孔子研究、整理旧有文献典籍，振兴废弃了的王道和礼乐，整理《诗》《书》，著作《春秋》，到今天，学者仍以此为法则。鲁哀公获麟到现在四百多年，其间由于诸侯兼并混战，史书丢散，记载中断。今汉朝兴起，海内统一，贤明君主，忠义臣子的事迹，我作为太史不予评论记载，断了国家的历史文献，对此我感不安，你可要记在心里啊！”司马迁流泪说：“儿子虽然不聪敏，但是一定把父亲编纂历史的计划全部完成，不敢有丝毫的懈怠。”

在长安任职，又逢汉武盛世，司马迁得以结识长安的贤能之士。包括贾谊之孙贾嘉，樊哙之孙樊他广，平原君朱建之子，冯唐之子冯遂，田叔少子田仁，梁人壶遂，杜陵苏建等。然而，对司马迁影响最大的莫过于董仲舒与孔安国。

孔安国为孔子后人，家中有《古文尚书》十余篇，并兼通今古文学。故而司马迁就《古文尚书》问学于孔安国，学习古文经学的故训，以及选择古文资料的古文学，掌握考信历史的方法。而《古文尚书》作为古文学的核心，司马迁写上古三代史亦从中做了大量的引用。司马迁曾在《史记·孔子世家》给予孔子“高山仰止，景行行止”的高度赞扬，亦吸收孔子学说和六艺经传的精华，效法孔子精神，继《春秋》作《史记》，完成一代大典。

前99年，武帝想让李陵出酒泉击匈奴右贤王的贰师将军李广利护送辎重。李陵回绝，并自请步兵五千涉单于庭以寡击众，武帝赞赏李陵的勇气并答应了他，而李陵行至浚稽山时却遭遇匈奴单于之兵，路博德援兵不到，匈奴之兵却越聚越多，粮尽之后，李陵最终降敌。武帝愤怒，群臣皆声讨李陵罪过，唯有司马迁说：“李陵侍奉亲人孝敬，与士人有信，一向怀着报国之心。他只领了五千步兵，吸引了匈奴全部的力量，杀敌一万多，虽然战败降敌，其功可以抵过，我看李陵并非真心降敌，他是活下来想找机会回报汉朝。”然而，公孙敖迎李陵不成，谎报李陵为匈奴练兵以反击汉朝，武帝灭了李陵家，司马迁也以“欲沮贰师”为陵游说，被定诬罔罪名。诬罔之罪为大不敬之罪，按律当斩。

最终，司马迁被汉武帝处以宫刑。司马迁背负着父亲穷尽一生未完成的理想，在坚忍与屈辱中，完成了属于太史公的使命。

司马迁有一女儿嫁给了杨敞。杨敞在汉昭帝刘弗陵时，官至宰相。杨敞有两个儿子，也就是司马迁的外孙杨忠、杨恽。杨恽自幼聪颖好学，他的母亲把珍藏着的《史记》拿出来给他阅读。杨恽初读此书，被书中的内容吸引住了，爱不释手，一字一句将它读完。杨恽成年后，又读了几遍，每读一遍总是热泪盈眶。汉宣帝时，杨恽被封平通侯，这时，他看到朝政清明，觉得外祖父司马迁这部巨著可以重见天日，于是上书汉宣帝，把《史记》献出来，从此，《史记》得以传世。

司马迁出生在官宦世家，他的童年、少年时代是幸福的，由于拥有一定的经济基础，可以游览名山大川，寻访古迹。但司马迁生性耿直，这倒符合太史令这个官职，他帮助战败的李陵将军开脱罪责，反触怒了汉武帝，被处以宫刑。在古代那个男尊女卑，宦官极其没有地位的时代，对司马迁来说无疑是奇耻大辱，但他背负父命，忍辱偷生，终于了完成了“究天地之际，通古今之变，成一家之言”的皇皇巨著《史记》。被鲁迅称为“史家之绝唱，无韵之离骚”。

扬　雄

扬雄，字子云，西汉蜀郡成都（今成都郫县）人。生活在前53年到公元18年，好学，口吃，博览群书，擅长辞赋。40多岁的时候，开始游京师长安，作《甘泉》《河东》等赋。汉成帝时，任给事黄门郎。王莽新政时，任大夫，校书天禄阁。扬雄员继司马相如后西汉著名辞赋家。有“歇马独来寻故事，文章两汉愧扬雄”的说法。扬雄撰《太玄》，弘扬道家文化，在宇宙生成图式、探索事物发展规律，以“玄”为中心，是道家思想的继承和发展者。

扬雄祖上世代以耕种、养蚕为业。从扬季到扬雄，五代单传，扬雄在蜀地没有其他族亲。扬雄少好学，博览群书，无所不读，为人平易近人，口吃，不能正常讲话，但喜欢独自思考，喜欢清静，不逐富贵，不忧贫贱，家产不过十金，穷得叮当响，却不浮躁。对辞赋情有独钟，尤其喜欢司马相如的辞赋。

汉武帝时，蜀地才子司马相如，扬雄很崇拜他，以至于常模仿司马相如的赋，欣赏屈原之才，屈原之才更甚相如，但他却不欣赏屈原的投江自尽行为，他认为君子应顺应时势，大有作为，便摘《离骚》句反驳他，名为《反离骚》；又依《离骚》重作一篇，名《广骚》；又依《惜诵》

作一卷,名《畔牢愁》。

后来,大司马、车骑将军王音召扬雄为门下吏。经蜀人杨庄荐,汉成帝命他随侍左右。元延二年(前11年)正月,扬雄与成帝前往甘泉宫,作《甘泉赋》以讽刺成帝铺张。十二月又作《羽猎赋》仍以劝谏为主,被封黄门郎,与王莽、刘歆等为同僚。公元前10年,扬雄作《长杨赋》,继续反对成帝铺张浪费。

扬雄喜欢尝试新鲜事物,认为辞赋为“雕虫篆刻”“壮夫不为”,转向研究哲学。仿《论语》作《法言》,模仿《易经》作《太玄》。提出“玄”作为宇宙万物根源之学说。有人嘲笑他,于是他写了一篇《解嘲》。为宽慰自己,又写《逐贫赋》。

王莽新政,刘歆、甄丰都做了上公,王莽假借符命自立,甄丰儿子甄寻、刘歆儿子刘棻又奏献符瑞。王莽杀了甄丰父子,流放刘棻到四裔,供词所牵连之人,一并处理,不必奏请。当时扬雄在天禄阁校书,办案者来,要抓扬雄,扬雄不能逃脱,便从阁上跳下,差点摔死。王莽听到后说:“扬雄不参与其事,为什么在此案中?”查问原因,原来刘棻曾跟扬雄学写过奇字,扬雄不知情,不追究他。

扬雄因病免职,又召为大夫。家境贫寒,爱喝酒。有很多世人带酒菜跟他学习,钜鹿侯芭常跟扬雄一起居住,学《太玄》《法言》。刘歆对扬雄说:“白白使自己受苦!现在学者有利禄,还不能通晓《易》,何况《玄》?我怕后人用它来盖酱瓿了。”扬雄笑而不语。七十一岁,天凤五年(公元18年)死去,侯芭为他建坟,守丧三年。

汉赋四大家皆大成,独扬雄稍逊。他虽然天赋极高,也爱学习,但是喜欢模仿,模仿屈原、司马相如等,但是尽管如此,他在辞赋上的成就远远不及二人。扬雄一生清贫，虽然研究的领域很多，但是也很杂，说是大家也对，说是杂家也没错。

班　固

班固，字孟坚，扶风安陵（今陕西咸阳）人，生活在公元32年到公元92年，东汉著名史学家、文学家。

班固出身儒学世家，其父班彪，伯父班嗣，皆为当时名士。受亲族环境熏陶，班固九岁属文，诵诗赋，十六岁入太学，博览群书，儒家经典无所不通。

班固父亲班彪是远近闻名的大家，很多人上门讨教，受父辈影响，班固长了见识，学业大进。班彪晚年潜心续写《史记》，受父影响，班固开始留意汉事。建武二十年（44年），王充到东都洛阳游学，拜访班彪，对班固的才能和志向欣赏备至，认为班固将来必定完成汉代历史重任。

班固十六岁进入太学学习，他勤学苦读，在这里结识了崔骃、李育、傅毅等同学。班固性格宽容随和，平易近人，不因才能出众而骄，得到同学的称赞。

公元54年，班彪去世，父亲去世后生计困难，班固迁回扶风老家居住。他不气馁，立志继承父亲未尽之业。班固认为父亲撰成《史记后传》，内容不够详备，于是他在《史记后传》基础上，利用家藏图书，开始撰写《汉书》，同时积极寻求出仕的机会。

公元58年，汉明帝任命东平王刘苍为骠骑将军，准许他选辅助官四十人，班固认为这是出仕的好机会，为了积极举荐人才，也为了显示自己的才能，上了一篇《奏记东平王苍》。班固自荐未获成功，他的建议，大部分被刘苍所采纳。

公元62年，当班固全力以赴撰写《汉书》之时，有人向朝廷告发，班固“私修国史”，汉明帝下诏扶风郡收捕，班固被关进京兆监狱，书稿也被官府查抄。“私修国史”罪名很大，同郡人苏朗曾被人告发伪造图谶，被捕入狱后，很快被处死。班家上下十分紧张，班固凶多吉少。班固弟弟班超担心班固被郡署考逼，便骑快马赶赴洛阳，打算上书汉明帝，替班固申冤。

班超赶到洛阳为班固申冤，引起汉明帝的重视，召见班超核实情况。班超将父兄两代人几十年修史的辛劳以及宣扬“汉德”的意向告诉汉明帝，扶风郡守也将查抄的书稿送至京师。明帝读了书稿，深感班固才华出众，下令立即释放，并召进皇家校书部，拜为兰台令史，掌管和校定皇家图书。

班固到京后，弟与母亲也随至洛阳，因家境贫寒，班超靠替官府抄写文书来维持生计。班固被汉明帝任命为郎官后，官阶虽低，但与明帝见面机会多了，后来，明帝问及为救班固冒险上疏的班超，班固据实以告，明帝欣赏班超的勇气，觉得他未得重用实在可惜，便授班超为“兰台令史”。期间，班固得到较为安定的生活，更重要的是，使他可以接触并利用皇家藏书，这为日后完成《汉书》提供了重要条件。

公元75年，汉明帝驾崩，其子刘炟即位，为汉章帝。汉章帝对经学文章同样怀很大兴趣，班固受到器重，常被召进皇宫，与皇帝读书。章帝外出巡守，让班固随行，献上诗词歌赋助兴。朝廷有大事，也让班固列席，参与公卿大臣的讨论。

建初七年（82年），班固基本完成《汉书》的写作，自永平元年始，共历时二十五年，实现父子两代人的心愿。全书记述从汉高祖始，到孝平王莽被杀，十二代帝王，二百三十年间的事迹，包括《春秋》考纪、表、志、传共一百篇。《汉书》出后，受到当朝重视。

永元元年（89年），班固五十八岁，因母丧，辞官守孝。班家向来有边疆事务的经验，于是，班固也想立功，便施展才能。班固得知窦宪被任命为将军，率大军攻伐匈奴的消息，决定投窦宪，随大军攻匈奴，被窦宪任为中护军，参与军中谋议。

永元二年（90年），匈奴单于派亲王向窦宪通报，请求向汉称臣，想入京朝见。窦宪上表请示后，派班固、梁讽带数百人出居延塞（今甘肃额齐纳旗）迎接。这时，南单于上书汉廷，建议乘机消灭北单于，然后南北匈奴合并归汉。汉廷同意，于是，南单于大败北单于，北单于受伤逃走。班固走到私渠海，转头返回。窦宪认为北单于势弱，想乘机消灭，次年，窦宪率军精兵出击，出塞五千里，进攻金微山，大破北匈奴主力，斩首五千余级，俘虏北单于皇太后，北单于遁逃，不知去向，其国遂亡。

永元四年（92年），窦宪密谋叛乱，事发被革职，回封地后自杀。班固与窦宪关系密切，受到株连，也被免职。洛阳令种兢对班固有宿怨，窦宪案发后，种兢借机罗织罪名，大加陷害。班固被捕入狱，同年死于狱中，是年六十一岁。和帝知班固已死，下诏谴责种兢公报私仇的恶劣做法，并将害死班固的狱吏处死抵罪。

班固一生著述颇丰。《汉书》是继《史记》后中国古代又一部重要史书，"前四史"之一；作为辞赋家，班固是"汉赋四大家"之一，《两都赋》开创了京都赋的范例，列入《文选》第一篇；同时，班固还是经学理论家，他撰成的《白虎通义》，集当时经学大成，使谶纬神学理论化、法典化。

班固一生有两大志向，第一就是完成两代人的愿望《汉书》，第二就是入朝为官，实现自己的政治抱负。但是最终也只是当了小官，朝廷大事终不能干涉，这是他在政治抱负上的遗憾，树大往往招风，班固的成就和名望可能招来了很多人的嫉妒。所以，班固最终冤死狱中。但是他的贡献是不容磨灭的，他的《汉书》无不详实地记录了汉朝历史，对后世的贡献是突出的。除了《汉书》，他还写赋，并成为大家，他研究领域多方面，集大成者。

张　衡

张衡，字平子，南阳西鄂（今河南南阳市）人，生活在公元78年到公元139年，南阳五圣之一，与司马相如、扬雄、班固并称“汉赋四大家”。东汉伟大的天文学家、数学家、发明家、地理学家、文学家，他是我所崇拜的人物，他之所以牛并不只是在文学上的成就，我崇拜的是他的发明天赋，并且在1800年前那个什么科学仪器都没有的时代就提出了“浑天说”，月光是日光的反照，宇宙是无限的。世界上最早提出“宇宙是无限的”的人是不是他，我无从考察，但是他真的很牛，因为在那个年代，封建统治，很多人还是持有神论的。

张衡家族乃当地大族。他祖父张堪，自小志向高远，被称为圣童，曾将万贯家财赠给他侄子。光武帝刘秀登基，张堪被任命为蜀郡太守，随大司马吴汉讨伐益州的公孙述，立大功。后又领兵抗击匈奴有功，拜为渔阳太守。曾以数千骑兵破匈奴来犯一万骑兵。此后，在他任期内匈奴再也不敢来侵扰。他又教人耕种，开稻田，农夫由此致富。有民谣歌颂他，“张君为政，乐不可支。”张堪为官清廉。伐蜀时他率先攻入成都，对公孙述留下的珍宝无取。蜀郡称天府，但张堪奉调离蜀郡太守任时乘坐破车，携带一卷布被囊。

张衡仰慕其祖父，刻苦学习，少时便会做文章。16岁后离开家乡到外地游学。他先到了学术文化中心三辅（今陕西省西安市）地区。壮丽山河以及秦汉古都遗址给他提供了丰富的文学创作素材。后又到东都洛阳。进了当时的最高学府太学，结识著名学者崔瑗，与他成为朋友。张衡兴趣广泛，学《五经》，贯通了六艺，并且还喜欢研究算术、天文、地理和机械制造等。青年时期，他的志趣基本还在诗歌、辞赋上，淡泊，不喜与俗人相交。

汉和帝永元年间，张衡被推举为孝廉，但他没接受，公府几次征召也不到。国家太平日久，王侯以下，没有不奢侈的。张衡仿照班固的《两都赋》，苦思十年，才作成《二京赋》，用以讽谏朝廷。大将军邓骘欣赏张衡才华，多次征召他，张衡都不应命。公元100年，张衡应南阳太守鲍德之请，做了主簿，掌管文书。八年后，鲍德调任京师，张衡即辞官居家。

张衡喜欢机械，对天文、阴阳、历算尤为用心。喜爱扬雄的《太玄经》，对崔瑗说："我看《太玄》，才知道子云妙极道数，可与《五经》相比，不仅是传记一类，使人论辩阴阳之事，汉朝得天下二百年来的书，再二百年，《太玄经》就会衰微吗？因为作者的命运必显一世，这是当然之符验。汉朝四百年之际，《玄》学还要兴起来的。"汉安帝早听说张衡善术学，公元111年，张衡被朝廷公车特征进京，拜为郎中，再升任太史令。于是研究阴阳，精通天文历法，制作浑天仪，著有《灵宪》《算罔论》，写得较为详尽。虽在汉顺帝即位初再调动，但后来又任太史令，前后达14年之久。很多重大科研成果都是在这一时期完成的。

张衡不慕功名富贵，担任官职，多年不得升迁。离开史官职务五年后，又回原职。于是设客问体，作《应问》来表明自己的心迹。当时，政事渐衰，宦官干政。张衡于是上疏陈事，劝谏顺帝。

公元133年，张衡升任侍中，顺帝任用他，希望他对国家政事多提意见。顺帝曾求教于张衡天下最痛恨的人。宦官怕张衡说自己的坏话，都给他脸色看。宦官担心张衡以后会成为祸害，于是群起毁谤张衡。张衡认为吉凶祸福，幽暗深微，不易明白，于是作《思玄赋》，以表达和寄托情志。

公元136年，张衡外调任河间王刘政的国相。刘政骄奢淫逸，不遵法纪，又有豪强纠集作乱。张衡到任后，严整法纪，打击豪强，暗中探得恶人名姓，将其一网打尽，他为政以清廉。三年后，张衡上书请求辞职归家，被征召拜为尚书。公元139年，张衡逝世，享年六十二岁。

张衡的天赋涉及多个领域，跟扬雄一样，但比扬雄有才。后世对张衡的崇拜越来越大。公元1009年，张衡因算学的成就被北宋追封为西鄂伯。后世尊张衡为“木圣”。为纪念张衡功绩，联合国天文组织1970年将月球背面的一个环形山命名为“张衡环形山”，又于1977年将小行星1802命名为“张衡星”，2003年，国际小行星中心为纪念张衡及其诞生地河南南阳，将小行星9092命名为“南阳星”。

张衡是汉赋四大家中最后一个出生的大家。他的兴趣广泛，涵盖地震仪器发明、天文仪器发明、指南车、地形图、历法、文学、历史学、数学、绘画等多个领域，然而在每个领域都取得显著成就。在当时，张衡应该是集大成者的大师级人物。

三国篇

曹　操

曹操，字孟德，一名吉利，小字阿瞒，沛国谯县（今安徽亳州）人。生活在公元155年到公元220年，东汉末年杰出的政治家、军事家、文学家、书法家，三国曹魏政权的奠基人。

曹操出身官宦世家，为汉相曹参之后，曹操父亲曹嵩是宦官曹腾养子，这也是曹操这辈子最大的心病，他最痛恨别人提起他的出身，他觉得身为太监的孙子是一件很不齿的事情，尽管只是名义上的。所谓英雄不问出处，曹操是英雄，但却因为出身让他蒙羞，很多后来曹操的政敌都拿他的出身说事。曹操祖父曹腾侍奉了四代皇帝，有一定名望，汉桓帝时被封为费亭侯，因此才有宦官乱政的说法。曹操父亲曹嵩继承了曹腾的侯爵，在汉灵帝时官至太尉，曹操出身比谁都好。

年轻时的曹操机智、敏锐，有随机应变能力，性格放荡不羁，有侠义风范，但又不修品行，不专研学业，所以并不被人看好，只有梁国乔玄认为他不凡，乔玄对曹操说："天下将乱，非命世之才不能济也，能安之者，其在君乎？"南阳何颙对他说："汉室将亡，安天下者，必此人也！”南阳许劭也对曹操说：“君清平之奸贼，乱世之英雄。”

曹操早年爱武艺，曾潜入张让家，被张让发觉，越墙逃出，全身而退。博览群书，喜欢兵法，曾抄录古代诸家兵法韬略，这些为他后来割据一方打下基础。

公元174年，二十岁的曹操举孝廉，入洛阳为郎。不久，被任命洛阳北部尉。洛阳为汉都，皇亲国戚聚居之地，难治。曹操到职，申明禁令、严刑峻法，造五色大棒十余根，悬于衙门左右，“有犯禁者，皆棒杀之”。皇帝宠幸的宦官蹇硕的叔父蹇图违禁夜行，曹操毫不留情，将蹇图用五色棒处死。于是，“京师敛迹，无敢犯者”。但曹操因此得罪了蹇硕等当朝权贵，碍于其父曹嵩的关系，明升暗降，曹操被调至远离洛阳的顿丘（今河南清丰），任顿丘令。这年，曹操二十三岁。

光和元年（178年），曹操堂妹夫滬强侯宋奇被宦官诛杀，受到牵连，被免去官职。其后，在洛阳赋闲，回家乡谯县闲居。光和三年（180年），曹操被朝廷征召，命为议郎。此前，大将军窦武、太傅陈蕃谋划诛杀宦官，不料反为宦官所害。曹操上书陈述窦武等人为官正直而遭陷害，致使奸邪满朝，忠良之臣却得不到重用，言辞恳切，但没被汉灵帝采纳。后，曹操又多次进谏，虽偶有成效，但朝政日败，曹操无力匡正。

公元184年，黄巾起义爆发，曹操拜骑都尉，受命与皇甫嵩等人合攻颍川黄巾军，大破黄巾军，斩首数万。随之迁济南相。济南相任内，曹操治事如初。济南国（今山东济南一带）有县十余个，各县长吏多依附权贵，贪赃枉法，无所顾忌。历任国相置若罔闻。曹操大力整饬，奏免十之八的长吏，济南震动，贪官污吏纷纷逃窜。“政教大行，一郡清平。”此时正是东汉政治极度黑暗之时，甚至有了买官制度。朝廷征曹操为东郡太守，拜为议郎，曹操不肯迎合权贵，遂托病归乡，春夏读书，秋冬弋猎，暂时隐居。

公元189年，灵帝驾崩，太子刘辩登基，何太后临朝听政。大将军何进想趁灵帝驾崩、宦官失势之机诛灭十常侍，但未取得太后支持。何进便召时任并州牧的董卓进京，胁迫太后同意。此举打草惊蛇，董卓未抵达京城，何进已被宦官谋杀。同年九月，董卓入京，执掌朝政，把汉少帝废为弘农王，而改立其弟陈留王为汉献帝，派人把弘农王母子毒死，自称太师，专擅朝政。曹操见董卓倒行逆施，不愿与其合作，改名换姓逃出洛阳。曹操到陈留，“散家财，合义兵”，首倡义兵号召天下英雄讨伐董卓。

初平元年（190年）正月，袁术等共推渤海太守袁绍为盟主，曹操任代理奋武将军，讨董。二月，被联军击败的董卓胁迫献帝迁都长安（今陕西西安西北），焚毁宫室，挖开王陵，劫掠人民，致使洛阳方圆二百里荒无人烟。关东联军怕董卓精锐的凉州军，无人敢向关西推进，全都屯兵酸枣（今河南延津北）一带。而曹操认为董卓“焚烧宫室，劫迁天子，海内震动”，应趁机与之决战，遂独自引军西进。曹操行至荥阳汴水（今河南荥阳西南），与董卓大将徐荣交锋，因为士兵数量悬殊，曹操大败，士卒死伤大半，自己也受了伤，幸得堂弟曹洪所救，幸免于难。回至酸枣，曹操建议诸军各据要地，再分兵西入武关（今陕西丹凤东南），围困董卓，关东诸将不从。关东诸军名为讨董卓，实际各怀鬼胎，意伺机发展势力。不久，诸军内讧，联军至此解散。

初平三年(192年),青州黄巾军连破兖州(今山东巨野东南)郡县,斩兖州刺史刘岱。济北相鲍信等人迎曹操出任兖州牧。曹操和鲍信合军进攻黄巾。鲍信战死。曹操"设奇伏,昼夜会战",终将黄巾击败。当年冬,获降卒三十余万,人口百余万。曹操收其精锐,组成军队,号青州兵。又助袁绍打败刘备、单经及陶谦诸军。

初平四年(193年)秋,曹操父亲曹嵩投曹操路上,被陶谦派兵杀害,曹操遂进兵徐州(今山东郯城),向东南扩展势力。陶谦退守郯县。不久曹军粮尽,撤围回军。次年夏,曹操再征徐州,至东海。曹操征徐州期间,大肆杀戮,一路"鸡犬亦尽,墟邑无复行人"。东郡守备陈宫对曹操不满,与陈留太守张邈、张邈之弟张超、从事中郎许汜及王楷等同谋叛乱,迎吕布为兖州牧。

兴平二年(195年),曹操整军战吕布,吕布三败,破定陶(今山东定陶)、廪丘(今山东郓城西北)等,平定兖州。吕布逃往徐州投靠刘备。七月,因李傕、郭汜的火拼,汉献帝从长安东归,下诏让各路诸侯勤王。建安元年(196年)八月,曹操迎汉献帝。辛亥,汉献帝封曹操为司隶校尉,录尚书事。庚申,迁都许昌。十一月,汉献帝封曹操为司空,行车骑将军事。

建安二年(197年)正月,曹操讨张绣,军队驻扎淯水,张绣率众投降,又叛变,长子曹昂、侄子曹安民、猛将典韦战死。此后,曹操两度攻击张绣,都没有彻底击破。九月,曹操东征袁术,袁术弃军而逃至淮河,袁术留守四将。建安三年(198年)四月,曹操遣裴茂率中郎将段煨讨李傕,诛其三族。九月,曹操东征徐州,进攻吕布。在曹军攻势之下,吕布军上下离心,十二月,吕布部将魏续、宋宪等生擒陈宫归降曹操。吕布见大势已去，下城投降。曹操将吕布、陈宫、高顺等人处死，收降吕布部将张辽以及泰山豪杰臧霸、孙观等人，控制徐州。建安四年(199年)，曹操派史涣、曹仁击破张杨旧部眭固，取得河内郡，把势力范围扩张到黄河以北。

刘备在陶谦死后，一度出任徐州牧，后徐州被吕布攻占，刘备投奔曹操。曹操认为刘备是个英雄，先后表他为豫州牧、左将军。曹操攻占徐州不久，淮南袁术准备逃往青州，投靠袁绍，曹操派刘备去截击，袁术北上不得，呕血而死。建安五年(200年)正月，董承等谋杀曹操计划泄露，被曹杀掉。刘备袭徐州刺史车胄，占徐州。曹操为了避免将来与袁绍交战腹背受敌，决定先灭刘备。时诸将怕袁绍乘机攻许都，曹操对此说："刘备，人杰也，今不击，必有后患。袁绍虽有大志，而见事迟，必不动也。"遂进军，击破刘备，刘备奔袁绍。

袁绍曾祖自袁安以下四世三公，门生故吏遍天下，势力很大，后袁绍取得冀、并、幽、青四州之地，实力大增，有军队数十万人。袁绍以其长子袁谭、次子袁熙、外甥高干分守青、幽、并三州，后方稳固，兵精粮足，根本没把曹操放在眼里。他挑选精兵十万、战马万匹，志在一举消灭曹操。建安五年(200年)，袁绍命大将颜良等人进兵白马(今河南滑县)，自率大军进屯黎阳(今河南浚县东)，向曹操进攻。袁绍大军来攻，许都震动。曹操安慰众将说："吾知绍之为人，志大而智小，色厉而胆薄，忌刻而少威，兵多而分画不明，将骄而众令不一，土地虽广，粮食虽丰，适足以为我奉也。"

二月，袁绍大将颜良等人围攻白马，四月，曹操亲自率兵解白马之围，他采纳谋士荀攸之计，先进军延津(今河南延津北一带)，做出要渡河袭击袁军的态势，吸引袁军分兵西向，然后突然转向迅速赶往白马。曹操军突然杀到，袁军措手不及，颜良被关羽斩首，袁军大败，白马之围解。曹操救出白马军民，沿黄河西撤。袁绍闻知，立即命文丑、刘备渡河追赶曹操。曹操见追兵渐近，命军士解鞍放马。曹操率领仅有的骑兵杀出，大破追兵，斩文丑。袁军大震。曹操初战得胜，主动撤军，继续扼守官渡。

八月，袁绍大军进逼官渡。曹操分兵坚守营垒，伺机而动。袁军向曹营发动猛攻，先是作高橹，起土山，由上向曹营射箭，接着又挖地道，欲从地下袭击曹营，皆被曹操以设投石机、挖掘沟壑之法破解。两军一攻一守，相持近二个月。十月，袁绍从河北运来粮草万余车，派大将淳于琼等带万余人看守，屯于离袁绍大营四十里的乌巢。这时袁绍谋士许攸向袁绍献计不成，且在河北的家眷被抓，心生怨恨，来投曹操，献计让曹操袭乌巢。曹操大喜，出迎，后亲率精锐五千人，乘夜从小路偷袭乌巢。曹操军至乌巢，命四面放火，袁军大乱。袁绍急忙派兵救援，曹操左右见“贼骑稍近，请分兵拒之”。曹操大怒说：“贼在背后，乃白！”士卒都拼死力战，大破袁军，斩淳于琼等，一把火烧了粮草。袁绍听说曹操袭乌巢，认为这是攻破曹营的好机会，以重兵围攻曹营。曹操预留兵力精多，曹营未破，乌巢败讯传开，大将张郃、高览等人率部降曹，袁军溃散。袁绍弃军逃黄河以北。曹军大获全胜，斩首七万余级，尽获袁军物质。曹操清点袁绍书信时，知道手下人勾结袁绍，将书信烧之，说：“当绍之强，孤犹不能自保，而况众人乎！”

曹操在击败刘备后，乘势想一举攻下江南，后来孙权联盟在赤壁与曹操展开大战，曹操大败，险些丢了性命。自此，曹操多年不敢轻易南下。建安十七年(212年)，汉献帝准许曹操“参拜不名，剑履上殿”，如汉丞相萧何故事。同年五月，复《禹贡》九州。汉献帝册封曹操为魏公，加九锡、建魏国，定国都邺城。魏国拥有冀州十郡之地，置丞相、太尉、大将军等百官。建安二十一年(216年)四月，汉献帝册封曹操为魏王，邑三万户，位在诸侯王上，奏事不称臣，受诏不拜，以天子旒冕、车服、旌旗、礼乐郊祀天地，出入得称警跸，宗庙、祖、腊皆如汉制，国都邺城。王子皆为列侯。他名义上还为汉臣，实际上已是皇帝。建安二十二年(217年)冬十月，汉献帝又赐予曹操王冕十有二旒，乘金根车，驾六马，设五时副车，曹操以五官中郎将曹丕为魏世子。刘备逐渐壮大，曹操与之相争汉中，曹操再败。孙刘联盟，所以直到曹操死的那一刻也未能完成统一大业。

孙权进贡，向曹操称臣，并劝曹操取代汉朝称大魏皇帝。曹操将孙权来书遍示内外群臣，说：“是儿欲踞吾著炉火上耶！”曹操手下群臣乘机向曹操劝进。曹操说：“若天命在吾，吾为周文王矣。”建安二十五年(220年)正月，曹操还军洛阳。当月，病逝在洛阳，终年六十六岁，谥曰武王。他临死前留下《遗令》据曹操的遗嘱，他于二月廿一丁卯日安葬于邺城西郊的高陵。十月，魏王曹丕取代汉朝，自立为皇帝，国号魏，追尊曹操为武皇帝，庙号太祖。

曹操已去世一千多年，但是一直以来对他的评价褒贬不一，一说他是治世之能臣，乱世之英雄；一说他是治世之能臣，乱世之奸雄。的确，在曹操身上有着太多不确定性。曹操性格多疑，正所谓成也多疑，败也多疑，如果不那么多疑，也许一代医神华佗不会早死，曹操自己也能多活几年,是他杀了华佗。曹操身上有儒家的仁义,有道家的自然,有法家的严刑峻法,有兵法的诡诈,所以曹操才会如此神秘,既是圣人,也是奸雄。但是,他的文学成就也很高,将四言诗发挥到了一定水平。他一生壮志未酬,所以到老还老骥伏枥,志在千里,也许他生不逢时。

诸葛亮

诸葛亮，字孔明，道号卧龙，徐州琅琊（今山东临沂市沂南县）人，生活在公元181年到公元234年，三国时蜀汉丞相，杰出的政治家、军事家、散文家、书法家、发明家。在世时被封为武乡侯，死后追谥忠武侯，东晋政权追封他为武兴王。诸葛亮一生对刘备、对蜀汉鞠躬尽瘁，死而后已，是中国历史上良相忠臣的代表，他跟曹操一样备受后人争议。

汉灵帝光和四年（181年），诸葛亮出生在琅琊郡阳都县的一个官吏之家，诸葛氏是琅琊的望族，先祖诸葛丰曾在汉元帝时做过司隶校尉，诸葛亮父亲诸葛珪做过泰山郡丞；诸葛亮3岁丧母，8岁丧父，与弟诸葛均一起随叔父诸葛玄到豫章赴任，朝廷派朱皓取代了诸葛玄职，诸葛玄投奔了荆州刘表。

建安二年（197年），诸葛玄病逝，汉献帝从李傕手中逃出，随曹操迁都许县。诸葛亮已16岁，常以管仲、乐毅自比，很多人不以为然，只有好友徐庶、崔州平等信他。他与当时的襄阳名士司马徽、庞德公、黄承彦等有交情。黄承彦对诸葛亮说：“听闻你要选妻，我有一丑女，头发黄、皮肤黑，但才华可与你相配。”诸葛亮允了这门亲事。

世人不理解，常笑他，乡里甚至作谚语："莫作孔明择妇，正得阿承丑女。"诸葛亮的老婆黄月英是美是丑没有明文记载，说法不一，有人认为是黄承彦为了考验诸葛亮。

刘备依附刘表，屯兵新野。司马徽与刘备会面时，说："儒生见识浅陋，岂会了解当世局势？能解当世局势才是俊杰，只有卧龙（诸葛亮）、凤雏（庞统）。"诸葛亮受徐庶推荐，刘备希望徐庶让诸葛亮来见他，但徐庶建议："此人大才，不会屈尊到此，将军唯有亲自相迎。"刘备费尽周折，三顾茅庐才见到诸葛亮。刘备见诸葛亮仙风道骨，问："今汉室衰败，奸臣假皇命做事，皇权旁落，我想以大义重振天下，但智慧、谋略不够，时常失败，不过我志向仍未平抑，先生可有良策助我？"诸葛亮向他说了三分天下之计，分析曹操不可取，孙权可作援的形势，这就是被后世称之为《隆中对》。刘备力邀诸葛亮出山相助，这就是诸葛亮得其主不得其时的开始。刘备因为军政大事，常和诸葛亮议论，关系日渐亲密。关羽、张飞大感不悦，刘备道："我有了孔明，如鱼得水一般。"

建安十三年（208年），刘琦后母蔡氏屡进谗言，刘表对刘琦渐渐疏远。刘琦数次向诸葛亮请教自保之法，诸葛亮都推辞，刘琦便用上屋抽梯之计令诸葛亮说出办法，诸葛亮反问刘琦："春秋时期申生在内而危险，重耳（晋文公）在外可得安吗？"当时黄祖被东吴杀害，刘琦便自请为江夏太守外求自保。八月，刘表病逝，刘琮继位，听闻曹操南下，遣使投降。刘备在樊城率军队和百姓南逃，曹军在当阳长坂大破刘军。

刘备败走夏口，孙权又派鲁肃前去打探消息，诸葛亮向刘备建议向孙权求救，诸葛亮自荐为说客，与鲁肃结伴。到柴桑后，诸葛亮面见孙权，先用二分法给孙权两个选择，“如能以吴、越军力与中原抗衡，不如早和曹操断交”；另一个选择是激将法，“如认为不能抵挡，为何不停止军事行动，向北方称臣呢”！孙权反问诸葛亮，刘备又何不投降？诸葛亮便抬高刘备，说刘备有气节，绝不投降。孙权誓不投降曹操。诸葛亮分析两军情况，先说出关羽水军有万人，刘琦江夏士兵亦不下万人，曹军远来疲敝，追刘备时，轻骑一日一夜行三百多里，正是“强弩之末，势不能穿鲁缟”，且北方人不习水战。孙权受到鲁肃、周瑜的游说，决定联刘抗曹，派周瑜、程普、鲁肃等率三万水军，与曹操开战。诸葛亮随军回到刘备处。十一月，曹军在赤壁遭孙刘联军火攻，曹军遭受重创，此时曹军又暴发瘟疫，曹操差点丧命。

赤壁之战后，刘备又平定荆南四郡，任命诸葛亮为军师中郎将，住于临烝，督令零陵、桂阳、长沙三郡，负责调整赋税，充实军资。211年，益州牧刘璋派法正、孟达请刘备助攻张鲁。诸葛亮便与关羽、张飞、赵云等镇守荆州。次年十二月，刘备与刘璋决裂，还攻成都。诸葛亮与张飞、赵云等入蜀助阵，留关羽负责荆州防务，分兵平定各郡县，与刘备一起围成都。214年，刘璋投降，刘备入主益州。诸葛亮受金五百斤，银千斤，钱五千万，锦千匹，并任军师将军，署左将军府事。220年，曹丕篡汉自立。魏黄初二年(221年)，群臣听到汉献帝被害，劝汉中王刘备登基为帝，备不答应，诸葛亮用耿纯游说刘秀登基的故事劝刘备。备才应，任诸葛亮为丞相、录尚书事，假节；同年张飞被害，诸葛亮领司隶校尉一职。

222年八月，刘备东征被打败，撤至永安，诸葛亮大叹：“可惜法正故去，否则必能阻止陛下东征之举。”223年二月，刘备病重，召诸葛亮，刘备对诸葛亮说：“你的才能是曹丕的十倍，必能安邦定国，终成大事。如果嗣子（刘禅）可辅助，便辅助他；如不能辅佐，你可自取。”诸葛亮哭道：“臣定竭尽所能辅佐新主！”刘备让刘禅视诸葛亮为父。四月，刘备逝世，刘禅继位，封诸葛亮为武乡侯。不久，领益州牧，大小事务，刘禅都依赖诸葛亮，由诸葛亮决定。南中地区因刘备逝世而乘机叛乱，诸葛亮派邓芝及陈震赴东吴修好。

建兴三年（225年）春，诸葛亮南征，临行刘禅赐诸葛亮金鈇钺一具，曲盖一个，前后羽葆鼓吹各一部，虎贲六十人。后诸葛亮深入不毛之地讨伐雍闿、孟获，诸葛亮采取参军马谡建议，攻心为主，先打败雍闿军，七擒七纵孟获，至秋天平定所有乱事。蜀汉在南中安定并获得大量的资源。经长期积累，有了北伐的基础。228年，诸葛亮事先放风走斜谷道取郿，让赵云、邓芝设疑兵吸引曹真重兵，自己率大军攻祁山。陇右的南安、天水和安定三郡反魏附蜀。魏明帝西镇长安，命张郃率领步骑五万人前往，大破马谡于街亭。赵云寡不敌众，失利箕谷。诸葛亮乃拔西县千余家返回汉中。第一次北伐失败。同年冬，诸葛亮趁魏兵东下，关中虚弱，趁机北伐，出兵散关（今陕西省宝鸡市西南）围陈仓（今陕西省宝鸡市东），为魏将郝昭所拒，诸葛亮劝降不成，粮草不继，不得已回汉中。魏将王双来追，被斩。

229年，诸葛亮遣陈式攻武都（今甘肃省成县）、阴平（今甘肃省文县）二郡。雍州刺史郭淮引兵救之，亮自出至建威（今甘肃省西和县），郭淮退，遂得二郡。230年秋，魏军三路攻汉中，司马懿走西城（今陕西省安康市），张郃走子午谷，曹真走斜谷。诸葛亮驻军于城固

（今陕西省城固县）、赤坂（今陕西省洋县）。时大雨三十余天，魏军撤退。同年，诸葛亮使魏延、吴懿西入羌中，大破魏后将军费曜（瑶）、雍州刺史郭淮于阳溪。建兴九年（231年）二月，诸葛亮率大军攻祁山，始以木牛运。曹真病重，司马懿都督关中诸将。诸葛亮割麦于上邽（今甘肃省天水县）。司马懿追亮至卤城，扎营自守，有“畏蜀如畏虎”之讥。

六月，李严因运粮不济让诸葛亮还师。张郃追诸葛亮退兵至木门。建兴十二年（234年）二月，诸葛亮率大军出斜谷，驻扎武功五丈原（今陕西省岐山），屯田于渭滨，与司马懿对立渭南，并约吴共同发兵。期间诸葛亮屡屡下战书，将女人的衣服送给司马迁，以激怒司马懿，但司马懿忍辱闭门不出。司马懿向蜀汉使者询问诸葛亮的睡眠、饮食，使者答：“诸葛公早起晚睡，凡是二十杖以上的责罚，都亲自披阅；所吃饭食不到几升。”司马懿对人说：“孔明进食少事务烦，他还能活多久！”诸葛亮分兵屯田，在魏国与百姓共同种粮，自给自足，长期驻扎，但诸葛亮因过于操劳而病重。

八月，诸葛亮病故五丈原（宝鸡境内），享年五十四岁。杨仪等率军回朝，姜维等遵照诸葛亮遗嘱，秘不发丧，缓缓退军。司马懿率军追击，见孔明羽扇纶巾坐在车里。司马懿怀疑是孔明的诱敌之计，策马收兵，这就是“死诸葛吓走活仲达”！

一千多年来，人们对诸葛亮的崇拜愈演愈烈，说他能呼风唤雨，说他能洞察天机，说他是神仙下凡，总之，都是一些美化诸葛亮的词。诸葛亮是刘备手下重要的谋臣，直到刘备称帝，之前也有过庞统、徐庶，但是他们都没能陪刘备走到最后。罗贯中的《三国演义》在描述赤壁之战时将诸葛亮刻画跟神一样，草船借箭、借来东风、火烧赤壁，虽然有点夸张，但是根据司马懿对诸葛亮的评论，说他是大才，可见并非空穴来风，“死诸葛吓死活仲达”相信也不是空穴来风。如果说诸葛亮并非“三国第一谋士”，那三国时期谁还当属，司马懿虽然最后篡夺了曹魏，司马家结束了三国，但是那都是在曹操、诸葛亮、周瑜、鲁肃等死后的情况下才得了江山，并不能说司马懿有多能干。不管怎么说，诸葛亮是忠臣良相的代表，是杰出的政治家、军事家、文学家、发明家等。

晋篇

陈寿

陈寿，字承祚。巴西郡安汉县（今四川南充）人。生活在公元233年公元297年，三国时蜀汉、西晋时著名史学家，《三国志》的作者。

少好学，师从家乡著名学者谯周，研习《尚书》《三传》，精通《史记》《汉书》，陈寿聪敏，文章以富丽著称。初，应州里聘请，任卫将军姜维主簿，东观秘书郎，散骑、黄门侍郎，观阁令史等职。时宦官黄皓专权，蜀汉众臣极力逢迎黄皓，独陈寿不依附他，多次被贬谪。逢陈寿父亲去世，守丧期间，生病而让婢女伺候自己服药，被来客看见，乡党因此对他颇为议论。

公元263年，蜀汉灭亡，陈寿多年不被荐举，郁郁寡欢。张华欣赏其才华，认为他虽然有行为不检点的嫌疑，但不应被贬废。于是举为孝廉，授官佐著作郎，出任阳平县令。陈寿撰写《诸葛亮集》，上报朝廷。后授职著作郎，兼任本郡（巴西郡）中正。张华欲荐陈寿为中书郎，中书监荀勖忌恨张华而厌恶陈寿，便示意吏部改任陈寿为长广太守（一说是荀勖开始也欣赏陈寿，后来因为不满意《魏书》的内容才外放他）。陈寿以奉养老母为由概不就职。

公元278年，镇南将军杜预离京镇守荆州前，又将陈寿举荐给朝廷，建议授予黄门侍郎或散骑常侍之职。陈寿因此被授职为治书侍御史。后因母亲去世离职，其母临终遗言将她埋在洛阳，陈寿尊重母亲遗志，但又因此遭到非议随之贬官。谯周对陈寿说:“你必定会凭才学扬名天下，但常会遭到诋毁伤害，这未必是不幸。要谨慎从事。”陈寿再次招致贬废的羞辱，正应了谯周之言。公元280年，晋灭吴，统一天下。陈寿撰写完成《三国志》，共六十五篇。人们盛赞陈寿善于叙写史事，具有良史才干。夏侯湛当时也在撰写《魏书》，见到陈寿的《三国志》后，便毁了自己所写的《魏书》。张华对陈寿倍加赞赏，说:“应把《晋书》也委托给你撰写。”

数年后，陈寿拜太子中庶子，未到任。公元297年，陈寿病逝，享年六十五岁。他去世后，梁州大中正、尚书郎范頵等人上书说:“从前汉武帝下诏令说司马相如病危，可派人去取回他的著作。使者得司马相如遗留书籍，内中谈到帝王祭拜天地一事，武帝大为惊奇。臣等认为，已故治书侍御史陈寿所著《三国志》，多有劝诫之言，阐述前人的是非得失，对今世的教化大有裨益，尽管文辞不及司马相如，但质朴实在，恳请陛下采录其书。”惠帝于是诏令河南尹、洛阳令，派人去陈寿家抄写书稿，以之传世。

陈寿师从当时的大学者谯周，虽然被人怀疑行为不检点，但那都是男女之事，再正常不过。他一生当中最大的成就就是撰写了《三国志》，以此书扬名。他的《三国志》与《史记》《汉书》《后汉书》并为“前四史”，他也算博览群书、才华横溢，就连后来罗贯中创作《三国演义》也多参考他的《三国志》，他为三国的历史文化做出了不可磨灭的贡献。

王羲之

王羲之，字逸少，琅琊（今属山东临沂）人，生活在公元303年到公元361年，东晋著名书法家，有“书圣”之称，千古第一书法大家。

王羲之出身名门琅琊王氏，自幼喜欢书法。16岁，王羲之被郗鉴选为东床快婿。郗鉴有一女，貌美，未婚配，郗鉴坚持要为爱女择婿。郗鉴与丞相王导颇有情谊，又同朝为官，听说王家子弟甚多，个个都出类拔萃。一日早朝后，郗鉴将自己的想法告诉了王丞相。王丞相说：“好啊，承蒙不弃，我王家子弟多，您就到我家挑选吧，只要是您看中的，我都同意。”

郗鉴命心腹带上重礼到王丞相家。王府听说郗太尉派人觅婿，都将自己精心打扮一番出来相见。所有人都来了，却少了一个。王府管家领着郗府的人来到东跨院的书房，只见书房里的年轻人对太尉选婿一事无动于衷。郗府的管事感到很好奇，回到府中对郗太尉说：“王府年轻公子二十余人，听说郗府觅婿，都争先恐后，唯有东床那位公子，袒腹躺着若无其事。”郗鉴说：“我要选的就是这样的人，快领我去看。”郗鉴来到王府，见此人豁达文雅，才貌双全，当场下聘礼，择为快婿。“东床快婿”一说就是这样来的。

公元353年，王羲之和谢安、孙绰等41人在绍兴兰亭修禊（一种祓除疾病和不祥的活动）时，众人饮酒赋诗，王羲之即兴挥毫为此诗集作序，这便是有名的《兰亭序》。该帖为草稿，28行，324字。记述了当时文人雅集的情景。作者将天时地利人和发挥到极致，其中有二十多个“之”字，写法各不相同。宋代米芾称之为“天下第一行书”。

晋帝当时到北郊去祭祀，让王羲之把词写在一块木板上，再派人雕刻。刻字者把木板削了一层又一层，发现王羲之的书法墨迹一直印到木板里面。他削进三分深度才见底，木工惊叹王羲之的笔力雄劲，书法技艺炉火纯青，笔锋力度竟入木三分。

公元355年，王羲之称病弃官。“携子操之由无锡徙居金庭。建书楼，植桑果，教子弟，赋诗文，作书画，以放鹅弋钓为娱。”他和许询、支遁等人，遍游剡地山水。定居金庭后，专研书法。后裔多擅书画，作品挂满厅堂、书房，人称“华院画堂”。后人定村名为“华堂”，沿称至今。在书法史上，他与其子王献之合称“二王”。

王羲之是中国历史上为数不多的好命文人之一。他出身名门，晋代的两大显族王谢家族。他一生衣食无忧，没有经历过什么坎坷，几乎是顺境，这为他的书法创作打下良好的基础。王羲之的书法在技法上已经达到一种炉火纯青的地步，后世鲜有人能够超越，后来的颜真卿在名气上也远远不足。

陶渊明

陶渊明，字元亮，又名潜，私谥“靖节”，世称靖节先生，浔阳柴桑人。生活在公元352年到公元427年，东晋末至南朝宋时期伟大的诗人、辞赋家。他是中国历史上第一位田园诗人，被称为“古今隐逸诗人之宗”。

陶渊明曾祖为陶侃，有争议。外祖父孟嘉，晋代名士，娶陶侃第十女。祖父做过太守，父亲是个“寄迹风云，寘兹愠喜”的人，但是生平无考。有一个庶出的妹妹，比陶渊明小三岁，后嫁到程姓人家，故陶渊明常常在诗文中提及她时称程氏妹。从其父保养小妾来看，陶渊明最初的家境应该不算太差。陶渊明在8岁的时候，父亲去世，家境没落，没了依靠。12岁庶母又辞世，到了20岁的时候，家境贫困。

陶渊明自幼修习儒家经典，爱闲静，念善事，抱孤念，爱丘山，有猛志，不同流俗。早年的他曾受过儒家教育，有过“猛志逸四海，骞翮思远翥”的志向；他身上，具有道家和儒家两种修养。

20岁时，陶渊明就开始走仕途，以谋生路。从20岁到29岁，这9年时间，陶渊明都处在官场的最下层，他常常感到郁郁不得志，到29岁时，他才出任州祭酒，这个官职也是个闲职，不久愤然辞官，归家。

又过了没多久，州里又召他做主簿，他辞了职务，依旧在家闲居。公元398年，渊明加入桓玄幕。公元400年，奉使入都，五月从都还家，于规林被大风所阻，诗《庚子岁五月从都还阻风规林》，表达了他对归家的渴望和对园林生活的怀念。一年后，母亲病逝，因母丧回浔阳居丧。三年丁忧期满，陶渊明怀着“四十无闻，斯不足畏”的观念再度出仕，出任镇军将军刘裕参军。他的心境是矛盾的，既想当官，又想回归田园，陶渊明在官场漂泊十余年，他已厌倦了官宦生活，尤其是晋代腐败、黑暗的政治让他心灰意冷。

公元405年八月，陶渊明人生最后一次出仕，为彭泽令。十一月，程氏妹卒于武昌，渊明作《归去来兮辞》，解印辞官，正式开始他的归隐生活，直至生命结束。此时的陶渊明，思想上已经相当成熟，除了厌倦官场黑暗外，他感觉到自己没有升迁的可能，尤其在晋代那个门阀制度森严的时代。义熙四年（公元408年）六月中，陶渊明家中火灾，宅院尽毁，被迫迁居。义熙十一年（公元415年），朝廷诏征他为著作佐郎，陶渊明称病不赴任。义熙十四年（公元418年），王弘为江州刺史，此年与陶渊明结交，两人交情匪浅。元嘉元年（公元424年），颜延之为始安太守，又与陶渊明结交，颜太守常给陶渊明付酒钱。元嘉四年（公元427年），檀道济听闻陶渊明之名，去看望他，赠以肉，并劝他出仕，陶渊明拒绝了他，所赠肉也没收下。同年，陶渊明卒于浔阳。他去世后，友人私谥为“靖节”，世称“陶靖节”。

陶渊明是我国历史上苦命文人之一，喜欢喝酒，常常借酒消愁。年轻时期的陶渊明也曾有匡国济世的抱负，做官一来解决自己的生活开支，二来能实现自己的政治抱负。但是很不幸运的是他出生在东晋末年，魏晋南北朝这几百年时间是中国历史上最为动荡、黑暗的时代，尤其是晋代，两晋加在一起才统治中国150年时间，朝政腐败、官场黑暗。科举是隋朝开始才出现的，也就是说那个年代，是一个门阀制度森严的时代，陶渊明在官场沉浮十多年，最终是以县令收场，他知道朝中无人，加上朝廷腐败，不会任用贤人。他感到自己没有升迁的可能，怀才不遇，所以，才决定辞官归隐。下半辈子的隐居生涯虽然清贫，但是乐得自在。

唐篇

李　白

李白，字太白，号青莲居士，又号“谪仙人”，生活在公元701年到公元762年，是唐代伟大的浪漫主义诗人，被后人誉为“诗仙”。与杜甫并称为“李杜”，其人爽朗大方，爱饮酒作诗，喜交友。

李白，公元701年在剑南道绵州昌隆青莲乡出生，关于李白的出生地历来有争议，另一种说法，他出生在安西都护府，就是西域，后来移居四川。他的出身也不详，说他是唐朝皇室的一支。《新唐书》记载，李白为凉武昭王李暠九世孙，按此说法李白与李唐诸王同宗。

公元705年十一月，武则天去世。李白五岁，已经能够诵六甲（六甲，唐代的小学识字课本）。715年，李白十五岁。已诗赋多首，并被当时的一些社会名流追捧。他受道家文化影响，好剑术，有侠义。718年，李白十八岁。隐居戴天大匡山（今四川江油县）读书。先后出游江油、剑阁、梓州等地，增长不少阅历。

724年，李白二十四岁。离开故乡远游。游成都、峨眉山，后舟东下至渝州（今重庆市）。725年，李白出蜀，仗剑去国，辞亲远游。726年，李白二十六岁。春往扬州。秋，病卧扬州。冬，离扬州北游汝州(今河南临汝县),至安陆(今湖北安陆县)。途经陈州与李邕相识。结识孟浩然。727年,是年诏令“民间有文武之高才者,可到朝廷自荐”。秋,全国六十三州水灾,十七州霜旱。李白二十七岁。居安陆寿山,与故宰相许圉师之孙女结婚,安家于安陆。

728年,李白二十八岁。出游江夏(今湖北武汉),与孟浩然相会。730年,李白三十岁。春在安陆。曾多次谒见本州裴长史,因遭人谗谤,上书自白,终为所拒。初夏,去往长安,谒宰相张说,结识其子张垍。居终南山玉真公主(玄宗御妹)别馆。又谒见其他王公大臣,均无结果。

731年,玄宗宠太监高力士,凡是地方表奏,皆先让高力士裁决。十月,玄宗驾临洛阳。31岁的李白在长安,穷困潦倒,自暴自弃,与长安市井交往,初夏,离开长安,经开封(今河南开封),到宋城(今河南商丘)。秋到嵩山,恋故友元丹丘山居所在,遂有隐居之意。

732年李白32岁,在洛阳与元演、崔成甫结识。秋,自洛阳返回安陆。途经南阳,结识崔宗之。冬,元演自洛阳到安陆相访,二人同游随州(今湖北随县)。公元742年,玄宗皇帝李隆基的妹妹玉真公主和贺知章对李白的文章大为称赞,玄宗看了李白的诗赋,十分仰慕,召李白进宫。李白进宫那天,玄宗降辇步迎,“以七宝床赐食于前,亲手调羹”。玄宗问及当世事务,李白应对如流。玄宗大为赞赏,令李白供奉翰林,主要工作是给皇上写诗娱乐。玄宗每有宴请或外出,必带李白。李白深受玄宗宠信,让很多人既羡慕又嫉妒。

743年,李白43岁。依然供奉翰林院。初春,玄宗在宫中行乐,李白奉诏作《官中行乐词》,被赐宫锦袍。兴庆池牡丹盛开,玄宗与杨玉环同赏，李白又奉诏作《清平调》。时间一长李白对御用文人的生活日渐厌倦。与贺知章结“酒中人仙”之游，皇帝屡次召见，皆不朝。常在醉酒中起草诏书，令高力士脱靴，宫中很多人都痛恨李白，纷纷在玄宗面前说李白坏话，玄宗慢慢疏远他。

公元744年，李白到了洛阳，在这里他遇到了郁郁不得志的杜甫，两人在洛阳结下了深厚的友谊。此时，李白已名扬天下，杜甫还年轻气盛，还眷念功名利禄，而李白已经看透了所谓的功名。李白比杜甫长11岁，但李白并不在杜甫面前故作傲慢。而“性豪也嗜酒”“结交皆老苍”的杜甫，也没有极力称颂李白。在洛阳，他们约好下次在梁宋会面，访道求仙。秋，两人如约到梁宋。两人在此把酒言欢，吟诗作对。他们在这里遇到诗人高适，当时高适也还没有当官。三个人都有大志。

这年秋冬，李杜再一次分手。李白到齐州（今山东济南）紫极宫请道士高天师如贵授道箓，从此成为道士。公元745年秋，李白与杜甫在东鲁第三次会面。短短一年多时间，他们两次相约，三次会见，友情大增。他们一道寻访隐士高人，一起去齐州拜访当时驰名天下的文章家、书法家李邕。这年冬，李杜两人分手。

天宝十四年（755年），安史之乱爆发，李白与妻子宗氏南奔避难。洛阳失陷，立刻返宣城，避难剡中（今浙江滕县）。至漂阳（今江苏溧阳），与张旭相遇。沿长江西上，入庐山屏风叠隐居。至德二年（757年），李白57岁。在永王军营，作组诗《永王东巡歌》抒发了建功报国情怀。永王引兵东巡，导致征剿，兵败。李白在浔阳入狱。被宋若思、崔涣营救。成为宋若思幕僚，为宋写过一些文表，并随他到了武昌。李白在宋若思幕下很受重视，并以宋的名义再次向朝廷推荐，希望得到朝廷的任用。

乾元二年（759年），朝廷因为关中遭遇大旱，宣布大赦。李白经长期辗转流离，获得了自由。他即顺长江而下，到江夏，由于老友良宰在当地做太守，李白便逗留一阵。李白应友人之邀，与被贬的贾至泛舟赏月于洞庭湖，赋诗抒怀。不久，回到宣城、金陵旧游地。上元二年(761年)，六十出头的李白因病回金陵。生活窘迫的李白不得已只好投奔当涂县令李阳冰，他是李白的叔叔。上元三年（762年），李白病重，在病榻上把手稿交给李阳冰，赋《临终歌》与世长辞，终年六十二岁。

关于李白的死一直是个谜，有一种说法，他是醉酒后水中捞月被淹死，还有人说他是太白金星下凡，寿终而上天。但不管怎么说，李白在诗词上的成就是大成的，他应该算唐朝第一大诗人，他的诗作反映了他的性格，浪漫、豪放，他有一句诗“弃我去者，昨日之日不可留；乱我心者，今日之日多烦忧”，他是一个很看得开的人，他愤世嫉俗，入世也出世，他被誉为“诗仙”，他的诗作的确带着一股仙气，需要细细品读，才能体会。

杜　甫

杜甫，字子美，河南巩县人。生活在公元712年到公元770年。自号少陵野老，唐代伟大现实主义诗人，与李白合称“李杜”。

杜甫的祖上是北方的大士族。远祖为汉武帝时期的酷吏杜周，祖父杜审言，也是一个颇有名气的诗人。杜甫与杜牧同为晋代名将杜预之后。杜甫小的时候家庭条件还是相当优越，过着富家公子的生活，衣食无忧。他自幼好学，跟李白一样，在文化上具有很高的天赋，七岁能作诗，“七龄思即壮，开口咏凤凰”，志于“致君尧舜上，再使风俗淳”。不过少年时的杜甫也很调皮，没有体现出少年老成。

开元十九年（731年），杜甫19岁，出游郇瑕（今山东临沂）。20岁时，游历吴越，历时数年。开元二十三年（735年），回故乡参加“乡贡”。次年在洛阳应进士考试，落第。杜甫父亲时任兖州司马一职，杜甫赴兖州省亲。天宝三年（744年），四月，杜甫在洛阳与李白相遇，两人相约同游梁、宋（今河南开封、商丘）。之后，杜甫又到齐州（今山东济南）。又过了四年，赴兖州与李白相会，二人一同寻仙访道，饮酒作诗，结下了深深的友谊。秋，李杜二人别离，杜甫回到长安。

杜甫生活的年代是唐朝从盛世走向衰败的转折期。天宝六年(747年),玄宗诏天下“通一艺者”到长安应试,杜甫参加了考试。权相李林甫上演了一出“野无遗贤”的闹剧,应试士子全部落选。科举之路行不通,杜甫只有给权贵写信,但都无果。他在长安漂泊了十年,奔走自荐,依然没有谋得一官半职,过着贫困的生活。

天宝十年(751年)正月,玄宗举行祭祀太清宫、太庙和天地的盛典,杜甫提前一年就写好了《大礼赋》,献给皇帝,得到了玄宗的赏识,在集贤院待命,因主试者仍为李林甫,杜甫最终没有被分到官职。天宝十四年(755年),杜甫被授予河西尉,杜甫不愿意去做这样的小官,朝廷又让他改任右卫率府兵曹参军(负责看守兵甲器杖,管理门禁锁钥)。杜甫44岁,在长安已经十多年了,为生计接受了这个职位。十一月,杜甫回奉先省家,杜甫刚进家门就听到哭泣声,原来小儿子饿死了。杜甫痛彻心扉,写成著名的《自京赴奉先县咏怀五百字》。

天宝十四年(755年)十一月,安史之乱爆发,次年六月,潼关失守,玄宗仓皇西逃。七月,太子李亨即位于灵武,为肃宗。这时杜甫已搬到鄜州(今陕西富县)羌村避难,他听说肃宗即位,只身北上,奔灵武,途中被叛军俘虏,押至长安。同王维严加看管,杜甫官小,未被囚禁。此刻杜甫危在旦夕,依然忧国。此间写了《为华州郭使君进灭残冠形势图状》和《乾元元年华州试进士策问五首》,为剿灭安史叛军献策。讨叛军的镇西北庭节度使李嗣业兵马路过华州,他写了《观安西兵过赴关中待命二首》。

乾元二年(759年)夏,华州大旱,杜甫写下《夏日叹》和《夏夜叹》。这年立秋,杜甫厌倦世俗的黑暗,放弃华州司功参军的职务,西去秦州(今甘肃天水)。杜甫在华州共作诗三十多首。杜甫几经辗转,最后到了成都,在严武等人的帮助下,在城西浣花溪畔,建起一座草堂,世称"杜甫草堂"称"浣花草堂"。后被严武荐为节都,全家寄居在四川奉节县。

广德二年(764年)春,严武再任职四川,杜甫又回到草堂,漂泊将近两年。严武荐杜甫为检校工部员外郎,做了严武的参谋,后人又称杜甫为杜工部。不久杜甫又辞职。辞职的原因是杜甫不愿意再寄人篱下。在成都居住这段时间,一家人住在茅屋里,房子不能遮风挡雨,下雨就漏,妻儿在家里饿得难受。一日风雨,吹走了他的茅草,屋里没有一处是干的,杜甫随即作《茅屋为秋风所破歌》。

严武去世后,杜甫没有了靠山,离开成都。经嘉州、宜宾、渝州、忠州、云安,大历元年(766年)到达夔州(奉节)。由于夔州都督柏茂林的照顾,杜甫得以安身,为公家代管东屯公田一百顷,自己租了一些公田,买了四十亩果园,雇了几个工人,自己和家人参加了劳动。这时期,杜甫的创作激情剧增,不到两年,作诗四百三十多首,占现存作品的百分之三十。有《春夜喜雨》《闻官军收河南河北》《登高》《登岳阳楼》等大量名作。其中诗句"安得广厦千万间,大庇天下寒士俱欢颜。""无边落木萧萧下,不尽长江滚滚来。"更是千古绝唱。

大历三年(768年),杜甫思乡心切,乘船,先到江陵,又转公安,又漂泊到岳阳,这段时间杜甫一直住在船上。大历四年正月,再由岳阳到潭州(长沙),由潭州到衡州(衡阳),又回潭州。大历五年(770年),臧玠在潭州作乱,杜甫逃往衡州,原计划到郴州投靠舅父崔漳,但行到耒阳,遇江水暴涨,只得停在方田驿,五天未进食,县令送来酒肉得救。后杜甫由耒阳到郴州,逆流而上二百多里,洪水未退。大历五年(770年)冬,杜甫在潭州往岳阳的一条船上去世。时年五十九岁。杜甫到死也没能回到家乡河南巩县。

杜甫在唐朝与李白并列,后世称“诗圣”的大诗人,他是我国著名的爱国主义诗人,他博学多闻,将自己一生的精力都放在了诗词创作和谋求仕途上。然而,他的爱国激情和政治抱负并未得到一丝安慰,在唐都长安留守了十几年,就是为了得到官职,好不容易有小官做,又不称心如意,也做不长。于内,他不是一个好丈夫、好父亲,儿子都饿死了,还在坚持他那迂腐的理想。于外,他不是一个好政治家,他满腔报国热情,收获的只是嘲弄,他没有参政的机会,还不能算一个政治家,他一生唯一的成就就是写了那么多爱国的好诗,也仅仅是后人钦佩和仰慕,人生有很多事情可以做,不一定要做官才能救命于水火,追求理想前应该先养活家人。杜甫的一生是苦难的一生,他跟陶渊明一样,也是中国历史上的苦命文人之一。

王　维

王维，字摩诘，号摩诘居士，河东蒲州（今山西运城）人，生活在公元701年到公元761年之间。唐朝著名诗人、画家。被后世称为“诗佛”。

王维出身河东王氏，王维十五岁去京城应试，由于他写一手好诗，工于书画，还有音乐天赋，正值少年的王维一到京城立即受到王公贵族的青睐。开元十九年（731年），王维状元及第。任太乐丞，因舞黄狮子案受连累，贬为济州司仓参军。开元二十三年（735年），张九龄执政，拔擢王维为右拾遗。开元二十四年（736年），调任监察御史，奉命出塞，担任凉州河西节度判官。

当官后，王维利用空余时间，在京城蓝田山麓修建一所别墅，以修养身心。该别墅所处有山有湖，有树林也有溪谷。王维与他的好友在此过着悠闲自在的生活。天宝十四年（755年），安史之乱爆发。至德元载（756年），长安被叛军攻陷，王维被捕后被迫出任伪职。战乱平息后，王维被下狱，交付有司审讯。依照唐朝刑律，投靠叛军当斩，但他被俘时作《凝碧池》抒发亡国之痛和思念朝廷之情，又因其弟刑部侍郎王缙平反有功，请求削籍为兄赎罪，王维才得宽宥，降为太子中允，后兼迁中书舍人，官至尚书右丞。

上元二年（761年），王维逝世。临终时，他作书向亲友辞别。

王维早年有政治抱负，希望能做一番大事业，后因政局不稳，朝政腐败，叛军造反，世风日下，便开始吃斋念佛。《辋川闲居赠裴秀才迪》这首诗主要内容是“言志”，写诗人远离尘俗，继续隐居的愿望。

王维喜欢佛法，所以取得字号都带着佛教的字眼，他精通诗、书、画、音乐等，名盛于开元、天宝年间，尤长五言，多咏山水田园，与孟浩然合称“王孟”。存诗400余首，代表作有《相思》《山居秋暝》等。著作有《王右丞集》《画学秘诀》。

比起杜甫来，王维的命运要好得多，他的一生没有经历过大风大浪，唯一的一次就是受了安禄山的伪职，安史之乱平息后，朝廷将其下狱，但是好在有惊无险，最后的结局是善终。文人大多有隐士之心，但是又有想要做官的矛盾，这一点充分表现在王维的身上。由于身处乱世、身处官场几十年，他已经厌倦了人世间的繁杂，以追求心灵的归宿，便开始学佛，给自己取法名，其实又是一种逃避的思想、消极的思想。

韩　愈

韩愈，字退之，河南河阳（今河南孟州）人，生活在公元768年到公元824年，自称“郡望昌黎”，世称“韩昌黎”“昌黎先生”。唐代杰出的文学家、思想家、哲学家、政治家。他被后人大为推崇，“唐宋八大家”之首，“文章巨公”“百代文宗”“千古文章四大家”“广东古八贤”之一。

唐大历三年（768年），韩愈出生在官宦之家，他祖辈都在朝为官，其父韩仲卿，官至秘书郎，在韩愈三岁时便去世。韩愈由兄韩会抚养成人，所以他是个孤儿，从小刻苦读书，立志要自立。韩愈七岁时就能够出口成章。韩会死后，韩愈随寡嫂郑氏颠沛流离。十九岁时，韩愈到长安，当时文人写作都喜欢仿古，用文言创作，模仿扬雄、董仲舒，独孤及、梁肃学问最深，韩愈与其交往。韩愈一路应试，最后应进士试时，他的文章被前宰相郑余庆看到，并大加赞赏，韩愈闻名一时。

贞元二年（786年），韩愈离开宣城，前往长安，投奔族兄韩弇。适逢韩弇前往河中，遇害，韩愈遂投靠名将马燧。789年，返回宣城，此后三次参加科举考试，均失败。792年，韩愈第四次参加进士考试，终于登进士第。793年，参加吏部的博学宏词科考试，失败。同年，韩愈之嫂郑夫人逝世，他回河阳，为其守丧五个月。794年，再度至长安参加博学宏词科考试，又失败。795年，第三次参加博学宏词科考试，失败。期间三次给宰相上书，未得到回复。同年，离开长安，经潼关到河阳县，前往东都洛阳。796年，韩愈受宣武节度使董晋推荐，得试秘书省校书郎，出任宣武军节度使观察推官。韩愈任观察推官三年时间里，在指导李翱、张籍等青年学文的同时，极力宣传自己对散文革新的主张。

799年，董晋逝世，韩愈随董晋灵柩离境。韩愈离开四天，宣武军发生兵变，陆长源等被杀，军中大乱，韩愈因离开而免祸。韩愈随董晋灵柩至洛阳，于二月末抵达徐州。同年秋，韩愈应徐、泗、濠三州节度使张建封之聘，出任节度推官，试协律郎。同年冬，张建封派韩愈前往长安朝正。800年，韩愈到徐州，同年夏离开徐州，回洛阳。同年冬，韩愈前往长安，第四次参加吏部考试。802年，韩愈被任命为国子监四门博士。告假回洛阳，前往华山游玩。

803年，韩愈升监察御史。时关中大旱，韩愈发现灾民流离失所，乞讨者甚多，关中遍地是百姓饥饿的惨状，韩愈痛心不已。时任京兆尹李实封锁消息，谎报关中粮食丰收。韩愈愤怒之下上《论天旱人饥状》疏，反遭李实谗害，同年十二月贬为连州阳山县令。805年，韩愈获赦免，离开阳山县。获授江陵法曹参军。806年，韩愈奉召回长安，授权知国子博士。808年，韩愈正式担任国子博士。809年，改授都官员外郎，分司东都兼判祠部。

810年，降河南县令。魏、郓、幽、镇四藩镇各设留守藩邸，暗中蓄养士兵，窝藏逃犯，意图不轨。韩愈要揭发他们，部署官吏，断他们与百姓往来，天明就公布，留守官员害怕，被迫停手。811年，任尚书职方员外郎，回长安。812年，复任国子博士。813年，韩愈自认学识渊博，屡次遭贬，创作《进学解》自喻，宰相看后非常同情韩愈，认为他有史学才华，同年改韩愈为比部郎中、史馆修撰命修《顺宗实录》。

814年，韩愈任考功郎中，仍任史馆修撰。同年十二月，任知制诰。815年，升中书舍人，获赐绯鱼袋。不久，韩愈又被小人诬陷，往事重提，欲加之罪，韩愈被改授太子右庶子。821年，韩愈任兵部侍郎。当时，镇州（今河北正定）兵变，新任成德节度使田弘正被杀，都知兵马使王廷凑留后，向朝廷索求节钺。822年，朝廷赦免王庭凑及成德士兵，命韩愈为宣慰使，前往镇州。

韩愈其实干的是一个苦差事，这是谁也不敢接受的差事，他却接受了，此行必定是凶多吉少。元稹说："韩愈可惜了。"穆宗深感后悔，命韩愈到成德军边境，先观察形势，不要急于入境，以防不测。韩愈说："皇上体恤我，为臣者岂能只顾个人安危，而置皇命于不顾。"毅然前往。到镇州，王庭凑将士剑拔弩张迎接韩愈。王庭凑对韩愈说："将士们无礼，非我所愿，韩大人受惊了！"韩愈严厉地斥责说："皇上认为你有将帅才能，任命你为节度使，想不到你竟指挥不了士兵！"一个士卒手执兵器上前说："先太师为朝廷击退朱滔，血衣在这里。我们什么地方辜负了朝廷，以致被视为叛贼！"韩愈说："你们能记得先太师就好，从安禄山、史思明到吴元济、李师道，割据叛乱，他们的子孙至今还有存活的人没有？"众人回答："没有。"韩愈列举了很多叛变后的下场，将士们一个个听得心惊胆战，纷纷放下武器，向朝廷投降。

长庆二年(822年)九月,转任吏部侍郎。823年,韩愈升京兆尹兼御史大夫,因不参谒太监,被御史中丞李绅弹劾。韩愈不服,称此举经穆宗恩准。二人固执不让,朝廷便让李绅出任浙西观察使,韩愈被罢京兆尹,授兵部侍郎。李绅向穆宗辞行时,流泪陈情,穆宗怜他,追发诏书授李绅为兵部侍郎,韩愈改任吏部侍郎。824年,韩愈因病告假。同年十二月二日,韩愈在长安逝世,终年五十七岁,谥号文。长庆五年(825年)三月,韩愈葬河阳。宋元丰元年(1078年),宋神宗追封韩愈为昌黎伯,准其从祀孔庙。

韩愈是中国中古时期的一代圣人,他与柳宗元、欧阳修、苏轼并称“千古文章四大家”,同时又是“唐宋八大家”之首。他的性格耿直,在官场屡遭贬斥,命运坎坷,但总的来讲,他的仕途比杜甫、陶渊明要顺利得多。他做过最大的官是吏部侍郎,吏部乃朝廷六部之首,处于中枢地位,相当于副丞相。韩愈一生提倡古文运动,写文章极力仿古,从魏晋南北朝至隋,文坛一直处于衰败局面,韩愈文起八代之衰。终以散文见长,成为一代文宗。

柳宗元

柳宗元，字子厚，河东（今山西运城永济）人，生活在公元773年到公元819年，“唐宋八大家”之一，“千古文章四大家”之一，唐代文学家、哲学家、散文家、思想家，世称“柳河东”“河东先生”，因仕途终于柳州刺史，又称“柳柳州”。柳宗元与韩愈并称“韩柳”，与刘禹锡并称“刘柳”，与王维、孟浩然、韦应物并称“王孟韦柳”。

柳宗元祖籍在河东郡，出身官宦世家，其父柳镇曾任侍御史。柳宗元母亲卢氏系范阳卢氏，柳宗元有两个妹妹。773年，柳宗元在长安出生。四岁时，母亲卢氏也是知书达理之人，母亲的启蒙教育让柳宗元对知识倍感渴望。柳宗元幼年时期基本上在长安度过，对朝廷的腐败、社会的动荡深有感触。建中四年（783年），柳宗元为避战乱逃到父亲的任所夏口。十二岁的柳宗元亲身经历了藩镇割据的混乱。785年，柳镇到江西做官。柳宗元随父亲宦游，长了见识。不久，他回到长安。父亲柳镇长期任职府、县，擅长诗文的父亲及信佛的母亲为他后来“统合儒佛”思想的奠定基础。

792年，柳宗元被选乡贡，参加进士科考试。793年，21岁的柳宗元进士及第，名声大噪。不久，柳宗元父亲柳镇去世，柳宗元在家吊丧。796年，柳宗元任秘书省校书郎。798年，26岁的柳宗元参加了博学宏词科考试，中榜，授集贤殿书院正字。801年，柳宗元任蓝田尉。803年，柳宗元被调回长安，任监察御史里行。从此与官场上层人物打交道，对政治的黑暗有了更深的了解，逐渐萌芽改革愿望，成为王叔文革新派的重要人物。

805年，唐德宗驾崩，太子李诵继位，改元永贞，即顺宗。顺宗即位后，重用王伾、王叔文等人。柳宗元与王叔文政见相同，被提拔为礼部员外郎，掌管礼仪、享祭和贡举。王叔文掌管朝政后，积极推行革新，采取一系列改革措施，史称永贞革新。贬斥贪官污吏，整顿税收，废除地方官吏和地方盐铁使的额外进奉，试图收回在宦官和藩镇手中的兵权。随着顺宗病情加重，以俱文珍为首的宦官集团、朝臣联合外藩反对改革派，向朝廷施加压力。

805年四月，宦官俱文珍、刘光琦、薛盈珍等立广陵郡王李淳为太子，改名李纯。五月，王叔文被剥夺翰林学士。七月，宦官、大臣请太子监国。王叔文因母丧回家。八月，顺宗被迫禅让帝位给太子李纯，史称“永贞内禅”。李纯即位，即宪宗。宪宗即位就打击王叔文、王伾为首的政治集团。八月六日，王叔文被贬渝州司户，王伾为开州司马，王伾到任不久病死，王叔文不久被赐死。永贞革新失败，前后180多天。

永贞革新失败后，九月，柳宗元被贬邵州刺史，十一月，赴任途中，柳宗元加贬为永州司马。到任后，柳宗元暂居龙兴寺。经半年，柳宗元母亲去世。815年，柳宗元离开永州，在永州的十年里，柳宗元在哲学、政治、历史、文学等方面深入钻研，游历永州，结交当地文人贤士，他写下《永州八记》。

815年一月宗元接到诏书，命他回京。经过一个多月的长途跋涉，柳宗元回到长安。在长安，柳宗元未受重用，由于小人武元衡的诋毁和憎恨，柳宗元未被启用。三月十四日，柳宗元贬为柳州刺史。月底，柳宗元从长安出发，赴柳州，六月二十七日才抵达。819年，宪宗大赦，宪宗在裴度的说服下，召柳宗元回京。十一月初八，柳宗元在柳州去世。享年47岁。

柳宗元生活在晚唐那个宦官当政、节度使作乱、皇帝昏庸的时代，是他的不幸，但是同时也造就了他的成就，如果没有经历那些苦难，也不会写出传世佳作。文人墨客一向胸有大志，柳宗元也不例外，他与王叔文等当政者志同道合，推行变法，但最终敌不过昏庸的皇帝、小人当道的朝堂，变法最终失败，从而也加速了唐朝被节度使所灭的步伐。以王叔文、柳宗元等为首的变法实际上就是为了除去宦官当政和节度使的兵权，因此，柳宗元、王叔文等才被视为眼中钉，这也就是柳宗元下半生的命运延续。柳宗元在文学上取得了巨大的成就，被后人推崇为“唐宋八大家”之一，更被后人推崇为“千古文章四大家”之一。柳宗元是晚唐时期与韩愈并列的一代圣人。

宋篇

欧阳修

欧阳修，字永叔，号醉翁、六一居士，吉州永丰（今江西吉安市）人，生活在公元1007年到1072年间，北宋政治家、文学家。因吉州原属庐陵郡，遂以“庐陵欧阳修”自居。官至翰林学士、枢密副使、参知政事，谥号文忠，世称“欧阳文忠公”。累赠太师、楚国公。与韩愈、柳宗元、苏轼合称“千古文章四大家”，也是“唐宋散文八大家”之一。

1007年八月一日寅时，欧阳修生于绵州（今四川绵阳），他的父亲时任绵州军事推官。三年后，父亲去世。欧阳修是独子，与母亲郑氏相依为命，只得到随州投奔欧阳修叔叔。叔叔家并不富裕，好在郑氏知书达理，用荻秆在沙地上教欧阳修写字。欧阳修叔叔也对其关怀备至，为童年的欧阳修打好了教育基础。

1023年、1026年两次参加科举都落榜。1029年春，由胥偃保举，欧阳修就试最高学府国子监。同年秋，欧阳修参加了国子监的解试。欧阳修在国子学的广文馆试、国学解试中均获第一名，成为监元和解元，又在次年的礼部省试中获第一，成为省元，连中三元。天圣八年（1030年），由宋仁宗赵祯主持的殿试在崇政殿举行。殿试放榜后，欧阳修被仁宗皇帝定为十四名，位列二甲进士及第。时任主考官晏殊后来对人说，欧阳修未能夺魁，主要是锋芒过于显露，众考官欲挫其锐气，促其成才。

欧阳修被授将侍郎，试秘书省校书郎，充任洛阳留守推官。金榜题名时，他迎来了洞房花烛。欧阳修刚中进士，就被恩师胥偃定为女婿。1031年三月，欧阳修抵洛阳，与梅尧臣、尹洙结为至交，切磋诗文。同年，在东武县迎娶胥氏。当时他的上司为吴越忠懿王钱俶之子、西京留守钱惟演。

景祐元年（1034年），召试学士院，授任宣德郎，28岁的欧阳修回京做了馆阁校勘，参与编修《崇文总目》。北宋王朝重文轻武，国力太弱。景祐三年（1036年），欧阳修与好友范仲淹一起呼吁改革，欧阳修认为冗官冗员才是根本问题。最终，范仲淹的改革得罪了一些权贵，受到打击，被贬饶州。欧阳修受牵连，被贬为夷陵（今湖北宜昌）县令。

欧阳修的夫人胥氏，新婚后不久便去世了。欧阳修娶了已故宰相薛奎二女儿。康定元年（1040年），欧阳修被召回京，复任馆阁校勘，编修《崇文总目》，后知谏院。庆历三年（1043年），任右正言、知制诰。范仲淹、韩琦、富弼等人推行“庆历新政”，欧阳修参与革新，成为革新派干将，提出改革吏治、军事等主张。在守旧派的阻挠下，新政失败。范、韩、富等相继被贬，欧阳修上书争辩，被贬为滁州（今安徽滁州）太守。后又知扬州、颍州（今安徽阜阳）、应天府（今河南商丘）。

任滁州太守时，欧阳修写下了著名的《醉翁亭记》，艺术成就达到一定高度。欧阳修好酒，对酒情有独钟，这点在《醉翁亭记》中有所体现。皇祐元年（1049年）欧阳修回朝，任翰林学士、史馆修撰等。至和元年（1054年）八月，欧阳修做了翰林学士，开始修史书。与宋祁同修《新唐书》，又自修《新五代史》。

嘉祐二年（1057年）二月，知天命之年的欧阳修做了礼部贡举的主考官，以翰林学士主持进士考试，提倡平实文风，录取苏轼、苏辙、曾巩等人，对北宋文风转变有很大影响。

嘉祐三年（1058年）六月，欧阳修以翰林学士兼龙图阁学士，权知开封府。1060年，拜枢密副使。1061年，任参知政事。后任刑部尚书、兵部尚书等。治平二年（1065年），上表请求外任，不准。两三年间，被蒋之奇等诬谤，多次辞职，都未准。

熙宁二年（1069年），王安石实行新法。欧阳修对青苗法有批评，未执行。熙宁三年（1070年），知蔡州（今河南汝南）。此年改号“六一居士”。熙宁四年（1071年）六月，以太子少师身份致仕。

熙宁五年（1072年）闰七月二十三日，欧阳修于家中逝世，享年六十六岁。八月，获封太子太师。后世对他的加封很多，1074年，获赐谥号“文忠”。1080年，特赠太尉。1085年，加赠太师，追封康国公。1096年，再追封兖国公。1104年，改封秦国公。1114年，改封楚国公。

欧阳修生活在北宋初年，相对于后期，还基本算盛世，所以，再加上北宋重文轻武，占据天时的他，仕途还算平稳，一生未经历太大的风浪。他开创了一代文风，成为文坛领袖，领导了北宋诗文革新运动，继承和发展了韩愈的古文理念，与韩愈、柳宗元、苏轼一起被后人推崇为“千古文章四大家”。欧阳修的一生是辉煌的，他取得了两方面的成就，一方面是文学上的成就，另外一方面是仕途上的成就，官居宰相。

苏　轼

苏轼，字子瞻，又字和仲，号东坡居士，世称苏东坡、苏仙，北宋眉州眉山（今四川眉山市）人，生活在公元1037年至公元1101年，北宋著名文学家、书法家、画家。

苏轼于宋仁宗景祐三年十二月十九日（1037年1月8日）生于眉州眉山，初唐大臣苏味道后人。父亲苏洵，位列唐宋八大家之一，文采斐然。苏轼生性豪放，性情率真，好交友，爱美食，好品茗，亦好游山川。

嘉祐元年（1056年），苏轼首次出川，应朝廷科举考试。苏洵携二十一岁的儿子苏轼，十九岁的儿子苏辙，沿江东下，于嘉祐二年（1057年）抵京。主考官是当时的文坛领袖欧阳修，小试官是梅尧臣。欧阳修、梅尧臣都是当时名士，为人正直，对于苏轼来说不失为一次机会。苏轼的文章获得欧阳修的赏识，欧阳修误认为是弟子曾巩所作，为避嫌，使他得第二。苏轼文中写道："皋陶为士，将杀人。皋陶曰杀之三，尧曰宥之三。"欧、梅二公皆欣赏其文，却不知这几句话的出处。及苏轼谒谢，即以此问轼，苏轼道："何必知道出处！"欧阳修听后，预言苏轼未来："此人可谓善读书，善用书，他日文章必独步天下。”

苏轼的文章被当时的文坛领袖欧阳修称赞，自然声名大噪。他每有新作，都会传遍京师，可谓春风得意。正当父子一展抱负时，突然传来苏母病故的噩耗。兄弟随父回乡奔丧。嘉祐四年（1059年）十月守丧期满回京，嘉祐六年（1061年），苏轼中制科考试，即通常所谓的“三年京察”，入第三等，为“百年第一”，授大理评事、签书凤翔府判官。四年后还朝判登闻鼓院。治平二年（1065年），苏洵病逝，苏轼、苏辙兄弟扶柩还乡，守孝三年。三年之后，苏轼还朝，此时王安石执政，变法开始。苏轼以及很多同僚都与王安石的政见不合，其中包括欧阳修，欧阳修被迫离京。朝野党争日烈，苏轼所见，已不是当年的太平盛世了。

熙宁四年（1071年）苏轼上书谈论新法弊端。触怒王安石，串通御史谢景在皇帝跟前说苏轼的坏话。苏轼迫于压力，自请出京任职；熙宁四年（1071年）被派往杭州任通判，熙宁七年（1074年）秋调往密州（山东诸城）任知州，熙宁十年（1077年）四月至元丰二年（1079年）三月在徐州任知州，元丰二年四月调湖州任知州。革故鼎新，发展民生，颇有政绩。

元丰二年（1079年），苏轼四十三岁，任湖州知州。他给皇帝上书《湖州谢表》，本是例行公事，但作为文人的苏轼，书生意气太重，说自己“愚不适时，难以追陪新进”，“老不生事或能牧养小民”。这话被新党抓了把柄，说他是“愚弄朝，妄自尊大”，说他“衔怨怀怒”“指斥乘舆”“包藏祸心”，他们从苏轼的大量诗作中找敏感句子，找罪证。同年七月二十八日，苏轼上任才三月，就被御史台逮捕，解往京师，受牵连者数十人。这就是北宋著名的“乌台诗案”。

乌台诗案，是苏轼一生中最刻骨铭心的一件大事，对他无疑是致命的打击。新党们揪住此事不放，非要置苏轼于死地。与苏轼政见相同的老臣纷纷上书劝谏神宗不要杀苏轼。王安石退休金陵，上书说：“安有圣世而杀才士乎？”诗案因王安石“一言而决”，苏轼被从轻发落，贬为黄州（今湖北黄冈）团练副使，受当地官员监视。苏轼坐牢103天，几次濒临砍头。宋太祖赵匡胤定下不杀士大夫的国策，苏轼才算躲过一劫。

出狱后，苏轼多次到黄州城外赤壁游览，写下了《赤壁赋》《后赤壁赋》和《念奴娇·赤壁怀古》等传世佳作，以此寄托他被贬官后的抑郁之情。带领家人开垦城东的一块坡地，种田帮补生计。“东坡居士”的别号便是他在这时起的。

元丰七年（1084年），苏轼离开黄州，赴汝州就任。长途跋涉，旅途劳顿，苏轼幼儿不幸夭折。汝州路途遥远，盘缠已尽，再加丧子之痛，苏轼上书朝廷，请求暂时不去汝州，先到常州居住，后被批准。他准备南返常州时，神宗驾崩。1085年，宋哲宗即位，高太后临朝听政，司马光重新被启用为相，以王安石为首的新党被打压。苏轼知登州（蓬莱）。四个月后，以礼部郎中被召还朝。在朝半月，升起居舍人，三个月后，升中书舍人，不久又升翰林学士知制诰，知礼部贡举。当苏轼看到新势力一味打压王安石集团且尽废新法，认为其与“王党”不过一丘之貉，再次向皇帝谏议。他对旧党腐败现象进行抨击，引起了保守势力的极力反对，又遭诬告陷害。苏轼再次成为党争的牺牲品，再度自求外调。

元祐四年（1089年），苏轼任龙图阁学士知杭州。西湖长期没有疏浚，淤塞过半，“葑台平湖久芜漫，人经丰岁尚凋疏”，湖水逐渐干涸，湖中长满野草，严重影响农业生产。苏轼率众疏浚西湖，动用民工二十余万，开除葑田，恢复旧观，并在湖水最深处建立三塔（今三潭映月）作为标志。他把挖出的淤泥集中起来，筑成一条纵贯西湖的长堤，堤有六桥相接，以便行人，后人名之曰“苏公堤”，简称“苏堤”。

绍圣元年（1094年），苏轼被贬远宁军节度副使，惠州安置。年近六十的苏轼，受到岭南百姓的欢迎。苏轼把皇帝赏赐的黄金拿了出来，捐助疏浚西湖，修了一条长堤。为此，“父老喜云集，箪壶无空携，三日饮不散，杀尽村西鸡”。

绍圣四年（1097年），62岁的苏轼被流放到儋州（今海南儋县）。宋代的海南岛尚处蛮荒之地，并未开垦，在那个年代，流放海南仅比满门抄斩罪轻一等。苏轼却把儋州当成自己的第二故乡，“我本儋耳氏，寄生西蜀州”。他在此地办学堂，介学风，以致许多慕名而来的人追随苏轼。海南在一百多年里没有人进士及第。苏轼北归不久，此地姜唐佐就举乡贡。苏轼题诗：“沧海何曾断地脉，珠崖从此破天荒。”

元符三年四月（1100年）大赦，复任朝奉郎，北归途中，于建中靖国元年七月二十八日（1101年8月24日）卒于常州（今江苏）。葬于汝州郏城县（今河南郏县），享年六十五岁。葬汝州郏城县钧台乡上瑞里是苏轼留下的遗嘱。宋高宗即位，追赠苏轼为太师，谥为“文忠”。

苏东坡的名号享誉世界，他的地位是实际上的唐宋八大家之首。

他生活的年代是北宋从盛世走向灭亡的转折点，他学富五车，满腹经纶，一身正气，生性耿直，品格高尚，但却遭人嫉妒，以至于被频繁打击。他所处的北宋朝堂，党争、学派之争很激烈，很多人本是导演者，也是牺牲品，比如欧阳修、王安石等人，苏轼也是党争中的失败者，或者说是逃亡者，最后逃无可逃。总之，苏轼的一生是值得肯定的，无论是为臣、为官、为文，他都堪称完美。

司马光

司马光之所以知名，我想有两件事，第一件事是“司马光砸缸”的故事，第二件事是他主持编纂《资治通鉴》。司马光，字君实，号迂叟，陕州夏县（今山西夏县）涑水乡人，世称“涑水先生”。生活在公元1019年到公元1086年，北宋政治家、史学家、文学家。仕仁宗、英宗、神宗、哲宗四朝，卒赠太师、温国公，谥文正。

宋真宗天禧三年（1019年），司马光出生在光山县县令司马池家里，故起名光；6岁时，司马光就开始读书认字，一年后，能背诵《左氏春秋》，“砸缸救友”一事轰动京师。仁宗天圣九年（1031年），司马光随父自京城出发，一路经洛阳、潼关、宝鸡，过秦岭，前往四川广元，出任利州转运使，于栈道遇巨蟒，他手持利剑，扎进巨蟒的尾巴，使巨蟒掉进深谷。

司马光博学强识，诚实明理，深得父亲喜爱。每次出游，司马池总把他带在身边。当时的大臣都很赏识司马光，尚书张存一心想将女儿许配给司马光。1038年，司马光20岁，参加了会试，高中进士，初任华州(今陕西华县)判官。司马池正任同州(今陕西大荔)知州，两地较近，司马光常前往探望父母。

宝元二年（1039年），父亲调杭州任职，司马光辞华州判官，任苏州判官。正当他在仕途上得意时，母亲病逝。他辞官回家服丧三年。此间，元昊称帝，建立西夏国，西夏欲摆脱北宋附属国的地位，同宋发生战争，宋接连败退。宋仁宗为加强军事防御，要求两浙添置弓手，增设指挥使等官职。司马光代父草拟《论两浙不宜添置弓手状》，从各方面阐述添置弓手增设武官事宜。

仁宗庆历元年（1041年）十二月，司马池病死晋州，司马光、司马旦扶着父亲灵柩回到故乡夏县。双亲相继去世，司马光悲痛万分，他叹息“平生念此心先乱”。他居丧期间，化悲痛为力量。读了大量的书，写了许多文章，如《十哲论》《四豪论》《贾生论》，以排遣无尽的悲伤。

仁宗庆历六年（1046年），司马光承召，调他担任大理评事国子直讲。仁宗庆历七年（1047年），司马光29岁，贝州农民王则起义，攻占贝州城，扬言推翻宋朝。司马光父亲好友庞籍时为枢密副使，掌全国军务。司马光为了维护太平盛世，写了《上庞枢密论贝州事宜书》，为庞籍献计策。建议“以计破”，威胁利诱并用，分化瓦解，只诛“首恶”，余皆不问。实际起义军只坚持66天，首领王则遭杀害，造反者尽数诛灭。

仁宗皇祐元年（1049年），庞籍升枢密使，荐司马光任馆阁校勘，未得皇帝许可。仁宗皇祐三年（1051年），司马光33岁，宰相庞籍推荐其任馆阁校勘，同知太常礼院。在任期间对《古文孝经》进行了系统的研究，并撰写《古文孝经指解》一文。仁宗皇祐五年(1053年)，司马光任殿中丞，史馆检讨，修日历，改集贤校理，专任史官。从此司马光开始了对历史的研究。司马光潜心历史时，庞籍被罢相，降户部侍郎，出任郓州（今山东郓城）知州。庞籍荐司马光为郓州典学。

仁宗至和元年（1054年），司马光与志趣相投的王安石、石杨休、包拯等人告别，去往郓州。不久，提任为通判，负责考察全州官吏。仁宗至和二年（1055年），因庞籍出知并州，为河东路经略安抚使，司马光改任并州通判。仁宗嘉祐元年（1056年），他连写三封《请建储副或进用宗室》，建议仁宗皇帝立储，前后三状没有结果，又托范镇代为转递，未说服仁宗。

司马光随庞籍期间，宋和西夏处于休战期，但他未放松警惕，而是深入民间寻找对策。并州刘邕对边事有研究，写成《边议》10卷，司马光予以推荐。司马光认为绝市和修建堡垒有利于维护边界地区安宁，一面禁绝边民和西夏互市，一面修堡。这时，将军郭恩，乘酒出击西夏，大败而归，不得已自杀。朝廷御史审理此案，庞籍一人承担了责任，事后庞籍被解除节度使之职，贬知青州事。司马光向皇帝连奏三状表明庞籍是听了他的意见才决定修堡，庞籍完全是出于“欲为国家保固疆圉”的本心，“发于忠赤，不顾身谋”，因为“过听臣言，以至于此”，应当“独臣罪，以至典刑”。庞籍得知司马光为自己辩护，上奏章，引咎自归，请求免除司马光之罪，司马光没有受责罚。

庞籍和司马光乃忘年交，亦师亦友。仁宗嘉祐八年（1063年），庞籍死后，司马光不忘庞籍对他的大恩，待其家人如自己的亲人。仁宗嘉祐三年（1058年）司马光迁开封府推官，赐五品服；嘉祐六年（1061年），擢修起居注。司马光坚决推辞，连上五状，他认为自己“实非所长”，但仁宗不愿收回成命。不久，仁宗下诏，迁司马光为起居舍人，同知谏院。任职五年间，前后向皇帝上奏疏“三言”“五规”等一百多份，以期解决继嗣问题，仁宗感受到司马光的一片忠心，遂将奏折转至中书省。司马光亲自到中书省催办，直到赵曙被立为皇太子。

司马光44岁时，擢为知制诰，司马光不愿就职，他认为起草诏令不是他的特长。为此，仁宗嘉祐七年（1062年）三月，他上《辞知制诰状》，说明不宜此职务；仁宗皇帝收回诏令，改授天章阁待制兼侍讲，仍知谏院。仁宗嘉祐八年（1063年）三月二十九日，仁宗驾崩，赵曙即位，即英宗。两宫矛盾加剧，司马光于四月十三日进《上皇太后疏》，四月二十七日进《上皇帝疏》，力陈时弊。六月二十二日，他又上《两宫疏》，指出：“金堤千里，溃于蚁穴；白璧之瑕，易离难合。”皇帝没有太后支持“无以君天下”，太后离开皇帝“无以安天下”。十一月二十六日，又写两封章奏，一封给皇太后，一封给皇帝。英宗病情有所好转，太后和英宗的矛盾趋于缓和。

1063年到1064年七月，一年时间，司马光为消除太后和英宗之间的矛盾，共上奏章17封。五年的谏官生涯，关注天下苍生，为皇室解决了很多棘手之事。他在《论财利疏》中指出：当今天下最苦是农民，农民苦身劳力，粗茶淡饭，还要向官府纳税，负担劳役，冻死饿死时有发生，切实采取一些利民措施。司马光反对宫中奢靡之风，仁宗嘉祐六年（1061年），他上书《论宴饮状》，恳请皇帝为民着想，罢饮宴。他上《言遗赐札子》，反对朝廷罔顾苍生，厚赏群臣。

治平元年（1064年），司马光上奏《乞罢陕西义勇札子》，他认为边防组织“义勇”使百姓骨肉流离，田园荡尽，给百姓带来无穷苦难，望朝廷审察利害。朝廷不予采纳时，他又写第二封札子，亲自上殿面呈英宗，他说，防边必须从将帅军政着手，一味拉夫凑数，只能是“徒有惊扰，而实无所用”。英宗略有所动，把札子送中书省和枢密院磋商，但一经商量，方知此事拟议已久，难以更改。他又连上六疏，和宰相韩琦进行辩论，韩琦虽然无言以对，但有权，司马光拿他没法。谏言失败后，司马光连上五状，要求降黜。

治平二年（1065年），朝廷任司马光龙图阁直学士，留任谏职。司马光对谏官彻底失望，借机连上三状，不当谏官，他在奏章上说：“臣从事谏职，首尾五年，自本朝以来，居此官者，未有如臣之久。臣资质愚戆，唯知报国，竭尽朴忠，与人立敌，前后甚众，四海之内，触处相逢，常恐异日身及子孙无立足之地，以此朝夕冀望解去。”英宗免去他谏职，仍任龙图阁直学士。

治平三年（1066年），司马光将《通志》（以《史记》为主，编成《周纪》5卷，《秦纪》3卷，共8卷）进呈英宗。这部书从烈王二十三年，韩、赵、魏三家分封起，到秦二世三年，秦朝灭亡为止。英宗阅后大为赞赏，并给司马光明确指示，接续《通志》往下编修，设立书局，由司马光自择官属，做自己的助手。治平四年（1067年），英宗病死，神宗赵顼即位。参知政事欧阳修极力向神宗推荐，说司马光“德性淳正，学术通明”，神宗任司马光为翰林学士，不久，又任司马光为御史中丞。

熙宁三年（1070年）二月十二日，擢司马光枢密副使，可是司马光以“不通财务”“不习军旅”为由，坚决推辞，十五日到二十七日，连上五封札子，自请离京，后以端明殿学士知永兴军（现陕西省西安）。熙宁四年（1071年）四月九日，他的好友范镇直言王安石“进拒谏之计”“用残民之术”，因而被罢官。司马光愤然上疏为范镇鸣不平，并请求任职西京留司御史台，退居洛阳，绝口不论政事，以书局自随，继续编撰《通鉴》，时间长达15年。

元丰七年（1084年），司马光66岁，《资治通鉴》全部修完，七月十一日全书呈上，四个月后，《通鉴》的最后部分《唐纪》和《五代纪》修成以后，司马光连同《通鉴考异》《通鉴目录》一起奏神宗皇帝。神宗皇帝很重视，将书的每编首尾都盖上皇帝的睿思殿图章，以其书“有鉴于往事，以资于治道”，赐书名《资治通鉴》，并亲为写序。十二月三日，神宗降诏奖谕司马光，说他“博学多闻，贯穿今古，上自晚周，下迄五代，成一家之书，褒贬去取，有所据依”。并赏与银、绢、衣和马，擢升司马光资政殿学士，迁范祖禹为秘书省正字。

皇太后下诏起用司马光，又下诏除授门下侍郎。司马光上疏辞谢，以自己“龄发愈衰，精力愈耗”为由，请求任知陈州。司马光向太后进言，为实现废除新法的政治主张，把因反对新法而被贬的刘挚、范纯仁、李常、苏轼、苏辙等人召回任职，吕公著、文彦博等老臣也被召回。司马光废除新法，上《请革弊札子》。废除保甲法，又废除方田均税法、市易法、保马法，得知免役法、青苗法和将官法未废除，很伤感。同时，上表请辞。皇太后不但不准，反下诏授尚书左仆射兼门下侍郎，正式拜为宰相。接着废除了免役法、青苗法。

司马光第二次回朝期间，辑录《国语》的精要，编成《徽言》一书。又将《历年图》和《百官公卿表》增补，总辑为《稽古录》一书，形成一部“略存体要”的简明通史，又负责对《资治通鉴》进行最后的校定。元祐元年（1086年），司马光病逝，享年六十八岁，获赠太师、温国公，谥号文正，宋哲宗赐碑名为“忠清粹德”。死后，哲宗将他葬于高陵。遗著有《司马文正公集》《稽古录》等，诸多著作被流传。

司马光是北宋时期的一代圣人，其文学成就、官碑、品行不亚于苏东坡。他少年救友砸缸、编纂《资治通鉴》成就了他，让他名留青史。他去世后，后世不断有人对其加封。宋理宗更把司马光的神像置于昭勋阁中，名列二十四功臣。康熙六十一年(1722年)，司马光与历代功臣四十人从祀历代帝王庙。王安石变法，司马光离开朝堂，才有了后来的巨著《资治通鉴》。无论是文坛还是官场，司马光都取得了显著成就，堪称世楷模。

朱　熹

“程朱理学”是老子、庄子道家思想的延续。“理学”作为道家的一派，它的创始人是程颢、程颐兄弟，经周敦颐等人的发展，到南宋朱熹集大成。

朱熹，字元晦，又字仲晦，号晦庵，晚称晦翁，谥文，世称“朱文公”。他生活在公元1130年到公元1200年。祖籍徽州婺源县（今江西婺源），出生于南剑州尤溪（今福建尤溪县）。著名理学家、思想家、哲学家、教育家、诗人，闽学派代表人物，儒学大成者，世尊称为朱子。朱熹是唯一非孔子亲传弟子而享祀孔庙，位列大成殿十二哲者，受儒教祭祀。朱熹理学思想对元、明、清三朝影响较大，是中国历史上继孔子后的又一伟大教育家。

建炎四年（1130年）农历九月十五日，朱熹生于尤溪县城水南郑义斋馆舍（今南溪书院），乳名沈郎。朱熹右眼角长有七颗黑痣，排列如北斗。绍兴五年（1135年），五岁的朱熹入小学，能读《孝经》，题字自勉：“若不如此，便不成人。”六岁的朱熹与同学游玩，以指画八卦于郑氏馆舍前沙洲上。向父问日、问天。

绍兴七年（1137年），朱松应召入都，他把妻子祝氏和朱熹送到建州浦城寓居。绍兴十三年(1143年),朱松病逝建瓯,临终前把朱熹托付给崇安(今武夷山)五夫好友刘子羽(朱熹义父),写信请五夫的刘子翚、刘勉之、胡宪等三位学识渊博的好友代为教育朱熹。刘子羽对朱熹视如己出,在其舍傍建屋安置朱熹一家,名曰紫阳楼。

绍兴十七年(1147年),朱熹18岁,乡试中考取贡生。绍兴十八年(1148年)春,刘勉之将女儿刘清四许配给朱熹。同年三月朱熹入都科举,中王佐榜第五甲第九十名,准敕赐同进士出身。绍兴二十一年(1151年),朱熹再次入都铨试中等,授左迪功郎、泉州同安县主簿。绍兴二十三年(1153年)夏,朱熹赴同安途中,受教于延平李侗。七月,朱熹至同安。以其“敦礼义、厚风俗、劾吏奸、恤民隐”之法管理县事,解除同安、晋江两县械斗,整顿县学、倡建“教思堂”,在文庙大成殿倡建“经史阁”,主张减免经总制钱。

绍兴二十八年(1158年),朱熹意识到“妄佛求仙之世风,凋敝民气,耗散国力,有碍国家中兴”,决心拜李侗为师,因得承袭二程“洛学”的正统,奠定了朱熹以后学说的基础。朱熹回到同安,不求仕途,主要从事教育、著述活动。绍兴三十二年(1162年),宋孝宗即位,朱熹应诏上封事,力陈反和主战、反佛崇儒的主张,讲学明理、定计恢复、任贤修政等建议。隆兴元年(1163年)十月,朱熹应诏入对垂拱殿,向宋孝宗面奏三札:一札论正心诚意、格物致知之学,反对老、佛异端之学;二札论外攘夷狄之复仇大义,反对和议;三札论内修政事之道,反对宠信佞臣。但当时汤思退为相,主张和议。朱熹抗金主张没有被采纳。十一月,朝廷任朱熹为国子监武学博士。朱熹辞职不就,请祠归崇安。

乾道三年（1167年）八月，朱熹在林择之、范念德陪同下前往潭州（今长沙）访问湖湘学派代表张栻，《东归乱稿》成。乾道四年（1168年），崇安发生水灾。朱熹力劝豪民发藏粟赈饥，还向官府请贷粮食六百斛散发于民，使民不挨饿。乾道五年（1169年），朱熹悟到“中和旧说”之非，用“敬”和“双修”思想重读程颢、程颐著作，独创“中和新说”。标志朱熹哲学思想的成熟。

乾道五年（1169年）九月，朱母去世，朱熹建寒泉精舍为母守墓，开始长达六年之久的寒泉著述时期。乾道七年（1171年）五月，为根本上解决百姓灾年生计问题，在五夫创建“社仓”。十一月，朱熹回尤溪，与知县石子重讲论学问于县学。在石子重的陪同下，游览其父朱松任尤溪县尉时燕居之所“韦斋”旧址，手书“韦斋旧治”四字刻石揭榜。乾道九年（1173年），作《重修尤溪庙学记》，亲书“明伦堂”制匾悬挂于尤溪县学宫正堂。从此天下学宫匾皆模仿。

淳熙二年（1175年）正月，吕祖谦从浙江东阳来访朱熹，在寒泉精舍相聚一个半月，编次《近思录》成，史称“寒泉之会”。五月，送吕祖谦至信州鹅湖寺（今鹅湖书院），陆九龄、陆九渊及刘清之皆来会，史称“鹅湖之会”。鹅湖之会是吕祖谦想利用此机会调和朱、陆学说矛盾。朱熹认为心与理是两个不同的概念，理是本体，心是认识的主体。二陆主张心与理是一回事，坚持以心来统贯主体与客体。朱熹与陆氏兄弟论辩、讲学达十日之久。鹅湖之会并没有达到双方统一思想的目的，但使他们各自对对方的思想及其分歧有了进一步认识。

淳熙五年（1178年），宋孝宗任朱熹知南康军兼管内劝农事。淳熙六年（1179年）三月，朱熹到任。当年大旱，朱熹着手兴修水利，抗灾救荒，奏乞蠲免星子县税钱，使灾民得以生活。十月，朱熹行视陂塘时，在樵夫指点下找到白鹿洞书院的废址。经朱熹竭力倡导，到淳熙七年（1180年）三月，白鹿洞书院很快得以修复。他曾自兼洞主，延请名师，充实图书，还请皇帝敕额，赐御书。还置办学田，供养贫穷学子，并亲自订立学规，即著名的《白鹿洞书院教规》。《白鹿洞书院教规》是世界教育史上最早的教育规章制度之一，对教育目的、训练纲目、学习程序及修己治人道理，都做了明确阐述和详细规定，成了后世封建社会数百年书院的办学模式。

淳熙八年（1181年）二月，陆九渊来访朱熹。八月，时浙东大饥。朱熹在南康救灾有方，宰相王淮荐朱熹赈灾，提举浙东常平茶盐公事。为救灾民，朱熹迅速采取了几项有力措施。朱熹因在浙东劾奏前知台州唐仲友不法，为唐之姻亲王淮所嫉，浙东任职仅九个月即离任回家。朱熹曾先后六次上状奏劾唐仲友不法，直指王淮与唐仲友上下串通勾结的事实。迫于压力，王淮免去唐仲友江西提刑新任，弹劾唐仲友的过程中，朱熹表现出崇高的操守。

淳熙九年（1182年），朱熹52岁，将《大学章句》《中庸章句》《论语集注》《孟子集注》四书合刊，经学史上的“四书”之名才第一次出现。之后，朱熹呕心沥血修改《四书集注》。朱熹将《四书》定为封建士子修身的准则，《四书》构成朱熹的一个完整的理学思想体系。从元至明、清，《四书集注》长期为封建王朝所青睐，作为国本，成了封建科举的教科书。淳熙十年（1183年），朱熹在武夷山九曲溪畔大隐屏峰脚下创建武夷精舍，潜心著书立说，广收门徒，聚众讲学。淳熙十二年（1185年），朱熹到浙江，与陈亮展开义利王霸辩论，力陈浙学之非。

淳熙十五年（1188年）十一月，上《戊申封事》。主张“正心”“任选大臣”“振举朝纲”等事。淳熙十六年（1189年），诏命朱熹知漳州。绍熙元年（1190年），61岁的朱熹到漳州赴任。朱熹在漳州任上的全部施政变革，主要体现在正经界、蠲（免）横赋、敦风俗、播儒教和劾奸吏等方面。土地兼并之风盛行，官僚地主吞并农民耕地，而税额没有随地划归地主，致使“田税不均”，失地农民受到严重的剥削，阶级矛盾激化。为此，朱熹提出行“经界”，即核实田亩，随地亩纳税。绍熙二年（1191年）正月，朱熹长子朱塾卒。朱熹悲痛不已，以治子丧请辞。五月，朱熹迁居建阳。次年，承父志建“竹林精舍”，后更名为“沧州精舍”。

绍熙五年（1194年），湖南瑶民蒲来矢起义，朝野震惊，湖南局势紧张。朱熹临危受命，除知潭州、荆湖南路安抚，赐紫章服。五月，朱熹至潭州。此时，瑶民已败退深山，被困溪洞。朱熹采取善后招抚的怀柔政策，遣使招降瑶民起义军首领蒲来矢。因本次镇压瑶民起义是湖北、湖南两地的行动，朱熹的招抚遭到了湖北帅王蔺反对，在蒲来矢押解后，王蔺主张斩杀以警众。朱熹在入都奏事中，向宋宁宗面呈，要求对瑶民“毋失大信”。朱熹到任后，兴学校，广教化，督吏治，敦民风。朱熹改建了位于湖南长沙岳麓山下的岳麓书院，使岳麓书院成为南宋全国四大书院之一。

绍熙五年（1194年）八月，朱熹除焕章阁待制兼侍讲。九月，朱熹于行宫便殿奏事。第一札要宋宁宗正心诚意，第二札要宋宁宗读经穷理，第三、四、五札论潭州善后事宜。十月十四日，朱熹奉诏进讲

《大学》，反复强调“格物、致知、正心、诚意、修身、齐家、治国、平天下”八目，通过匡正君德来限制君权滥用，引起宋宁宗和执政韩侂胄不满。因此，朱熹在朝仅46日，被宋宁宗内批罢去待制兼侍讲之职。绍熙五年（1194年）十一月，朱熹还居建阳考亭。

庆元二年（1196年）十二月，“党禁”正式发生。监察御史沈继祖以莫须有之罪奏劾朱熹，并列出“十大罪状”，朝廷权贵对理学开始诋毁，朱熹被斥之为“伪学魁首”，位列黑名单第五位，有人提出“斩朱熹以绝伪学”。朱熹以伪学罪首落职罢辞，朱子门人遭到流放、坐牢。庆元五年（1199年），朱熹被各种疾病困扰，预感来日不多，更加发愤著述。

庆元六年（1200年）春，朱熹病情恶化，生命垂危，左眼已瞎，右眼几乎失明。朱熹以更旺盛的精力抓紧整理残篇，唯一愿望就是生平著作能全部完稿，平生所学后继有人。三月初九，71岁的朱熹在“庆元党禁”运动中去世。十一月，朱熹葬于建阳县黄坑大林谷，参加追悼会的近千人。朱熹死后被谥为“文公“，赠宝谟阁直学士，又追封徽国公。

朱熹生活在南宋那个内忧外患的年代，南宋偏安一隅，礼崩乐坏，正是他大展抱负的好时机，但是自古天妒英才，他的学说遭到权贵和小人的诋毁，深受迫害，是他的不幸，但同时也成就了他。他是南宋时期的一代圣人，他将程颢、程颐兄弟的“理学”学说推到了巅峰，是“理学”之集大成者，也是继孔子之后，中国历史上又一位伟大的教育家。

元篇

关汉卿

他非政治家，也非军事家，更非帝王，但他却是百年元朝名头最响亮的人，甚至超过元朝历代皇帝，他的名字就叫关汉卿。关汉卿，晚号已斋、已斋叟。生活在约公元1219年到公元1301年之间，元朝大都（今北京）人，元杂剧奠基人，与白朴、马致远、郑光祖并称为“元曲四大家”。

虽然这个人名气响亮，但是关于他的生平资料相当缺乏，正史记载的很少，绝大多数是民间口传，他的作品很多流传下来。元代晚期戏曲家钟嗣成《录鬼簿》记载，“关汉卿，大都人，太医院尹，号已斋叟”，“太医院尹”别本《录鬼簿》作“太医院户”。仅关汉卿的籍贯，历来说法不一，争议不休，一说祁州（今河北安国），一说大都（今北京），一说解州（今山西运城），但主要证据指向他是大都（北京）人。但金史和元史均无太医院尹这样一个官名，可能关汉卿只是太医院太医。

关汉卿今存《大德歌》10首，“大德”是元成宗年号，此时距金亡已70年。由此推断关汉卿约卒于元成宗大德元年（1297年）以后，他的生年，应该在1220年。钟嗣成称关汉卿为“前辈已死名公”，说“余生也晚，不得预几席之末”。《录鬼簿》成书于1330年，故将关汉卿卒年定在1300年左右。南宋灭亡后，关汉卿曾到过南方戏曲中心杭州，写有《杭州景》套曲。还到过扬州，写曲《赠朱帘秀》，有“十里扬州风物妍，出落着神仙”句。

关汉卿一生以杂剧成就最大，今知有67部，现存18部，多有他人之手伪作，尚无定论名的有《窦娥冤》。关汉卿一生写了不少历史剧，《单刀会》《单鞭夺槊》《西蜀梦》等，散曲今存小令40多首，套数10多首。他被后人誉为“曲圣”。

关汉卿出生在一个蒙古族统治中原的时代，元朝统治者将当时的天下臣民分为三六九等，以蒙古贵族为最高，汉人地位较低，关汉卿是个汉人。他生活在那样一个时代，不仅要忍受朝廷对于汉民族的打压和侮辱，还要极力谋生，汉族人在元朝跟奴隶也差不多。关汉卿是漂泊不定的流亡戏剧家。常年的流亡生活，使关汉卿积累了更多的生活经验，他对人民的苦难感受颇深。他的作品指桑骂槐，暗中揭露元朝的腐朽。

后世对他的评价很多，《析津志》说他“生而倜傥，博学能文，滑稽多智，蕴藉风流，为一时之冠”。明代臧懋循《元曲选·序》说他“躬践排场，面敷粉墨。以为我家生活，偶倡优而不辞”。关汉卿在元代几乎是戏剧界领袖人物，玉京书会最著名的才子。文献记载，他和杂剧作家杨显之、梁进之、费君祥，散曲作家王和卿以及女演员朱帘秀等有交往，与杨显之、王和卿交往更密。《窦娥冤》《救风尘》《望江亭》《拜月亭》《鲁斋郎》《单刀会》《调风月》等都是他的代表作。

封建时代是一个埋没人才的时代，无论是门阀制度，还是战争年代，都会不同程度地埋没一些人才。元朝是蒙古族建立起来的王朝，它统治中国前后只有一百年，它的灭亡在于统治政策不得当，不应将人民分为三六九等，更不应该残酷地压榨汉族人民，关汉卿不幸地出生在这样一个时代，作为汉人的他一生颠沛流离，四处进行创作表演。他无法改变命运，也无法改变现实，只有将他所想寄托于剧本。在他的代表作《窦娥冤》中，窦娥是封建社会的一个被压迫的妇女的典型形象，关汉卿为窦娥申冤，其实也是在为广大妇女鸣冤，更是在为天下汉人鸣冤。关汉卿一生是伟大的，人言，不为良相就为良医，他作为戏剧家，为统治阶级医了一辈子的病。

施耐庵

施耐庵，原名彦端，字肇瑞，号子安，别号耐庵。原籍盐城，生于兴化。他生活在公元1296年到公元1370年。施耐庵13岁入私塾，19岁中秀才，29岁中举，35岁中进士。35岁至40岁之间在钱塘当了两年的官，与当道者不合，复归苏州。至正十六年（1356年），是年60岁，张士诚立足苏州，征聘不应。与张士诚部将卞元亨相友善，后流寓江阴，在祝塘镇教书。71岁或72岁迁兴化，旋迁白驹场、施家桥。明太祖朱元璋称帝后屡诏不应，死于淮安，终年74岁。他的代表作是四大名著之一《水浒传》。

据《施氏家谱》记载，施耐庵系孔子门生施之常后裔，父操舟为业，他13岁入浒墅关私塾就读，19岁中秀才，娶季氏为妻，29岁中举人，35岁与刘伯温同榜中进士，授任钱塘县事，因受不了达鲁花赤骄横专断，愤然辞官回归乡里，以授徒、著书消遣时光。

施耐庵因躲避元末战乱隐居写《水浒传》。张士诚起兵反元，在平江（苏州）称王，聘施耐庵为军师，后来张士诚降元，施耐庵弃官去江阴祝塘东林庵坐馆。朱元璋发兵围攻平江，战乱殃及江阴，避难兴化。施耐庵带了续妻申氏、二弟彦才和弟子罗贯中，冒着烽烟，渡江北上，先在兴化顾逖家暂住，后由顾逖相助，在兴化以东的海滨白驹场购置了田地、房产，隐居著《水浒传》，在这里施耐庵结识了许多农夫和盐民，这些人的故事成了他创作的素材。明洪武年间，徐麒请苏州隐士施耐庵到家里当私塾先生。施耐庵边教书边写作《水浒传》，当地人都尊称他为“耐庵公”。

施耐庵在大宅坐馆教学，经常教学生作画。他前后教学生画了108幅。刘伯温曾经给朱元璋上了两本，在皇帝面前保奏“施耐庵本领胜臣十倍，若教他做官，定有好政绩。”朱元璋准奏，下诏到江阴召他进京，召了几次，他以身患疾病为由推脱，谢绝了。

后还旧白驹，隐居不出，作《水浒传》寄托心意，与弟子罗贯中撰《三国演义》《三遂平妖传》等说部。他还精于诗曲。施耐庵为避明朝征召，潜居淮安，染病而殁，就地高葬，享年75岁。

施耐庵，关于他的资料很少，但并不能掩盖他的伟大、他的光芒，刘伯温还多次给朱元璋上表称赞施耐庵，说施耐庵的才华比他高出十倍，但施耐庵都借口推辞了皇帝的征召，由此看来他是真的隐士，也是真的大才。或许，他远没有刘伯温那样的政治抱负，因此他没有刘伯温那样的政治地位，但此二人才华难分高下。施耐庵生活在元朝末年，也是一个不太平的年代，他的《水浒传》久唱不衰，文学修养厚重，以北宋末年宋江领导的梁山好汉起义，暗喻元朝的结局，其实在他心里还是忧国忧民的、怀揣民族大义的，只是一介书生唯有以笔墨抒发内心的不满。

明篇

刘　基

刘基，字伯温，青田县南田乡（今浙江文成县）人，故称刘青田，生活在公元1311年到公元1375年，元末明初军事家、政治家、文学家，明朝开国元勋。明洪武三年（1370年）封诚意伯，故又称刘诚意。明武宗正德九年（1514年）追赠太师，谥号文成，后人称他刘文成、文成公。刘基通经史、晓天文、精兵法，与宋濂、叶琛、章溢合称“浙东四大名士”。他因辅佐朱元璋完成帝业匡国济世而扬名天下，后人将其比作诸葛武侯。朱元璋称刘基为：“吾之子房也。”在文学史上，刘基与宋濂、高启并称“明初诗文三大家”。民间广泛流传“三分天下诸葛亮，一统江山刘伯温”；“前朝军师诸葛亮，后朝军师刘伯温”的说法。他以神机妙算、运筹帷幄著称于世。

刘基天资极高，12岁考中秀才，乡间父老皆称其为“神童”。元泰定元年（1324年），十四岁的刘基入郡庠（即府学）读书。他拜了老师，学习春秋。春秋包罗万象、深奥难懂，初学童生一般捧书诵读，不解其意。刘基默读两遍便能背诵如流，而且还能通晓文义，老师大为惊讶，便又试了几段，刘基过目成诵。老师暗中称道“真是奇才，将来一定不是个平常之辈”！一部春秋，刘基很快学完。

泰定四年（1327年），刘基十七岁，离开府学，师从处州名士郑复初，学程朱理学。郑复初对刘基的父亲赞扬说：“您的祖先积德深厚，庇荫了后代子孙；这个孩子如此出众，将来一定能光大你家门楣。”刘基博览群书，诸子百家无一不窥，尤其对天文地理、兵法数学，更有特殊爱好，潜心钻研揣摩，十分精通。

元统元年（1333年），二十三岁的刘基赴元朝京城大都（今北京）参加会试，一举考中进士，元末，兵荒马乱，战火连连，只能在家闲居三年。至元二年（1336年），被元朝授为江西高安县丞。他执法严明，很快有了政绩。他体察民情，高安县一些豪绅地主勾结贪官污吏，夺人妻女，杀人害命，无恶不作。刘基经过明察暗访，掌握了证据，对几个恶霸予以严惩，并对县衙贪赃枉法的官吏进行了整治，高安县社会风气有了好转。刘基任职期间，受到了当地百姓的爱戴。

至正三年（1343年），朝廷征召刘基出任江浙儒副提举，兼任行省考试官。后来因检举监察御史职，官官相护，他只好上书辞职，任期约一年。至正六年（1346年），刘基被好友欧阳苏邀请，一同来到丹徒，在欧阳苏家的蛟溪书屋住下，过了段半隐居生活。以教书维持生活，偶尔和月忽难、陶凯等好友互相往来。至正八年（1348年），刘基结束在丹徒约两年的半隐居生活，来到杭州居住，他的夫人为他生下一个儿子，即刘琏。在杭州的四年当中，他和竹川上人、照玄上人等方外之士时相往来，也和刘显仁、郑士亭、熊文彦、月忽难等文士诗文相和。

至正十二年(1352年)七月，徐寿辉攻陷杭州。杭州被攻陷前，刘基便带家人回到故乡。回故乡不久，朝廷起用他为江浙省元帅府都事，主要职责是协助当地政府平定浙东一带盗贼，特别以方国珍为对象。元左丞帖里帖木儿欲招安方国珍，刘基认为方氏兄弟为首犯，不诛无以惩后。方国珍贿赂官府，终被招安，并授以官职，反而谴责刘基。刘基一怒之下辞官还里，以表对元朝腐败的不满。

至正二十年(1360年)，刘基被朱元璋请至应天(今南京)，委任他为军师，刘基针对当时形势，向朱元璋提出避免两线作战、各个击破建策，被采纳。辅佐朱元璋集中兵力先后灭陈友谅、张士诚等势力。并建议朱元璋一方面脱离"小明王"韩林儿自立势力，却另一方面以"大明"为国号来招揽天下义士民心。此时，陈友谅攻陷太平(今安徽当涂)，兵锋正盛。刘基认为，陈友谅目空一切，应利用其骄傲自满，一举灭其锐气。刘基说："天道后举者胜，吾以逸待劳，何患不克，莫若倾府库，开至诚，以固士心，伏兵伺隙击之，取威制胜，以成王业，在此举也。"至正二十七年(1367年)，参与制定朱元璋的灭元方略，并得以实现。共参与军机八年，筹划全局。

1367年，朱元璋以刘基为太史令，刘基呈上《戊申大统历》。荧惑星出现在心宿位，预示兵灾祸乱，刘基请求朱元璋下诏罪己。大旱，刘基请求处理久积冤案，朱元璋便当即命令刘基予以平反，大雨从天而降。刘基趁机请求建立法制，防止滥杀现象。朱元璋正要处决囚犯，刘基便问原因，朱元璋将自己所做的梦告诉他。刘基说："这是获得疆土和百姓的吉象，所以应当停刑等待。"三日之后，海宁归降，朱元璋很高兴，就将囚犯全部交给刘基释放了。元至正二十七年(1368年)朱元璋即皇帝位，定都应天(今南京)，国号大明。明王朝正式建立，授刘基为御史中丞兼太史令。

朱元璋称帝后，刘基上奏制定军卫法。刘基认为宋、元两朝过于宽纵而失天下，应该整肃纲纪，便下令御史检举弹劾，天子犯法与庶民同罪，人人都畏惧刘基的威严。中书省都事李彬贪图私利，纵容下属被治罪，李善长私宠李彬，请求从宽发落，刘基不听，并派人速报太祖，得到批准，刘基在祈雨时，将李彬斩首。这件事，让刘基与李善长渐生间隙。太祖返京，李善长向太祖告状，说刘基在坛壝下杀人，是不敬之举。时逢天旱，太祖要求诸臣发表意见，刘基上奏说："士卒亡故者，他们的妻子全部迁往他营居住，共有数万人，致使阴气郁结。工匠死后，腐尸骨骸暴露在外，将投降的吴军将吏都编入军户，便足以协调阴阳之气。"太祖采纳了其意见，但十天后不见雨，故而发怒，刘基请求告辞还乡。刘基临走上奏说"：凤阳虽是皇上故乡，但不宜作为建都之地。王保保不可轻视。"不久，定西之役失利，扩廓逃往沙漠，从那时起一直成为边患。这年冬，太祖亲自下诏，叙说刘基征伐之功，召他赴京，赏赐甚厚，追赠刘基的祖父、父亲为永嘉郡公，并多次要给刘基晋爵，刘基都固辞不受。

洪武三年（1370 年），太祖授刘基为弘文馆学士，十一月，大封功臣，又授刘基为开国翊运守正文臣、资善大夫、上护军，封诚意伯，食禄二百四十石。次年，赐刘基还归家乡。洪武八年（1375 年）正月下旬，刘基感染风寒，朱元璋知道后，派御医去探望。二月中，刘基抱病觐见朱元璋，他向朱元璋陈述了胡惟庸带御医探病，以及服食御医之药后更加不适。朱元璋听后，只说了些安慰话，使刘基心寒。三月下旬，刘伯温无法自由活动，由刘琏陪伴，朱元璋特遣人员护送，自京师动身返乡。四月十六日卒于故里，享年六十五岁。六月，葬于乡中夏中之原。

明武宗正德八年(1513年)，朝廷赠他为太师，谥号文成。明世宗嘉靖十年（1531年），刘基同乡、刑部郎中李瑜向明世宗朱厚熜上疏说："刘基宜侑享高皇帝庙，封世爵如中山王徐达。"朝廷决议刘伯温配享太庙。当年，刘基的九世孙处州卫指挥刘瑜袭封为伯爵。

刘基是继诸葛亮之后的又一个伟大军师，朱元璋甚至将其比作汉高祖刘邦谋臣张良，可见其才华非同一般。后人传言他跟诸葛亮一样有神鬼莫测之能，据说他能清楚地预言到明朝的实际统治时间，还预言到明朝灭亡后将由胡人统治一段时间，虽然带着神话色彩，但足见其雄才大略。虽然刘基之才堪比张良、诸葛亮，但是他功成后的刘伯温并未像张良、诸葛亮那样全身而退，他的死亡仍旧是个谜。

罗贯中

天下大势，分久必合，合久必分，这是小说《三国演义》的开篇，出自作者罗贯中，乃大师手笔。罗贯中，名本，字贯中，号湖海散人，山西太原人，生活在约公元1330年到约公元1400年，元末明初小说家，《三国志通俗演义》的作者。《三国演义》是罗贯中呕心沥血的力作，这部长篇小说对后世文学创作影响深远。

罗贯中的父亲是丝绸商人。7岁起，罗贯中在私塾学四书五经。14岁母亲病故，辍学随父亲去苏州、杭州地区做生意。但罗贯中对商业不感兴趣，父亲同意他到慈溪随学者赵宝丰学习。大约在公元1345年到1355年间，他来到杭州。江南地区文人雅士众多，罗贯中在这里结交了一些志同道合的朋友。

惠宗至正十六年（公元1356年），罗贯中辞别赵宝丰，罗贯中到农民起义军张士诚幕府作宾。次年在罗贯中的建议下，张士诚打败了朱元璋的部下康茂才的进攻。同年，张士诚之弟兵败被元俘虏，张士诚投降。降元后，张士诚贪图享乐。至正二十三年（1363年），张士诚见元朝没落，再次称王。罗贯中建议暂缓称王，不被采纳。刘亮、鲁渊等人纷纷离去，罗贯中对张士诚失去信心，返回太原。至正二十三年(1363年)九月,再次北上,至正二十六年(1366年),罗贯中又回到杭州。这时,他已是五十多岁的人了,开始《三国志通俗演义》的写作,五十岁到了知天命之年,对历史、对人生有了较成熟的看法,具备了创作《三国志通俗演义》的条件。洪武三年(1370年),罗贯中已写了十二卷。罗贯中写作《三国志通俗演义》期间,施耐庵从苏州迁移到兴化,并在洪武三年逝世。为了纪念恩师施耐庵,罗贯中完成《三国志通俗演义》后,加工、增补《水浒传》。成书于洪武四年(1371年)至十年(1377年)间。在润色《水浒传》同时,罗贯中继续创作历史演义系列作品。

明朝建立,朱元璋为巩固地位,曾令各省连试三年。由于罗贯中曾与朱元璋为敌,不得不放弃读书人步入官场的机会。明洪武十四年(1381年),罗贯中写完《三遂平妖传》(20回本),此后,一发不可收,创作了《残唐五代史演义传》《隋唐志传》等著作。罗贯中创作完这些作品,已是六十几岁的老人。他为出版这些作品,于洪武十三年(1380年)从杭州来到福建,当时福建的建阳是出版中心。但罗贯中这一目的未能实现。

罗贯中的创作才能以小说成就为主。

罗贯中的作品中以《三国志通俗演义》的成就最高。他的《三国演义》涉及人物众多,人物刻画的十分到位,还原了三国那个战乱纷飞、英雄辈出的年代,尤其对曹操、诸葛亮、周瑜等人物的刻画更是入木三分。全书起自黄巾起义,终于西晋统一。作品谴责了统治者的残暴和丑恶,反映动乱时代人民的痛苦和对清明政治、对仁君的向往,体现了鲜明的"拥刘反曹"倾向。罗贯中《三国志通俗演义》现存最早刊本为嘉靖本,流行的本子是清代毛纶、毛宗岗父子的修改本。他现存戏曲作品有《赵太祖龙虎风云会》杂剧。杂剧的基本思想与《三国志通俗演义》类似,通过“正三纲,谨五常”来结束奸雄争霸造成的悲惨局面。罗贯中活了大约七十岁,在庐陵(今江西吉安)逝世。

罗贯中之所以流芳百世,多数是因为他的《三国演义》。该书为我国古典四大名著之一,文学成就较高,内容丰富。罗贯中也是我国章回体小说的鼻祖,后人创作小说也多受他的影响。但是,作为文人的罗贯中其才华也不仅仅只是体现在文学创作上,他是有政治抱负的,也是有雄才大略的,只是没能派上用场。比如他协助农民起义军张士诚多次击退朱元璋的进攻,证明他深藏谋略,并且有一定的军事才华。张士诚兵败后,张士诚投降,他一边得罪了元朝政府,一边得罪了朱元璋,所以,最终未能出山做官。知天命之年创作《三国演义》,无论是思想上、年龄上都达到了一种相对成熟的阶段,他只能著书劝世。

吴承恩

中国神话拥有一个庞大的体系，中国神话人物当中名气最大的并非道家三大祖师（元始天尊、太上老君、通天教主），而是一个并非中国神话中存在的人物，这几个神话人物是虚构的，但是他们的名气却是最大的，世界知名，他们是孙悟空、猪八戒、沙僧、唐僧。《西游记》也是世界上最知名的小说之一。在国内外拥有广泛的读者和粉丝。《西游记》的作者叫吴承恩，字汝忠，号射阳山人。淮安府山阳县（今江苏淮安）人。祖籍安徽桐城高甸，祖先聚居桐城高甸，故称高甸吴氏。吴承恩生活在约公元1500年到公元1582年，明代小说家。

出生在商人家庭，他的父亲吴锐乐观旷达，为他取名承恩，字汝忠，希望他能做一个忠臣。吴承恩自幼聪颖，喜读野言稗史、志怪小说，“尝爱唐人如牛奇章、段柯古辈所著传记，善模写物情，每欲作一书对之”，“髫龄，即以文鸣于淮”，颇得官府、名流和乡绅的赏识。朱应登认为他“可尽读天下书”，而“以家所藏图史分其半与之”。吴承恩幼时勤奋好学，一目十行，过目成诵。他精于绘画，擅长书法，好填词度曲，对围棋精通，喜欢收藏名人书画法帖。少年时代就因文采出众而闻名乡里，受到人们赏识。他官场失意，生活困顿，使他加深了对封建科举制度、黑暗社会现实的憎恨，使他感到不满，只能著书抒情，评判现实。他自言："虽然吾书名为志怪，盖不专明鬼，实记人间变异，亦微有鉴戒寓焉。"吴承恩写过短篇小说集《禹鼎志》，该书已失传，只能看到一篇自序。

1529年，吴承恩到淮安知府葛木创办的龙溪书院读书，受到葛木赏识。1550年，吴承恩50岁才补得一个岁贡生，到北京等分配官职，没有被选上。1551年，吴承恩接任河南新野县知县。修建行台察院，尊经阁，增修儒学，表彰贞节，兴办水利等德政事迹。1556年，由于家贫，做了浙江长兴县丞，常与友人朱曰藩豪饮，寄趣于诗酒之间，和嘉靖状元沈坤、诗人徐中行有往来。1558年，终因受人诬告，"拂袖而归"，晚年以卖文为生。50岁左右，他写了《西游记》的前十几回，后中断多年，晚年辞官离任回到故里，得以正式创作《西游记》。约六十七岁时到过杭州，活了82岁，晚年在贫困中逝世。

《西游记》的作者直到现在还无法定论，学术界众说纷纭，但更多地证据指向吴承恩。《西游记》是我国的四大名著之一，也是世界上最著名的小说之一，从文学成就上看，艺术手法很高。该书涵盖了佛教、道教、儒家文化，表面上是在贬低道教，哄抬佛教，表面上是在写唐僧取经，暗线其实是在写朝廷腐败、官场黑暗。孙悟空从大闹天宫到封为斗战胜佛，表面上是孙悟空赢了，其实还是道教与佛教领袖获胜，孙悟空最多只是权力下的牺牲品，他终究还是在为统治阶级服务。吴承恩博览群书，博学多识，为他创作《西游记》打下坚实基础。

唐　寅

唐寅是我最喜欢的一位明代才子，他诗、书、画三绝，唐寅这个名字对于大众来说可能是陌生的，但是提起唐伯虎这个名字那是妇孺皆知，他之所以知名大概是因为“唐伯虎点秋香”的故事。他自号“江南第一风流才子”，人们皆认为但凡才子都很风流，但是唐伯虎是才子却不像自号的那样风流，他博学多闻，才高八斗，品格高尚。尤其是他的那几句诗“别人笑我太疯癫，我笑他人看不穿”。“不炼金丹不坐禅，不为商贾不耕田。闲来写就丹青卖，不使人间造孽钱。”这是他人格的自我写照。

唐寅，字伯虎，后改字子畏，号六如居士、桃花庵主、鲁国唐生、逃禅仙吏等，生活在公元1470年到公元1524年，明代画家、书法家、诗人。诗文上，与祝允明、文徵明、徐祯卿并称“吴中四才子”。绘画上与沈周、文徵明、仇英并称“吴门四家”，又称“明四家”。江南四大才子之首。

明成化六年（1470年）二月初四，唐寅生于苏州府，父亲唐广德，母亲丘氏。由于生于寅年，所以才叫唐寅。成化十二年（1476年），唐寅弟弟唐申出生。成化十八年（1482年），唐寅认识祝允明，并结下了深厚情谊。成化二十年(1484年),唐寅认识文徵明,并得到其父太仆文林欣赏。成化二十一年(1485年),唐寅以第一名补苏州府府学附生,并结识好友张灵。成化二十三年(1487年),唐寅、祝允明、罗玘、白钺、涂瑞与刘机在沈石田所绘的《壑舟园》图上题诗,切磋才艺。弘治元年(1488年),唐寅与徐廷瑞次女徐氏成婚。弘治七年(1494年),唐寅父亲去世。母亲、妻子、儿子、妹妹相继在这一两年内去世。家境逐渐衰落,在好友祝枝山规劝下潜心读书准备科考。唐寅年二十六岁,已有白发,故写《白发诗》,文林作诗唱和。弘治十年(1497年),唐寅参加录科考试期间与好友张灵宿妓喝酒,放浪形骸。提学御史方志十分厌恶,唐寅在录科考试中名落孙山。苏州知府曹凤爱惜人才,为唐寅求情,方志录于榜末。弘治十一年(1498年),唐寅中应天府乡试第一,在他的《领解元后谢主司》一诗之中写道:"壮心未肯逐樵渔,秦运咸思备扫除。剑责百金方折阅,玉遭三黜忽沽诸。红绫敢望明年饼,黄绢深惭此日书。三策举场非古赋,上天何以得吹嘘。"唐寅作《送文温州序》和《金粉福地赋》。弘治十二年(1499年),唐寅与江阴徐经入京参加会试,因牵连徐经科场案下狱,后被罢黜为吏。弘治十三年(1500),唐寅被罢黜为浙藩小吏,深以为耻坚决不就职。唐寅归家后夫妻失和,休妻。弘治十四年(1501年),唐寅失意之余远游福建、浙江、江西、湖南等地。弘治十五年(1502年),唐寅游历归家后得病,很久才见好。弘治十六年(1503年),唐寅与弟弟唐申分家。弘治十七年(1504年),唐寅靠卖文画为生,纵情于酒色当中。弘治十八年(1505年),唐寅谋求建桃花庵别业,作《王氏泽福祠堂记》。唐寅作《答文徵明书》,由书中意思可见唐寅与文徵明二人关系失和。正德二年（1507年），唐寅筑桃花庵别业及梦墨亭。

正德三年（1508年）六月，唐寅的侄儿唐长民夭折，年仅十二岁。八月，送别戴昭，作有垂虹诗与图画。正德四年（1509年），唐寅四十岁，作《自寿诗》和图画。唐寅作诗赠苏州府儒学教授朱泰。唐寅作《野望悯言图》，并为陈赜的画题款。正德五年（1510年），唐寅为张献翼的祖父绘《宝鹤图》。正德八年（1513年），唐寅写信给文徵明，两人捐弃前嫌。唐寅为吴县知县何炌绘画。正德九年（1514年），唐寅写有《许旌阳铁柱记》和《荷莲桥记》。同年秋，唐寅应诸侯宁王朱宸濠之聘，为宁王谋划谋反事宜。正德十年（1515年）三月，唐寅装疯被宁王放返。同年唐寅绘《梅枝图》。正德十一年（1516年），唐寅为吴县知县李经书画，写有《长洲高明府过访诗》，送徐朝咨归乡作《金华序》，为吴德润夫妇写墓志铭。正德十二年（1517年），唐寅为吴县知县李经作诗。十一月望日，唐寅夜宿广福寺（又名光福寺），并留有诗篇。正德十三年（1518年），唐寅夜晚做梦，梦醒作《记梦诗》。唐寅与孙思和绘《丹阳景图》。唐寅为岳母吴孺人作墓志铭。正德十四年（1519年），唐寅老师王鏊七十岁，作《七十寿序》与《寿王少傅》七言律诗。唐寅与沈徵德和顾华玉在禅寺饮酒作诗，有《五十言怀诗》。唐寅为华云绘《山静日长图》。嘉靖元年（1523年），唐寅送别离任知县刘辅，作《别刘伯耕》。又作有《元旦诗》。嘉靖二年（1524年），唐寅自书《诗翰册》。十二月，唐寅病逝，享年54岁。

唐寅是中国历史上极度苦命的才子之一，命运之苦可与杜甫一较高下，但是他比杜甫更加会享受生活，他常以酒、色自娱。他的父亲、母亲、妻子、儿子、妹妹相继在很早就去世，留下他孤零零一个人。后又相继娶了几房继室，但都是势利眼，相继离他而去。因此，命运轮番折磨着他，在二十多岁头上就多出很多白发。晚年的唐伯虎被宁王聘为幕僚，以为苦尽甘来，没想到在宁王府住了一段时间才知道宁王聘用自己为他谋反出谋划策，唐伯虎自知明朝气数未尽，宁王必将不得好死，为了不被牵连，为了全身而退，他只能装疯卖傻，让宁王对自己失望，后来宁王放还唐寅，唐寅才保得一命。晚年的唐伯虎靠卖画为生，无妻无子，唐家只剩下他和弟弟唐申一家，他的命运当真苦到了极点。唐寅晚年郁郁不得志，终于在他54岁的时候便去世了。唐寅一生虽然坎坷，但是处世伟大。

徐　渭

徐渭，初字文清，后改字文长，号青藤老人、青藤道士、天池生、天池山人、天池渔隐、金垒回山人、山阴布衣、白鹇山人、鹅鼻山侬、田丹水、田水月，绍兴府山阴（今浙江绍兴）人。生活在公元1521年到公元1593年，明代文学家、书画家、戏曲家、军事家。

明武宗正德十六年（1521年）二月四日，徐渭出生于山阴观桥大乘庵东（今浙江绍兴）一个渐趋衰落的家族。其父徐鏓曾任四川夔州府（今重庆市）同知。徐鏓原配童氏，生下徐淮、徐潞两子；徐鏓晚年纳妾生下徐渭，徐渭出生后徐鏓便去世。徐渭由嫡母抚养至十四岁。虽然出生官家，徐渭早年并不愉快。由于是庶出，两个嫡出哥哥又比长二三十岁，徐渭在家中没有什么地位。徐渭十岁，苗夫人把他的生母逐出家门。这对幼年的徐渭刺激很大。苗氏死，徐渭随长兄徐淮生活。二十一岁，徐渭入赘潘家，生活并不自在。

徐渭生性聪慧。六岁读书，九岁作文，十多岁仿扬雄的《解嘲》作《释毁》，轰动全城。当地称他为神童，比之为刘晏、杨修。二十多岁，徐渭与越中名士陈海樵、沈炼等人相交往，为“越中十子”之一。沈炼夸奖他：“关起城门，只有这一个。”自幼以才名闻名乡里的徐渭，颇有些自负，在科举路上屡遭挫折。二十岁，他才考中秀才，多次参加乡试，直到四十一岁，考了八次，始终也未能中举。二十六岁时丧妻，从潘家迁出，以教书糊口，直到三十七岁时应胡宗宪之邀，入幕府掌文书。

嘉靖三十六年（1557年），徐渭被总督东南军务的胡宗宪所招，入幕府掌文书。他为胡宗宪作《进白鹿表》，受到明世宗朱厚熜赏识。胡宗宪对他更为倚重，他放任的性格也格外容忍。胡宗宪出于各种原因，与权臣严嵩来往甚密，徐渭痛恶严嵩，友人沈炼因参劾严嵩遭杀害，徐渭又不得不代胡宗宪写了一些恭维严嵩的话。嘉靖四十一年（1562年），严嵩被免职，徐阶出任内阁首辅。在徐阶的策动下，胡宗宪受到参劾，次年被逮捕至京，徐渭离开总督府。嘉靖四十二年（1563年），徐渭赴京师，为李春芳幕僚。次年，与李春芳不合，辞归故里。

嘉靖四十四年（1565年），胡宗宪再次被逮，死于狱中，原先幕僚受到牵连。徐渭生性偏激，连年应试未中，很不愉快，他对胡宗宪被构陷而死深感痛心，担忧自己受迫害，对人生彻底失望，以至发狂。写《自为墓志铭》，拔下壁柱上的铁钉击入耳窍，流血如迸，医治数月才痊愈。又用椎击肾囊，未死。反复发作、自杀有九次之多。嘉靖四十五年（1566年），徐渭又一次狂病发作，怀疑继妻张氏不贞，将其杀死，因此被关入监牢。徐渭在狱中完成《周易参同契》注释，揣摩书画艺术。徐渭在狱中七年，其中只在隆庆二年（1568年）生母病故时短期出狱，办理丧事。

徐渭下狱后，友人予以援助。徐渭于明神宗朱翊钧即位大赦之机获释。万历三年（1575年），徐渭参加张元忭主持的《会稽县志》编修工作。万历四年（1576年）夏，徐渭的朋友吴兑邀他北上，他欣然前往。徐渭在宣化幕府的时间不到一年，时张居正主持国政，对蒙古采取抚和方针，徐渭表示赞赏。期间又过居庸关赴塞外宣化府等地，闻戚继光所云至辽东寻李成梁，教授其子李如松兵法，结识蒙古首领俺答的夫人三娘子。他在吴兑那里受到敬重，无奈身体欠佳，于次年春经北京回家乡绍兴，注释郭璞《葬书》。徐渭六十岁，应张元忭之招去北京，不久两人关系恶化。由于和老朋友交恶，加上受到不平等对待，徐渭情绪郁闷，旧病复发，便重归家乡。此后，徐渭就再没有离开过山阴。万历二十一年（1593年），徐渭在穷困潦倒中去世，终年七十三岁，葬于绍兴城南木栅山。死前，徐渭写有《畸谱》，记述自己坎坷的人生。死的时候除了一只狗与之相伴，床上连一张席子都没有。

徐渭的名气虽然不及唐伯虎，但是他在明代文坛有着显著地位。他跟唐伯虎一样，一生充满坎坷，多灾多难，但秉持正气，人格高尚。徐渭多才多艺，诗文、戏剧、书画、音律等多方面都有涉及，与解缙、杨慎并称“明代三大才子”。徐渭是中国“泼墨写意画派”的创始人，“青藤画派”的鼻祖。擅长花卉创作。对后世画家八大山人、扬州八怪等影响很大。

杨　慎

杨慎，字用修，号升庵，后因流放滇南，故自称博南山人、金马碧鸡老兵。四川新都(今成都新都)人，生活在公元1488年到公元1559年。明代文学家，明代三才子之首。

杨慎生于明孝宗弘治元年(1488年)，自幼聪慧，好学，为湖广提学佥事杨春之孙，吏部尚书、武英殿大学士杨廷和之子，从小受到良好教育。七岁，学习、背诵唐诗。十一岁，写近体诗。十二岁，拟作《吊古战场文》，叔父兵部侍郎瑞红极为赞赏，复命拟《过秦论》。十三岁，随父入京，沿途写《过渭城送别诗》《霜叶赋》《马嵬坡》等，《黄叶诗》轰动京师。内阁首辅李东阳"见而嗟赏，令受业门下"，称杨慎为"小友"。

杨慎二十一岁，参加会试，主考官王鏊、梁储将杨慎的文章列为卷首。不料烛花落到考卷上烧坏，名落孙山。杨慎没有灰心，于正德六年殿试第一，考中状元，授翰林院修撰。从此，杨慎登上政治舞台。母亲去世回乡守丧，服丧完毕又出任翰林修撰。杨慎为人正直，不畏权势。明武宗朱厚照不理朝政，到处游玩，正德十二年(1517年)呈上《丁丑封事》奏章，指责朱厚照"轻举妄动，非事而游"。朱厚照不予理睬，杨慎气不过，辞官归里。正德十六年(1521年)，武宗崩。朱厚熜继位，是为明世宗。授杨慎翰林院修撰，经筵讲官。嘉靖二年(1523年)，参与纂修《武宗实录》，充纂修官。

内阁“大礼议”纷争，朱厚熜以“兄终弟及”方式登上皇帝宝座，按照继承规则，朱厚熜要承认孝宗是“皇考”，享祀太庙；生父只能称“本生父”或“皇叔父”。朱厚熜即位后第六天，就下诏令群臣议定他生父兴献王为“皇考”按皇帝的尊号和祀礼对待；皇统与家系成了当时内阁大臣纷争的议题。张璁、桂萼等新贵为迎合上意，攀附权奸，主张在宪宗与武宗之间，加入睿宗(兴献王朱祐杬)，杨廷和父子和许多大臣坚决反对。为此，杨廷和被迫辞官归里，升庵一再上书辞职，不愿与张、桂等“无耻小人”同列共事。朱厚熜非常生气，一意孤行，下诏改称生父为恭穆皇帝，杨慎“又谐学士丰熙等疏谏。不得命，偕廷臣伏左顺门力谏”，朱厚熜震怒，用暴力镇压，“命执首八人下诏狱”。杨慎激动地说：“国家养士一百五十年，仗节死义，正在今日。”在金水桥、左顺门一带列宫大哭，抗议非法逮捕朝臣、声彻宫廷。“帝益怒，悉下诏狱，廷杖之。”杨慎于七月十五被捕，十七日被廷杖一次，死而复苏；隔十日，再廷杖一次，几乎死去，然后充军云南永昌卫(今云南保山市)。

杨慎三十多年流放生活，并未消极颓废，仍奋发向上。他经湘西，想起被楚怀王放逐的屈原，不禁哼出：“长太息以掩涕兮，哀民生之多艰！”“路漫漫其修远兮，吾将上下而求索。”在贵州，又想起流放夜郎(今新晃侗族自治县)的李白，感叹“我行更迢递，千载同潸然”。嘉靖五年(1526年)，杨廷和患病，杨慎回家探视，杨廷和病愈后，杨慎返回永昌。听说寻甸的安铨、武定的凤朝文作乱，便率领家僮和步兵一百多人，快速赶到木密所，与副使张峩用计击破叛军，平定叛乱。嘉靖八年（1529年），杨慎父亲杨廷和去世，杨慎请求巡抚欧阳重替他回乡葬父，获准后赶回新都治丧。

杨慎年近七旬，曾返回泸州短住，不久被巡抚派四名指挥将其押解回永昌。嘉靖三十八年（1559年）七月六日，杨慎卒于戍所，时年七十二岁。临终，他还以“临利不敢先人，见义不敢后身”勉励后人。杨慎去世后，巡抚云南的右副都御史游居敬命人为其殡殓入棺，还葬故乡新都。嘉靖四十年（1560年）冬，杨慎附葬于父杨廷和墓旁。隆庆元年（1567年），明穆宗追赠杨慎为光禄寺少卿。明熹宗追谥文宪。

杨慎是个典型的官二代，他的父亲是吏部尚书、武英殿大学士，相当于宰相，用现在的话说就是国务院总理的儿子。他的出身背景很好，从小就衣食无忧，受到了贵族待遇，他的命比较唐伯虎、徐渭要好得多。尽管如此，他戒骄戒躁，徐徐上进，并未像一般官二代那样游手好闲、寻花问柳，他一直刻苦学习，想着报效国家，报效人民，为家族争光。他秉性耿直，这是优点，同时也是缺点，在现实中难免受到打压。但是他在学术成就上很大，集天下之大成，共有2300首诗词流传下来。他被后人奉为“明代三才子”之首，地位明显高于徐渭，但我想更多的是政治地位。

清篇

曹雪芹

曹雪芹，名沾，字梦阮，号雪芹，又号芹溪、芹圃，籍贯沈阳，生于南京，生活在约公元1715年到约公元1763年。出身清代内务府正白旗包衣世家，江宁织造曹寅之孙，曹颙之子。清代文学家。

康熙五十四年（1715）正月，江宁织造曹颙在北京述职间病逝。康熙帝恩旨，以曹颙堂弟曹頫过继给曹寅，接任江宁织造。三月初七，曹頫奏折："奴才之嫂马氏，因现怀妊孕已及七月。"此遗腹子即曹雪芹于四月二十六日生于南京江宁织造府。曹雪芹满月后，六月初三，曹頫奏折："连日时雨叠沛，四野沾足。"此即曹雪芹名"沾"的机缘，天时地利人和均占。"沾"字取《诗经·小雅·信南山》"既优既渥，既沾既足，生我百谷"，有"世沾皇恩"之意。

曹雪芹曾祖母孙氏做过康熙帝奶娘，祖父曹寅做过康熙帝伴读和御前侍卫，后任江宁织造，兼任两淮巡盐监察御史。康熙、雍正两朝，曹家祖孙三代四个人主政江宁织造达五十八年，家世显赫，成为南京第一豪门，天下推为望族。康熙六下江南，曹寅接驾四次。曹雪芹早年托赖天恩祖德，在昌明隆盛之邦、花柳繁华地、诗礼簪缨之族、温柔富贵乡享受了一段富贵风流的生快活似神话。

少年曹雪芹，厌恶八股文，不喜四书五经，反感科举考试、仕途经济。虽有曹頫严加管教，请家教、上私塾，因祖母溺爱，总是护着曹雪芹，曹家藏书多，有3287种。曹雪芹自幼生活在文学美术环境之中。苏州织造李煦、杭州织造孙文成皆与曹家有亲，李煦且兼任两淮盐政，曹雪芹祖父曹寅生前也曾兼任此职。

雍正五年（1727年），曹雪芹十三岁，任江宁织造员外郎的叔父曹頫以骚扰驿站、织造亏空、转移财产等罪被革职入狱，次年正月被抄家，男女老少及仆人114口。曹雪芹随全家迁回北京。曹家从此一蹶不振，日渐衰败。刚回北京，尚有老宅房屋十七间，家仆三对，聊以度日。可为偿所欠银两，填补家用，将地卖了数千金，家奴趁此作祟，将东庄租税指名借用。

雍正末，曹雪芹开始挑起家庭重担，帮着曹頫料理家务。因曹頫致仕在家，曹雪芹代为接待一些政商名流，在他们的影响下树立了决定著书立说、立德立言的远大志向。

乾隆元年（1736年），曹雪芹二十二岁，谕旨宽免曹家。乾隆初年，曹雪芹任内务府笔贴式差事，后来进入西单石虎胡同的右翼宗学担任小职。曹雪芹在宗学里具体的工作，有助教、教师、舍夫、夫役、当差等。曹雪芹北京朋友圈不乏王孙公子，如敦诚、敦敏、福彭等人。乾隆九年（1744年），曹雪芹三十岁。敦诚、敦敏入宗学，兄弟俩十分敬仰曹雪芹的才华，欣赏他的胸襟。漫长冬夜，他们围坐一起，听曹雪芹诙谐风趣、意气风生的雄睨大谈。曹雪芹于此时期开始写作《红楼梦》的初稿《风月宝鉴》。

乾隆十二年(1747年),曹雪芹三十三岁,移居北京西郊。生活贫困,多次移居。此时期,曹雪芹住草庵,赏野花,过着觅诗、挥毫、唱和、卖画、买醉、狂歌、忆旧、著书的隐居生活,靠卖字画和福彭、敦诚、敦敏、张宜泉等亲友救济为主。曹雪芹半生潦倒,一事无成,在那贫穷潦倒的境遇里,很觉得牢骚抑郁,故不免纵酒狂歌,自寻派遣,其正邪两赋而来的真性情愈加鲜明。

乾隆二十五年(1760年),曹雪芹四十六岁,初秋,曹雪芹南游,经年未归。南游历时一年,重阳节后回京。节后不久,敦敏在友人明琳家养石轩偶遇曹雪芹,作《感成长句》以记之。

曹雪芹南游回京,继续写作《红楼梦》。乾隆二十七年(1762年),曹雪芹四十八岁,因幼子夭亡,过度悲痛,卧床不起,除夕病逝于北京。

《红楼梦》与其说是传世奇书,不如说是曹雪芹晚年的牢骚之作。《红楼梦》应该是他的自传,其实整部书的内容就是写他早年在富贵温柔乡里渡过的一段回忆。他是一个典型的富家公子家道中落后的形象,他过惯了锦衣玉食的生活,过惯了被人伺候的日子,突然被抄家,对他精神上无疑是一次晴天霹雳的打击,从此让他一蹶不振,作《红楼梦》抒发自己心中的郁闷,对封建、世俗、传统文化在书中多有抨击,只不过是暗线。其实,贾宝玉就是一个反帝反封建的形象,贾宝玉的形象何尝不是曹雪芹他自己。先是被抄家,再是亲人陆续去世,对曹雪芹的打击无疑是致命的。一来无力振兴家业,二来无法令亲人起死回生,他无力改变现实,只能寄情于虚妄,作此奇书,聊表心意,偶得传世,成为经典。

纳兰性德

纳兰性德，大清第一词人，叶赫那拉氏，字容若，满洲正黄旗人，原名成德，避太子保成讳改名为性德，号楞伽山人。生活在公元1655年到公元1685年，后太子更名胤礽，纳兰恢复本名纳兰成德。武英殿大学士纳兰明珠之子。他的母亲爱新觉罗氏是英亲王阿济格第五女，一品诰命夫人。其家族纳兰氏，隶属正黄旗，为清初满族八大姓之一，即后世的“叶赫那拉氏”。纳兰性德曾祖父是女真叶赫部首领金石台。金石台妹妹孟古，嫁清太祖努尔哈赤为妃，生皇太极，家世显赫。

纳兰性德生于顺治十一年（1654年）腊月十二日，自幼饱读诗书，文武兼修，十七岁入国子监，被祭酒徐文元赏识，推荐给内阁学士徐乾学。十八岁应顺天府乡试，中举人。十九岁应会试第，成为贡士。康熙十二年（1673年）因病错过殿试。康熙十五年（1676年）补殿试，中第二甲第七名，赐进士出身。纳兰性德不甘心只是进士出身，连一甲都未入，发奋苦读，拜徐乾学为师。两年内主持编纂了一部儒学汇编《通志堂经解》，深受皇帝赏识。在历史、地理、天文、历算、佛学、音乐、文学、考证等领域，他都有涉猎。

纳兰性德成为进士时年仅二十二岁，康熙爱其才，又因纳兰出身显赫，家族与皇室颇有渊源，其母更是爱新觉罗氏，曾祖父金台吉是叶赫部贝勒，其妹孟古格格是皇太极生母，故被康熙授三等侍卫，不久晋升一等侍卫，多次随康熙出巡。还曾奉旨出使梭龙，考察沙俄侵边情况。

康熙十三年（1674年），纳兰与两广总督卢兴祖之女卢氏成婚。康熙十六年（1677年）卢氏难产去世，结婚才三年，妻子就去世，对纳兰性德的打击很大，纳兰悲痛欲绝，作《饮水词》：

梦江南

昏鸦尽，小立恨因谁？急雪乍翻香阁絮，轻风吹到胆瓶梅，心字已成灰。

梦江南

新来好，唱得虎头词。一片冷香唯有梦，十分清瘦更无诗。标格早梅知。

菩萨蛮

萧萧几叶风兼雨，离人偏识长更苦。欹枕数秋天，蟾蜍早下弦。

夜寒惊被薄，泪与灯花落。无处不伤心，轻尘在玉琴。

又

催花未歇花奴鼓，酒醒已见残红舞。不忍覆余觞，临风泪数行。

粉香看又别，空剩当时月。月也异当时，凄清照鬓丝。

菩萨蛮

春云吹散湘帘雨，絮粘蝴蝶飞还住。人在玉楼中，楼高四面风。

柳烟丝一把，暝色笼鸳瓦。休近小阑干，夕阳无限山。

菩萨蛮

隔花才歇廉纤雨，一声弹指浑无语。梁燕自双归，长条脉脉垂。

小屏山色远，妆薄铅华浅。独自立瑶阶，透寒金缕鞋。

菩萨蛮

晶帘一片伤心白，云鬟香雾成遥隔。无语问添衣，桐阴月已西。

西风鸣络纬，不许愁人睡。只是去年秋，如何泪欲流。

临江仙

点滴芭蕉心欲碎，声声催忆当初。欲眠还展旧时书。鸳鸯小字，犹记手生疏。

倦眼乍低缃帙乱，重看一半模糊。幽窗冷雨一灯孤。料应情尽，还道有情无？

又

昨夜个人曾有约，严城玉漏三更。一钩新月几疏星。夜阑犹未寝，人静鼠窥灯。

原是瞿唐风间阻，错教人恨无情。小阑干外寂无声。几回肠断处，风动护花铃。

虞美人

春情只到梨花薄，片片催零落。夕阳何事近黄昏，不道人间犹有未招魂。

银笺别梦当时句，密绾同心苣。为伊判作梦中人，长向画图清夜唤真真。

又

曲阑深处重相见，匀泪偎人颤。凄凉别后两应同，最是不胜清怨月明中。

半生已分孤眠过，山枕檀痕涴。忆来何事最销魂，第一折技花样画罗裙。

又

银床淅沥青梧老，屧粉秋蛩扫。采香行处蹙连钱，拾得翠翘何恨不能言。

回廊一寸相思地，落月成孤倚。背灯和月就花阴，已是十年踪迹十年心。

这是词集的一部分。纳兰性德在词上的造诣，后世难有人超越。

纳兰性德24岁将词编选成集，名为《侧帽集》，又著《饮水词》。后人将两部词集增遗补缺，共349首，合为《纳兰词》。传世的《纳兰词》在当时就享有盛誉，为文人学士高度评价。时人云，“家家争唱《饮水词》，纳兰心事几人知？”可见其影响之大。

纳兰性德有古道热肠，喜欢交友，仗义疏财，纳兰性德于康熙二十四年（1685年）暮春抱病与好友一聚，一醉一咏三叹，后一病不起。七日后，于康熙二十四年五月三十日（1685年7月1日）溘然而逝，年仅三十岁。

纳兰性德是武英殿大学士纳兰明珠之子，他的母亲更是皇族成员，可谓是皇亲国戚，家世显赫，比起一般的文人、才子命运不知道要好过多少倍。纳兰性德虽然出身这样的豪门，但是他身上并未有一般官二代、富二代的气质，身上更多的是平易近人，仗义疏财，他明荣辱、知上进，年仅30岁就成为大清第一词人，能与之媲美的只有南唐后主李煜，纳兰之后鲜有人超越。纳兰的词跟李煜后期的词风一样，比较忧郁，我认为他是无病呻吟，虽然说公侯家有公侯家的难，百姓家有百姓家的不易。但有一点是可以肯定的，纳兰这样的出身肯定是不缺吃穿的，应该说是衣食无忧，比起陶渊明、杜甫、唐伯虎这些人的出身和命运不知道要好多少倍，所以说他是无病呻吟。但是他在词上的成就还是值得充分肯定的。

蒲松龄

蒲松龄，字留仙，一字剑臣，号柳泉居士，世称聊斋先生，山东淄川(今淄博)人，生活在公元1640年到公元1715年，清代文学家。代表作《聊斋志异》，是我国文言文短篇志怪小说成就最高的作品集。

蒲松龄于崇祯十三年四月十六日（1640年6月5日）夜戌刻出生于一个逐渐败落的地主家庭。父亲蒲盘时家道已渐衰落，娶妻孙氏、董氏、李氏，蒲松龄为董氏子。张献忠、李自成起义，清军入关，改朝换代之际，社会动荡。蒲松龄19岁时应县府试，县、府、道均夺第一名，中秀才，受到山东学政施闰章赞誉，名藉藉诸生间。

顺治十四年（1657年），与刘国鼎女儿成婚。顺治十五年（1658年），初应童生试，以县、府、道第一进学，受知山东学政施闰章。1660年，应乡试未中。康熙元年（1662年），长子蒲箬出生。蒲松龄虽满腹实学，乡试屡屡不中，郁郁不得志，1663年，应乡试未中。1664年，应邀就读李尧臣家。张笃庆有《和留仙韵》二首，讽蒲松龄记叙神怪故事无益。1670年，八月，应任江苏宝应知县同邑友人孙蕙之聘，南游做幕。1671年，春、夏在宝应、高邮。秋辞幕返里。1672年四月，随本邑缙绅高珩、唐梦赉游崂山。秋应乡试未中。1675年，应乡试未中。

康熙十八年（1679年），作狐鬼小说初步结集，定名《聊斋志异》，高珩作序。《聊斋志异》是蒲松龄的代表作，他40岁左右已基本完成，后不断增补和修改。他的书屋名叫“聊斋”，故而作品名称《聊斋志异》，全书短篇小说491篇。题材广泛，内容丰富。作品通过谈狐说鬼手法，对社会腐败、黑暗进行了有力抨击，一定程度揭露了社会矛盾，表达了人民的愿望。

康熙二十二年（1683年），作《婚嫁全书》。1684年，作《省身语录》。1685年，自春至秋，病足卧床。1687年，秋，蒲松龄应乡试，因“越幅”被黜。1688年，为张嵋《古香书屋存草》作序。1690年，秋应乡试，再次犯规被黜。1693年春，山东按察使喻成龙慕名邀请，到济南作客数日。馆东毕际有病逝，蒲松龄作《哭毕刺史》八首。1695年，高珩病逝，作《挽念东高先生》。1696年，作《怀刑录》。秋，率毕氏弟子赴省城应乡试。1698年六月，唐梦赉病卒，蒲松龄代本邑缙绅作《祭唐太史》文。1702年，暮春赴济南，滞留数月，应乡试未中。

康熙四十三年（1704年），淄川大旱，蒲松龄作《阮亭先生归思二十四韵》。1705年，作《农桑经》。1707年，朱缃病卒，蒲松龄作《挽朱子青》。1709年，代民众揭发淄川漕粮经承康利贞妄增田赋银两。岁暮，撤帐归家，结束毕家三十年的西宾生涯。1711年，五月，王士禛病逝，蒲松龄作《五月晦日夜梦渔洋先生枉过，不知尔时已捐宾客数日矣》四首挽之。十月，赴青州考贡，为岁贡生，受知山东学政黄叔琳。作俚曲《墙头记》。康熙五十四年正月二十二日（1715年2月25日）酉时，蒲松龄因病与世长辞，享年76岁。

古代做官一般有三种途径,第一种是蒙祖上福荫,第二种是推荐做官,第三种便是通过科举正途入仕。蒲松龄出生在这样一个衰败的家庭,科举考试是他进入仕途的唯一途径,尤其是在古代那个读书人至上的社会,为官也是读书人的最终目的,也是光耀门楣的一种手段。但是明清时期的"八股取士"从某种角度又荼毒、埋没了读书人,他们的思想遭到禁锢,才华不能施展,只能按既定的格式答题。蒲松龄一生坎坷,一生都在参加科举考试,但最终也未能中进士,做官。我想很大程度是因为他写《聊斋志异》的缘故,遭到一些人的嫉恨,仕途被封杀。他的《聊斋志异》为短篇小说集,但是艺术成就很高。他是中华五千年来,写鬼第一人。郭沫若评论说:"写鬼写妖高人一等,刺贪刺虐入木三分。"老舍评论说:"鬼狐有性格,笑骂成文章。"鲁迅评论说:"《聊斋志异》是专集之最有名者。"

郑板桥

郑板桥，原名郑燮，字克柔，号理庵，又号板桥，人称板桥先生，江苏兴化人，祖籍苏州。生活在公元1693年到公元1765年，清代官员，文学家。

康熙三十二年（1693年11月22日）子时，郑板桥出生，时家道中落，生活拮据。三岁时，生母汪氏去世，少时随父立庵至真州毛家桥读书。九岁在父亲指导下作文。康熙四十年（1701年），十四岁时继母郑夫人去世。乳母费氏善良、勤劳，给了郑板桥无微不至的关怀，成了郑板桥生活和感情上的支柱。十六岁从乡先辈陆种园先生学填词。

康熙五十二年（1713年），二十岁考取秀才。1716年，娶妻徐夫人。秋郑板桥首次赴北京，于漱云轩手书小楷欧阳修《秋声赋》。1719年，至真州之江村设塾教书。雍正元年（1723年），父亲去世，时板桥已有二女一子，生活困苦。由于困苦，郑板桥三十岁以后即弃馆至扬州卖画，托名"风雅"。扬州卖画十年间，穿插一些旅游。不幸徐夫人之子去世，郑板桥作诗致哀。

雍正三年（1725年），出游江西，于庐山结识无方上人和满洲士人保禄。出游北京，与禅宗尊宿及其门羽林诸子弟交游，放言高论，臧否人物，因而得狂名。期间，结织康熙皇子、慎郡王允禧，即紫琼崖主人。雍正五年（1728年），客于通州，读书于扬州天宁寺，手写《四书》各一部。雍正七年（1730年），作《道情十首》初稿，三十九岁，徐夫人病殁。郑板桥在扬州十年，结识了许多画友，金农、黄慎等与他过往甚密，对他的创作思想有极大的影响。

雍正十年（1733年），郑板桥四十岁，是年秋，赴南京参加乡试，中举人，作《得南捷音》诗。为求深造，赴镇江焦山读书。乾隆元年（1736年），参加礼部会试，中贡士，五月，于太和殿前丹墀参加殿试，中二甲第八十八名进士，赐进士出身，特作《秋葵石笋图》并题诗曰“我亦终葵称进士，相随丹桂状元郎”，喜悦之情溢于言表。乾隆二年（1737年），滞留北京一年，以图仕进，未果，南归扬州，得江西程羽宸资助，娶饶氏。乳母费氏卒。

乾隆四年（1739年），作七律四首赠淮南监运使虞见曾。乾隆五年（1740年），为董伟业《扬州竹枝词》作序。乾隆六年（1741年）入京，候补官缺，受到慎郡王允禧的礼诚款待。乾隆七年（1742年）春，郑板桥为范县令兼署小县朝城，始订定诗、词集，并手写付梓。乾隆八年（1743年），将《道情十首》几经修改，方定稿，刻者为上元司徒文膏。乾隆九年（1744年），妾饶氏生子。郑板桥任范县知县期间，重视农桑，体察民情，兴民休息，百姓安居乐业，深受百姓爱戴。

乾隆十一年（1746年），调署潍县。同年，山东发生饥荒，发生人吃人现象。潍县本繁华大邑，因灾荒连年，救灾成了郑板桥主持潍县政事的一项重要工作，他开仓赈货，令民具领券供给，又大兴工役，修城筑池，招远近饥民就食赴工，籍邑中大户开厂煮粥轮食之。尽封积粟之家，活万余人。秋以歉收，捐廉代轮，尽毁借条，活民无算。潍县饥民出关觅食，板桥感叹系之，作逃荒行。

乾隆十二年(1747年)，满洲正黄旗人、侍讲学士德保主试山东，板桥同在试院，相与唱和。乾隆十三年(1748年)，大学士高斌、都御史刘统勋到山东放赈，板桥随同前往。潍县灾情渐趋缓解，饥民由关外络绎返乡，板桥作还家行纪其事。为防水浸寇扰，捐资倡众大修潍县城墙。秋末，书修潍县城记。乾隆出巡山东。郑板桥为“书画史”，参与筹备，布置天子登泰山诸事，卧泰山绝顶四十余日，常以此自豪，镌一印章“云乾隆柬封书画史”。乾隆十四年(1749年)，饶氏之子于兴化病逝。与御史沈延芳同游郭氏园。重订家书、诗钞，并手写付梓。乾隆十五年(1750年)，撰板桥自序。同年，重修文昌祠，倡建状元桥，作文昌祠记。

乾隆十七年(1752年)，主持修潍县城隍庙，撰城隍庙碑记，在文昌祠记和城隍庙碑记里，板桥力劝潍县绅民修文洁行，在潍县产生相当大的影响。同年，与潍县童生韩镐论文，并作行书七言联“删繁就简三秋树，领异标新二月花”。郑板桥在潍县任上著述颇多，其《潍县竹枝词》四十首尤为脍炙人口。“民于顺处皆成子，官到闲时更读书。”郑板桥在潍县当了七年的知县，洞察官场黑暗，升迁之路遥遥无期，他心生去意。

乾隆十八年(1753年)，郑板桥六十一岁，为民请赈忤大吏而去官。去时，百姓遮道挽留，家家画像以祀，并自发在潍城海岛寺为郑板桥建立生祠。去官后，板桥卖画为生，往来于扬州、兴化之间，与同道往来，诗酒唱和。乾隆十九年（1754年），郑板桥游杭州。过钱塘，至会稽，探禹穴，游兰亭，往来山阴道上。乾隆二十二年（1757年），参加两淮监运使虞见曾主持的虹桥修禊，并结识了袁枚，互以诗句赠答。板桥所作书画流传极广。

乾隆三十年十二月十二日（1765年1月22日），板桥卒，葬于兴化城东管阮庄，享年七十三岁。

郑板桥一生坎坷，郁郁不得志，他一生抱负，无处施展，虽为进士，但一生都在做布衣、知县。同一时期的纪晓岚也是进士，可以做到当朝一品，可见命运悬殊之大，这里面也许还有门阀制度，毕竟纪晓岚的家世渊源。郑板桥在范县、潍县做知县期间，官碑甚佳，深受百姓爱戴，去官时，百姓更是哭走相送，还为其修建生祠，可见他的官品是多么好，算得上一代清官。虽然在仕途上没有取得很大的成就，但是在艺术上却成就千古绝唱，成为“诗书画三绝”的一代才子，更成为“扬州八怪”之首，对后世画坛影响很大。他的兰竹图更是充满神韵。

曾国藩

曾国藩，汉族，初名子城，字伯涵，号涤生，曾子七十世孙。生活在公元1811年到公元1872年。中国近代政治家、战略家、理学家、文学家，湘军创立者、统帅。与胡林翼并称曾胡，与李鸿章、左宗棠、张之洞并称“晚清四大名臣”。官至两江总督、直隶总督、武英殿大学士，封一等毅勇侯，谥曰文正。

1811年，曾国藩出生在湖南长沙府湘乡荷叶塘白杨坪（今湖南娄底双峰县荷叶镇大坪村）一个普通耕读家庭。兄妹九人，曾国藩为长子。祖辈务农为主，生活宽裕。祖父曾玉屏缺乏文化，但阅历丰富，父亲曾麟书为塾师秀才，作为长子、长孙的曾国藩，自然得到二位先辈的教育。曾国藩五岁启蒙，六岁入塾“利见斋”。1826年春，应长沙府童子试，名列第七名。1830年，往衡阳唐氏宗祠读书，后转入湘乡涟滨书院。

1832年，曾国藩考取秀才，与欧阳沧溟之女成婚。连考两次会试不中，又努力复习一年。1834年，曾国藩进入长沙岳麓书院演习，同年参加湖南乡试，中试第三十六名举人，动身入北京准备会试。1835年，曾国藩会试未中，寓居北京长沙会馆读书。次年恩科会试再次落第，返回长沙，于同乡刘蓉、郭嵩焘等居于湘乡会馆。1838年，曾国藩再次会试，终于中试，殿试位列前三甲第四十二名，赐同进士出身，成为军机大臣穆彰阿得意门生。朝考列一等第三名，道光帝亲拔为第二，选为翰林院庶吉士。

1840年，散馆考试，名列二等十九名，授翰林院检讨。1843年四月，升任翰林院侍讲。七月，钦命为乡试(四川)正考官。八月，补授翰林院侍讲。十二月，充文渊阁校理。1845年，升侍讲学士。不久，同榜进士李文安之子李鸿章入京会试，投其门下受业。1847年，升任内阁学士加礼部侍郎衔。1849年，授礼部右侍郎。不久署兵部右侍郎。

1851年一月，洪秀全在广西桂平金田村起事。五月，曾国藩上书《敬陈圣德三端预防流弊疏》批评咸丰皇帝。咸丰帝未读完，十分震怒，召见军机大臣定他的罪，祁寯藻、季芝昌等人为他求情，他免遭牢狱之灾。曾国藩对此次谏争之举上奏自责，从此更加谨慎。1852年，曾国藩因母丧在家。时太平天国运动已席卷半个中国，尽管从全国各地调集大量官兵对付太平军，可是清军屡屡败退。清政府颁发奖励团练命令，力图利用各地主武装遏制太平军势力的发展。

1853年八月，曾国藩获准在衡州练兵，凡枪炮刀锚之模式，帆樯桨橹之位置，无不躬自演试，殚竭思力并派人赴广东购买西洋火炮，筹建水师。团练湘勇间，他严肃军纪，开辟新军队，他先后将5000人的湘勇分为塔、罗、王、李等十营并将团练地点由长沙迁至湘潭，避免与长沙的绿营发生直接矛盾。1854年二月，湘军倾巢出动，曾国藩发表《讨粤匪檄》。檄文里，他声称太平天国运动是“荼毒生灵”。

曾国藩命褚汝航为水师统帅，塔齐布为陆军先锋，统率17000人，挥师北上。五月，在靖港水战中被太平军石祥贞部击败，投水自尽，被部下所救。七月二十五日，重整水陆各军后，出师攻陷岳州，取武昌。咸丰帝大喜，令曾国藩署理湖北巡抚。大学士祁寯藻进言，称“曾国藩以侍郎在籍，犹匹夫耳，匹夫居闾里，一呼，蹶起从之者万余人，恐非国家福也。”咸丰帝收回成命，仅赏曾国藩兵部侍郎头衔。十二月二日，曾国藩攻陷田家镇。1855年二月十二日夜，石达开总攻湘军水营，烧毁湘军战船100余艘。曾国藩座船被俘，文卷册牍俱失。曾国藩愤怒至极，打算策马赴敌以死，罗泽南、刘蓉力劝乃止。

1856年，曾国藩坐困南昌。九月二日，洪秀全与杨秀清内讧，史称天京事变，南昌解围。十月，曾国藩在长募勇组建吉字营入援江西。1857年二月二十日，其父去世，曾国藩偕弟曾国华回籍奔丧。七月，两次上疏，请求在家终制，获咸丰帝准许，建“思云馆”。1858年五月十九日，李续宾、杨岳斌率水陆两军攻陷九江。七月十三日，曾国藩接咸丰谕出办浙江军务，抵达南昌，与胡林翼会商进兵、筹饷之策。十一月十五日，李续宾、曾国华在三河之役战死。十二月，曾国藩作《爱民歌》以训湘军。1859年十一月，曾国藩拟四路进兵之策，攻取安庆。1861年九月五日，湘军攻陷安庆。九月二十五日，曾国藩移住安庆。十二月二十日，曾国藩奉旨督办四省(苏、皖、浙、赣)军务，其巡抚、提镇以下悉归节制。同月，在安庆创办内军械所。年底，定三路军进军之策：“以围攻金陵属之国荃，而以浙事属左宗棠，苏事属李鸿章，于是东南肃清之局定矣。”

1862年一月三十一日，曾国藩任两江总督协办大学士，曾国荃补授浙江按察使。二月十四日，左宗棠率军由江西入浙江。四月，李鸿章率军抵上海。五月，曾国荃率军进驻雨花台，会同彭玉麟的水师围攻天京。六月，洪秀全命令各地太平军回援天京，太平军集结二十万兵力，十月起大战湘军四十多天，未能取胜。1864年七月，湘军破南京，对平民展开屠杀与抢掠，南京城被烧毁，平民死伤无数，南京人称曾国藩、曾国荃兄弟为“曾剃头”“曾屠户”。七月，朝廷加曾国藩太子太保、一等侯爵。曾国荃赏太子少保、一等伯爵，八月，奏准裁撤湘军25000人。

1865年一月，选汉唐以来各奏疏17首，编《鸣原堂论文》。三月，主持修葺种山、尊经两书院。收养孤寒子弟。五月二十六日，曾国藩率军赴山东剿捻。六月，主持整理《王船山遗书》完稿，共320卷，交金陵书局出版。六月十八日，北上剿捻之策：重镇设防，划河圈围，清野查圩，马队追踪。九月，经扬州、清江浦抵徐州。一路调兵布防堵围，沿途又张榜招员。十月，将金陵制造局迁海虹口，和李鸿章原设炮局及购自美国人的铁厂合并，再加容闳购回百多部机器建成江南制造总局。十二月，核定长江水师永远章程及营制营规。1866年，曾国藩奉旨进驻周家口，以钦差大臣身份督师剿捻。曾国藩采用了“重点防务、坚壁清野和画河圈围”的对策，最终全部失败。后他在周口西至漯河建立起“沙河百里防线”，借此天堑消灭捻军。

1867年三月，在江南制造总局下设造船所试制船舰。同时拟设译书馆。五月，会同李鸿章将江南制造总局由虹口迁高昌庙，征地扩迁，规制大增。六月，补授体仁阁大学士。1868年四月，奉上谕改授为武英殿大学士。五月三十一日，至上海视察江南制造成总局。八月，奉命调任直隶总督。九月，江南造船厂试制的第一艘轮船驶至江宁，曾登船试航，取名“恬吉”。十二月，曾国藩抵达北京，拜见慈禧太后与同治皇帝。1868年，曾国藩改任直隶总督。

1870年，两江总督马新贻被平民张汶祥刺杀，朝廷命曾国藩再任两江总督，前往南京审理该案。1871年八月十九日，挈李鸿章联衔会奏《拟选子第出洋学艺折》。九月，视察水陆各营防务、训练情况。十一月抵达上海。1872年二月二十七日，曾国藩领衔上奏，促请对“派遣留学生一事”尽快落实，并提出在美国设立“中国留学生事务所”，推荐陈兰彬、容闳为正副委员常驻美国管理。在上海设立幼童出洋肄业局，荐举刘翰清“总理沪局选送事宜”。三月一日，时发脚麻之症，舌蹇不能语。三月二十日，曾国藩在南京西花圃散步，突发脚麻，曾纪泽扶掖回书房，端坐三刻逝世。朝廷闻讯，辍朝三日。追赠太傅，谥文正，祀京师昭忠、贤良祠。六月二十五日，灵柩运抵长沙。七月十九日，葬于长沙南门外之金盆岭。1873年十二月十三日，改葬于善化县湘西平塘伏龙山，与夫人欧阳氏合葬。

曾国藩是中国封建王朝最后一个圣人，最后一个杰出的政治家、思想家、教育家、军事家、学者。他不仅在仕途上取得了卓越的成就，而且在学术上更是造诣匪浅，一生著作颇丰，对后世影响很大。他一生奉行程朱理学，崇尚道家文化，讲究修身养性。他是晚清四大名臣，同时在成就上也是四大名臣之首。他的一生对大清可谓是鞠躬尽瘁，誓死效忠，平息太平天国叛乱，功勋卓著。无论是仕途上的成就，还是在学术上的成就，他都达到了一个相当的高度。他被后人尊为“圣人师”。

民国篇

鲁　迅

鲁迅，原名周樟寿，后改名周树人，字豫山，后改豫才，浙江绍兴人。生活在1881年到1936年。“鲁迅”是他1918年发表《狂人日记》时用的笔名，民国文学家、思想家，五四新文化运动参与者，中国现代文学的奠基人。

光绪七年(1881年)9月25日，鲁迅生于浙江绍兴城内东昌坊新台门周家。幼名阿张，长根，长庚，学名周樟寿。1892年，入三味书屋从寿镜吾读书，课余影描图画。与章闰水建立友谊。1893年，祖父周介孚因事下狱，父周伯宜抱重病，家中落，全家避难乡下。为父亲出入于质铺及药店，遭人冷眼。1896年，父亲去世。家境益艰。本年开始写日记。1897年，家族开会分房，分给鲁迅的既差且小，鲁迅拒绝签字遭到叔辈斥责，倍感世态炎凉。

1898年4月，入南京水师学堂，改名周树人。12月，被本家叔催促参加县考，中榜后以四弟患病为由不再参加府考，前往南京求学。1899年转入江南陆师学堂附设矿务铁路学堂，学开矿。期间接触赫胥黎《天演论》，对他具有一定影响。除读新书之余还爱骑马运动，敢于和旗人子弟骑马竞赛。1902年1月，矿路学堂毕业。3月，公费赴日本留学。4月，入弘文学院普通科江南班（为日语学习速成班）。1903年，剪辫。课余喜读哲学与文艺之书，尤注意人性及国民性问题。1904年4月，于弘文学院结业。6月，祖父介孚公卒，年六十八。9月，入仙台医学专门学校肄业。

1906年1月，课间观"日俄战争教育片"，受刺激，弃医从文。6月，将学籍列入"东京独逸语协会"所设德语学校。夏秋，被骗回国与朱安结婚。旋即复赴日本。7月，从仙台回到东京，不再入学读书，专门从事文艺译著工作，此后几年通过不同方式学习德语、俄语。光绪三十四年（1908年），师从章太炎先生，为"光复会"会员，与二弟作人译《域外小说集》，生活艰难，以校对书稿补贴生活。1909年，《域外小说集》（二册）出版。

宣统元年（1909年）8月归国，任杭州、浙江两级师范学堂生理学和化学教员，兼任日本教员铃木珪寿的植物学翻译。1910年8月，任绍兴中学堂教员兼监学。1911年，写第一篇文言小说《怀旧》。民国元年（1912年），临时政府在南京成立，应教育总长蔡元培之邀，任教育部社会教育司第一科科长。8月任命为教育部佥事。至1917年，大量抄古碑，辑录金石碑帖，校对古籍，也对佛教思想进行研究。1917年7月7日，因张勋复辟乱作，愤而离职，14日，乱平之后返回了教育部。

1918年5月，以"鲁迅"为笔名发表中国现代文学史上第一篇用现代体式创作的白话短篇小说《狂人日记》，载在《新青年》第四卷第五号。1920年在北京大学、北京高等师范学校讲授中国小说史，6

月，读《共产党宣言》中文译本盛赞译者。9月，发表小说《风波》。1923年8月，小说集《呐喊》出版；与弟周作人分居，迁至西四塔胡同61号居住，分居不明。12月，作《娜拉走后怎样》演讲，兼任女师大、世界语学校教师；《中国小说史略》（上册）出版。

1924年7月，赴西安讲《中国小说的历史变迁》。8月返京。11月，《语丝》周刊出版，鲁迅在首期发表《论雷峰塔的倒掉》，鲁迅成为《语丝》作家群主将之一。1925年，"女师大风潮"进一步升级，鲁迅因支持进步学生正义斗争，被教育总长章士钊免除佥事职务，同年，鲁迅向平政院状告章士钊。1926年3月，"三一八惨案"发生。4月，鲁迅作《死地》《记念刘和珍君》等抨击段祺瑞政府屠杀学生的罪行，遭追捕，避难于山本医院。避难间笔耕不辍。8月，《彷徨》出版，赴厦门大学任国文系教授。12月辞职。

1927年1月赴中山大学任教。3月，与中共两广区委书记陈延年会见。4月1日，赴黄埔军校发表演讲《革命时代的文学》，12日，"四一二反革命政变"发生，29日，营救进步学生无果愤然辞职。8月，发表《魏晋风度及文章与药及酒之关系》。9月，致信台静农，拒绝作为诺贝尔文学奖候选人，离开广州赴上海，与许广平在上海开始同居生活。12月，与梁实秋等人就"第三种人""自由人"发生论争，双方争论持久，影响巨大。1928年春，参加中国革命互济会。与创造社、太阳社成员就"革命文学"问题展开论争。开始大量搜集马克思主义著作，并为之翻译。同时开始提倡革命美术，倡导现代木刻运动。

1929年9月27日，许广平生子，鲁迅为其取名"周海婴"。年底，与冯雪峰多次磋商组建"中国左翼作家联盟"。1930年2月，中国自由运动大同盟成立，鲁迅为发起人之一。3月2日，出席中国左翼作家联盟成立大会，被选为常务委员，作《对左翼作家联盟的意见》演讲。1931年1月20日，柔石被逮，鲁迅离寓避难。28日回旧寓。1932年1月29日，遇战事，次日避居内山书店。由内山书店友护送至英租界内山支店暂避。与艾青等人发起“春地美术研究所”。1933年1月，蔡元培函邀加入“民权保障同盟会”，被举为执行委员。2月17日，蔡元培函邀赴宋庆龄宅，欢迎萧伯纳。作《为了忘却的纪念》怀念柔石。1934年1月，与郑振铎合编的《北平笺谱》出版。5月，编序之木刻《引玉集》出版。1935年2月开始译果戈理《死魂灵》。6月，集成《新文学大系·小说二集》并作长序。

1936年1月，肩及肋骨皆出现剧痛，创新之作《故事新编》出版。2月，开始续译《死魂灵》第二部。5月15日发病，医生诊断胃疾，发热未愈，5月31日，史沫特黎女士引美国邓医生来诊断，情况不乐观。10月17日旧病复发，18日黎明前疾病发作，气喘不止。10月19日上午5时25分逝世。

鲁迅的死因不明，成为历史悬案，一说他死在了日本医生的手上。鲁迅是中国近代的世纪伟人，如果说孔子是中国古代的文化标杆，那么鲁迅则是近代的文化标杆。鲁迅被誉为“民族之魂”，他开启了新中国一代文风，他是新中国新文化运动的奠基人，应该说他和胡适等人发起的“五四新文化运动”对后世影响很大，这主要表现在文艺创作上。他的文学修养很深，后世鲜有人能够超越。毛泽东曾评价：“鲁迅的方向，就是中华民族新文化的方向。”他一身正气，从来就不是统治阶级的代言人，他有自己的立场，他的立场就是渴望民族的觉醒。

胡 适

胡适,安徽绩溪人。原名嗣穈,学名洪骍,字希疆,后改名胡适,字适之,笔名天风、藏晖等。生活在1891年到1962年,中国现代学者、诗人、历史家、文学家、哲学家。因提倡文学革命成为新文化运动领袖之一。1939年还获得诺贝尔文学提名奖。

胡适出身徽商之家,胡适5岁启蒙,在绩溪老家受过9年私塾教育,打下一定古文基础。早年在上海梅溪学堂、澄衷学堂求学,初步接触西方思想文化,受到梁启超、严复思想的影响。1904年,他到上海进新式学校,接受《天演论》等新思潮,开始在《竞业旬报》上发表白话文章,后任该报编辑。1906年考入中国公学,1910年考取"庚子赔款"第二期官费生赴美国留学,于康乃尔大学先读农科,后改读文科。1910年留学美国,1915年成为实用主义哲学大师杜威的学生,1917年回国任北京大学教授。学识渊博,曾拥有三十多个博士头衔;1917年发表《文学改良刍议》,揭开中国现代文学革命运动第一页;1918年加入《新青年》编辑部,大力提倡白话文,并撰写现代第一部白话诗集《尝试集》,成为新文化运动领袖人物之一;1919年,接替陈独秀主编《每周评论》,发表《多研究些问题,少谈些主义》,提出"大胆假设,小心求证”的实用主义方法论，在全国影响极大；提出过“全盘西化”论点；抗战期间曾出使过美国，代表蒋介石签订《中美互助条约》。政治上追随国民党，学术上是一代宗师，著述丰厚，治学方法上具有徽派朴学遗风。

1920年至1933年，从事中国古典小说研究考证，同时参与一些政治活动，一度担任上海公学校长。抗日战争初，出任国民党“国防参议会”参议员，1938年被任命为中国驻美国大使。作为学者他在文学、哲学、史学、考据学、教育学、伦理学、红学等领域都有深入的研究。1939年还获得诺贝尔文学奖的提名。抗日战争胜利后，1946年任北京大学校长。1946年11月10日，国民政府主席蒋介石电邀胡适“莅京出席国民大会，藉慰众望”。次日，胡适飞抵南京。国民大会11月15日开幕，代表总额2050名。胡适被选入主席团。《宪法草案》在大会需经三读，又推定代表孙科、胡适、王宠惠等12人负责整理宪法决议案条文文句。12月25日上午，进行第三读大会前，十二人决议案整理委员会公推胡适代表报告整理结果。胡适报告后，宣读《宪法》条文历半小时，大会完全接受，郑重通过，制宪大业，宣告成功。1949年寄居美国，致力《水经注》考证工作，后定居台湾。1962年，在台湾一个酒会上突发心脏病去世。

胡适在世时历任北京大学教授、北大文学院院长、辅仁大学教授及董事、“中华民国”驻美利坚合众国特命全权大使、美国国会图书馆东方部名誉顾问、北京大学校长、“中央研究院”院士、普林斯顿大学葛思德东方图书馆馆长等职。

胡适一生追随国民党，成为蒋介石所信任之人。胡适在学术上所取得的成就是巨大的，堪称一代宗师，他研究、涉猎的领域相当广，遍及各行各业。在文学创作和成就上足以与鲁迅媲美，在民国诸才子中，如果鲁迅是民国第一才子，那胡适当之无愧属第二。胡适也是新文化运动的发起人，也是新中国文艺奠基人。

下编

气质美如兰
才华馥比仙

汉篇

卓文君

卓文君，原名文后，西汉临邛（今四川邛崃）人，原籍邯郸冶铁家卓氏。生活在公元前175年到公元前121年。汉代才女，中国古代四大才女之一，蜀中四大才女之首。卓文君与汉代文人司马相如的爱情佳话至今被人传颂。她有不少佳作传世，如《白头吟》中“愿得一心人，白头不相离”堪称千古绝唱。

卓文君为四川临邛巨商卓王孙之女，姿色娇美，精通音律，善弹琴，有文名。汉景帝时期，社会安定，卓王孙善于经营，成为巨富，拥良田千顷；华堂绮院，高车驷马；金银珠宝，古董珍玩，更是不可胜数。卓文君是个富二代。十六岁就嫁了人，刚过门，丈夫便过世，只能返回娘家住。

此时，蜀中才子司马相如已经名扬天下，做了梁孝王刘武的客卿，刘武对他颇为赏识。七国之乱后，梁孝王去世，相如如丧家之犬，生活没有着落，只能返回成都再谋生，司马相如家境贫寒，没有能维持生活的职业。相如同临邛县令王吉相处得好，王吉书信说：“长卿，你长期离乡在外，求官任职，不太顺心，就来我这里看看吧。”于是，相如前往临邛，住城内一座亭子里。临邛县令天天来拜访相如。时间久了，司马相如觉得自己有愧朋友帮助，无颜一见，便闭门谢客，怎知王吉更加恭敬。

临邛县挨着成都，富人很多，卓王孙家就有家奴八百，程郑家也有数百人。二人相互商量说："县令有贵客，我们备办酒席，宴请他。"一并把县令也请来了，当县令到了卓家后，卓家客人已经上百。到中午，去请司马相如，相如托病，不肯前来。临邛令见相如没来，不愿进食，还亲自去迎接相如。相如勉强来到卓家，满座宾客无不被司马相如的风采所折服。酒兴正浓，临邛县令走上前，把琴放到相如面前，说："我知长卿喜欢弹琴，希望聆听一曲，以助欢乐。"相如辞谢一番，便弹奏了一支《凤求凰》。

其实，卓王孙邀请宾客时，卓文君躲在角落里偷偷观看，他早就对司马相如这个名满天下的大才子仰慕已久。司马相如其实已经知道卓文君在角落偷看，便弹《凤求凰》引起卓文君的注意。文君喜欢音乐，他被司马相如的琴声吸引，她也深谙这琴曲的意义，心中窃喜。卓文君心生爱意，但又觉得配不上这样的大才子，心中有些疑虑。

宴毕，相如派人以重金赏赐文君丫鬟，以此向她转达倾慕之情。于是，卓文君乘夜逃出家门，与司马相如私奔，相如同文君急忙赶回成都。进家所见，空无一物，家徒四壁。卓王孙得知女儿私奔之事，大怒道："文君太让我失望，我不忍伤害她，但也不会给她一文钱。"有人劝说卓王孙，但他始终不肯听。就这样拮据地生活了一段时间，文君对相如说："长卿，你同我一起去临邛，向兄弟借贷也完全可以维持生活，何至于困苦到这个样子！”相如同文君来到临邛，把车马全部卖掉，买下一家酒店，做卖酒生意。文君站在垆前卖酒，自己穿起犊鼻裤，与雇工们一起操作忙活，在闹市中洗涤酒器。

卓王孙听到女儿事情，感到耻辱，闭门不出。兄弟和长辈交相劝说卓王孙，说：“你有一儿两女，家中缺少的不是钱财。如今，文君已成司马长卿妻子，长卿本来也已厌倦离家奔波的生涯，虽然贫穷，但确实是个人才，完全可以依靠。况且他又是县令贵客，为什么偏让他们受这样的委屈！”卓王孙不得已，只好分给文君家奴一百人，钱一百万，以及她出嫁时的衣服被褥和各种财物。文君同相如回到成都，买了田地房屋，成为富有人家。

汉景帝死后，汉武帝即位，偶然看到了司马相如写的《子虚赋》，甚为喜欢，以为是古人写的，后来才听到太监（司马相如老乡）说是司马相如作的，后来司马相如在刘彻的赏识下很快飞黄腾达，最后司马相如官拜中郎将，笼络西南夷，蜀人都以司马相如为荣。此时的司马相如可说是名利双收，卓王孙开始接受司马相如，并讨好司马相如。但男人有钱就变坏，尤其是司马相如这样的大名人，常常寻花问柳，卓文君独守空房，难免有闺怨之意。作《白头吟》：

皑如山上雪，皎若云间月。
闻君有两意，故来相决绝。
今日斗酒会，明旦沟水头。
躞蹀御沟上，沟水东西流。
凄凄复凄凄，嫁娶不须啼。

愿得一心人，白首不相离。

竹竿何袅袅，鱼尾何簁簁！

男儿重意气，何用钱刀为！

出门在外的司马相如收到卓文君的这首诗后，泪流满面，从此便不再有二心，对卓文君更加疼爱。

中国有五大爱情故事，梁山伯与祝英台、董永与七仙女、牛郎织女、白娘子与许仙、孟姜女与万喜良，但这五大爱情只是民间传说，也许并不存在。但是司马相如和卓文君的爱情却是真实存在的，他们的生平和故事都是有正史记载的，并非传说，正因为这样，他们的爱情才更加可歌可泣、传颂至今。从卓文君的这首《白头吟》看得出她的文采，堪称“蜀中四大才女”之首。人哪能生来富贵，司马相如生在贫苦家庭并非他的错，只能是不幸，但是卓文君很有眼光，她选择了司马相如作为她的夫婿，司马相如最后做了大官，成为汉武帝的红人，卓文君也收获了美满姻缘。

王昭君

王昭君，名嫱，字昭君，乳名皓月，西汉蜀郡秭归人（今湖北兴山县）。生活在约公元前52年到约公元前15年。汉元帝时宫女，昭君出塞的故事千古流传。与貂蝉、西施、杨玉环（杨贵妃）并称中国古代四大美女。

王昭君出生在蜀郡秭归县的一户平民之家，汉元帝时，以民间女子身份被选入掖庭，成为一名宫女。王昭君在汉宫很多年，都无缘见到汉宣帝，看到汉宫里其他宫女老死深宫，她心里很不是滋味，常常自怨自艾，她想逃离深宫，不想跟其他宫女一样的命运。宣帝时，匈奴内乱，单于分立，相互攻打。呼韩邪单于，被别的单于打败，逃到汉朝，亲自朝见汉帝。呼韩邪单于是第一个来朝见的单于，汉宣帝亲自到长安郊外迎接他，为他举行了盛大宴会。

竟宁元年（前33年）正月，匈奴单于呼韩邪请求娶汉人为妻，元帝遂将宫中的秀女传出，第一次见到王昭君的美貌，后悔莫及，但君王不能言而无信，便将昭君赐给了呼韩邪单于，并改元为竟宁。单于非常高兴，上书表示愿意永保塞上边境。

竟宁元年（前33年），昭君告别故土，登程北去。黄沙滚滚、马嘶雁鸣，使她心绪难平，感念她在汉宫里的日子，遂弹奏《琵琶怨》。凄婉悦耳的琴声，美艳动人的女子，使南飞的大雁纷纷跌落于平沙之上，“平沙落雁”便成了王昭君的雅称。

公元前33年，昭君抵达匈奴后，称为宁胡阏氏。昭君和呼韩邪单于共同生活三年，生下一子，取名伊屠智伢师，封右日逐王。建始二年（前31年），呼韩邪单于去世，大阏氏之子雕陶莫皋被立为复株累单于。依照匈奴婚俗，父死，子可以娶后母，于是昭君又嫁给了复株累单于。呼韩邪单于死后，复株累单于想娶昭君为妻。昭君上书汉成帝，请求返回中原，成帝拒绝了她的请求，敕令昭君遵从匈奴习俗。鸿嘉元年（前20年），复株累单于去世，且糜胥继任为搜谐若鞮单于。昭君与复株累单于共同生活了十一年，生有二女，长女名须卜居次，次女名当于居次。王昭君先后被迫嫁给匈奴王父子。野史记载，王昭君被命嫁给新单于，复株累长子，呼韩邪的孙子，昭君终于承受不住，彻底崩溃，最后选择了服毒自尽。正史中，王昭君活到53岁。

元始二年（2年），王莽掌握朝政，赏赐乌珠留若鞮单于，送昭君长女须卜居次返回中原，进宫服侍王太后。初始元年（8年），王莽夺取西汉政权，建立新朝。次年，王莽换单于玺，改授新匈奴单于章，匈奴不满，遣将兵众万骑，屯兵塞下，汉匈关系恶化。天凤元年（14年），须卜居次夫妇劝单于议和，汉廷派昭君侄王歙为和亲侯。次年，汉匈议和，王莽改匈奴为“恭奴”，单于称“善于”，赐以印绶。

王昭君去世后，葬于呼和浩特市南郊，墓依大青山，傍黄河水，后人称为“青冢”。泰始二年（266年），司马炎称帝，追尊司马昭为文帝，为避司马昭讳，王昭君改称明君，史称“明妃”。

中国几千年的历史，美女也一定不在少数，但却只有“四大美女”名垂千古，最主要的原因是因为她们登上了历史舞台。王昭君之所以闻名于世，我想有两方面原因，一方面是因为她的美貌，另一方面是她当了和亲大使。王昭君绝对才色俱佳，从她弹奏《琵琶怨》使得平沙落雁，看得出她的琴艺是相当高的，另外姿色想必也非同一般，能迷倒单于和汉元帝。但是王昭君一生有两大悲剧，第一大悲剧就是在汉宫里蹉跎岁月，作为一个女人，尤其是美女，容颜易逝的感受只有她自己能够体会；另外就是她先后被迫嫁给匈奴王的祖孙三代。有一点是值得宣扬的，虽然王昭君是偶然当了和亲大使，但是为两国人民带来了数十年的太平，在汉朝历史上立下了不可磨灭的功劳！

班婕妤

班婕妤，名不详，生活在公元前48年到公元2年。汉成帝刘骜妃子，中国文学史上以辞赋见长的女作家之一。善诗赋，有美德。初为少使，立为婕妤。她是班固、班超、班昭祖姑。她的作品很多，大部分已佚失。现存作品仅三篇，即《自伤赋》《捣素赋》《怨歌行》。

班婕妤是楚令尹子文后人，左曹越骑校尉班况之女。班婕妤出身功勋之家，其父班况在汉武帝时抗击匈奴，驰骋疆场，立下汗马功劳。自幼聪明伶俐，工于诗赋，文才出众，博览群书。建始元年（前32年），汉成帝刘骜即位，班氏被选入宫，为少使（下等女官），不久得宠，赐封"婕妤"。成帝让班婕妤居于成舍宫，婕妤为皇帝生下一子，数月即夭折，后班婕妤再没有生育。班婕妤常诵读《诗经》《窈窕》《德象》《女师》，每次觐见皇帝，都依照古代礼节。

汉成帝被班婕妤的美貌及文才吸引，专宠班婕妤。与班婕妤形影不离，命人制了一辆较大辇车，同车出游，遭班婕妤拒绝，说："古代留下的图，圣贤之君，都有名臣在侧。夏、商、周三代，夏桀、商纣、周幽王，才有嬖幸妃子在侧，竟然落到国亡境地，如果和你同车出进，那就跟她们何异？"汉成帝只好作罢。王太后听到班婕妤不与皇帝同车出游，非常欣赏，对左右说："古有樊姬，今有班婕妤。"樊姬贤惠，曾辅佐楚庄王成为"春秋五霸"之一。王太后把班婕妤比作樊姬，使班婕妤的地位更加突出。班婕妤努力提高自己在三从四德方面的修养，希望帮助汉成帝成为一位明君。但是，自赵飞燕、赵合德姐妹入宫后，班婕妤受到冷落。

赵氏姐妹飞扬跋扈，许皇后嫉恨，想出一条下策，寝宫设置神坛，晨昏诵经礼拜，祈求皇帝多福寿，诅咒赵氏。事情败露，赵氏姐妹说许皇后不仅咒骂自己，也咒骂皇帝，汉成帝一怒下，把许皇后废居昭台宫。赵氏姐妹还想利用机会对班婕妤加以打击，诬陷班婕妤参与蛊。班婕妤贤良淑德，经不起嫉妒、排挤、陷害，为免是非，她认为不如保身，缮就一篇奏章，自请前往长信宫侍奉王太后，位于王太后的羽翼下，就不怕赵飞燕姐妹的陷害了。汉成帝允其所请。

班婕妤感叹年华老去，借秋扇自伤，作《团扇诗》，班婕妤自知，自己如秋后的团扇，再也得不到汉成帝的怜爱。不久，赵飞燕被册封为皇后，赵合德也成了昭仪，这些都与班婕妤无关，她除了陪侍王太后烧香礼拜，就是写写弹弹。绥和二年（前 7 年）三月，汉成帝崩于未央宫。汉成帝崩后，班婕妤要求为成帝守陵。王太后让班婕妤担任守陵职，从此班婕妤就这样每天在孤单落寞中度过晚年。一年后班婕妤病逝，时年四十余岁。死后葬于汉成帝陵中。

美丽、漂亮是一个女人的幸运，同时也是悲剧，尤其是进了皇宫的女人。皇帝有很多女人，后宫佳丽三千，而这些女人每天都围着同一个男人，将自己的一生幸福都葬送。如果得宠，那么便会遭到其他嫔妃的嫉妒和陷害，如果不能得宠，那就更是一个女人的悲哀了。班婕妤出身名门，自幼聪慧，受到了良好的教育，贤良淑德，可谓卫子夫第二。然而，她的不幸就是因为赵飞燕、赵合德姐妹进了宫，让皇帝移情别恋，不理朝政。赵氏姐妹成了班婕妤这一生最大的灾星，乃至汉成帝死后，赵飞燕依然在淫乱后宫。班婕妤希望帮助汉成帝成为一代明君的愿望终究还是落空了。但她美丽善良、贤良淑德的形象却永远留在了历史的记载中，烙在了世人的心上，永远被铭记。

班　昭

班昭，名姬，字惠班，扶风安陵（今陕西咸阳东北）人。生活在约45年到117年。东汉女文学家，史学家班彪之女、班固之妹，十四岁嫁给同郡曹世叔为妻，后世称“曹大家”。

班昭出身儒学世家，父班彪是远近闻名的学者，在父辈影响熏陶下，班昭学识渊博，很有才华。十四岁，班昭嫁于同郡人曹世叔。丈夫早年去世，班昭当了寡妇，但恪守妇道。永元十二年（100年），班超久居异地，思念故土，上书朝廷请求回国。班昭为把班超召回国，上疏和帝：“班超出塞时，立志捐躯为国，时逢陈睦被害，班超以一己之力，辗转异域，幸亏有陛下福德庇佑，得以全活，至今已有三十年。跟随他一起出塞的人，都已作古。班超年满七十，体弱多病，虽想竭尽报国，已力不从心。如有突发事件，势必损害国家累世功业。古人十五从军，六十还乡，中间还有休息、不服役的时候，但班超至今还未休息过。因此冒死请求陛下诏让班超归国。如班超命丧异域，边境有变，希望班超一家能免于牵连之罪。”和帝看完奏章，非常感动，派遣戊己校尉任尚出任西域都护，接替班超，班超得以告老返乡。

班昭哥哥班固著写《汉书》，八表和《天文志》未完成就谢世。汉和帝下诏让班昭到东观藏书阁，将《汉书》续写完成。汉和帝多次召班昭入宫，并让皇后和贵人视班昭为师，称为“大家”。邓太后临朝听政，特许班昭参与政事。班昭为政勤奋，邓太后非常满意，破格加封班昭之子曹成为关内侯，官至齐国国相。《汉书》刚面世，多人读不懂，同郡马融便拜伏在藏书阁下，跟随班昭学习《汉书》；后皇帝又下诏叫马融哥哥马续接替班昭，完成《汉书》。

永初年间，太后哥哥大将军邓骘以母丧为由，上书朝廷，请求退职。太后不批，征问班昭。班昭上疏说：“皇太后美德盛行，秉承尧舜之政，广开言路，兼听狂夫、村民之见。臣下愚昧，得遇明主，敢不披肝沥胆，以报皇恩。臣听闻最高尚的品德莫过谦让，历代盛赞，神灵赐福。先贤伯夷、叔齐互让国君，天下佩服他们的高风亮节；太伯让位给季历，孔子再三称赞。因此他们美德盛传，扬名于世。《论语》说：‘能用礼让治国，从政还有什么可为难呢？’由此可见，推让的美德，影响深远。如今四位国舅坚守忠孝，主动辞官归隐，如以边关未宁而拒绝，日后国舅或有微小过失，只怕谦让之名不可复得，尽妾之愚见，陈言于此。妾自知言不足取，聊表虫蚁之心，以报皇太后之恩。”太后听了班昭建议，同意邓骘的请求，邓骘得以辞官还乡。

班昭晚年，身患疾病，家中女子又当出嫁年龄，班昭担心她们不守妇道，令夫家丢失颜面，辱没宗族，闲暇时作《女诫》七章勉励。马融读后认为很好，让妻女学习。班昭丈夫曹世叔之妹曹丰生对《七诫》不同意，写书反驳。永初七年（113年）正月，班昭之子曹成出任陈留郡长垣长（今河南长垣县），班昭随其子到长垣就职。进入长垣后，班昭追忆先贤，触景生情，仿班彪《北征赋》写成《东征赋》。班昭享年七十多岁，邓太后身穿素服哀悼，并派使者监办班昭丧事。

班昭的成就大概与她的家庭有着密切的关系，其父、兄对她的成长有着很重要的熏陶和影响。从她接替哥哥班固续写《汉书》这件事情上看得出，她博学多闻，才高八斗，其才华可以与李清照相媲美。班昭不仅才华横溢，而且恪守妇道，忠君爱国，一片赤诚之心，乃古今才女之集大成。从她提倡女子"三从四德"观念，乃至写《女诫》禁锢女子思想和自由，她的思想就是强调"男尊女卑"，女子无条件服从，贤良持家、相夫教子。这些思想在现代看来太过于奢侈、保守，但在当时不失为一种美德。

蔡文姬

蔡文姬，生卒年不详，名琰，原字昭姬，晋时因避司马昭讳，改字文姬，东汉陈留圉(今河南开封杞县)人，东汉大文学家蔡邕之女，汉末三国文学家，精于天文、数理，博学能文，善诗赋，兼长辩才与音律。代表作《胡笳十八拍》《悲愤诗》等。

蔡文姬父亲蔡邕是当时的一代文宗，精于天文、地理，妙解音律，是曹操老师。文姬博学多才，她6岁时听父亲在大厅弹琴，隔着墙壁就听出父亲第一根弦弹断的声音。其父惊讶之余，故意将第四根弦弄断，居然又被她指出。长大后她更是琴艺超群。蔡文姬自小耳濡目染，从小以班昭为榜样，留心典籍、博览经史。并有志与父亲一起续修汉书，青史留名。

曹操羡慕蔡文姬家中的藏书。蔡文姬告诉他原来家中所藏的四千卷书，几经战乱，已全部遗失，曹操流露出深深失望，听到蔡文姬还能背出四百篇时，大喜，于是蔡文姬凭记忆默写出四百篇文章，无一贻误。蔡文姬第一次出嫁，远嫁河东卫家，她丈夫卫仲道是出色的士子，可惜好景不长，不到一年，卫仲道因咯血而死。两人无子女，蔡文姬遭卫家嫌弃，认为她"克死丈夫"。年少气盛、心高气傲的蔡文姬，不顾父亲反对，愤而回家。

董卓死后，李傕、郭汜等人攻占长安，军阀混战终于形成。羌胡番兵乘机掳掠中原一带，“中土人脆弱，来兵皆胡羌，纵猎围城邑，所向悉破亡。马边悬男头，马后载妇女，长驱入朔漠，回路险且阻”。蔡文姬与许多被掳的妇女，被带到南匈奴。十二年中，她嫁给虎背熊腰的匈奴左贤王，饱尝异族异乡异俗生活的痛苦。她为左贤王生下两个儿子，并且学会了吹奏“胡笳”。

196 年，曹操基本扫平北方，把汉献帝迎到许昌。曹操当上丞相，挟天子以令诸侯。当他得知蔡邕女儿被劫持到南匈奴时，他立即派周近做使者，携带黄金千两，白璧一双，要把她赎回来。蔡文姬在周近的卫护下回到故乡陈留郡，但到处都是断壁残垣，已无栖身之所，在曹操的安排下，她嫁给了田校尉董祀，这年她三十五岁。后董祀犯死罪，蔡文姬去找曹操给董祀求情。时曹操正在宴请公卿，对宾客说：“蔡邕女儿在外，今天让大家见见。”蔡琰披散头发光着脚，叩头请罪，满堂宾客都为之动容。曹操说：“降罪文书已经发出，怎么办？”蔡文姬说：“你马厩里的好马成千上万，勇猛士卒不可胜数，还吝惜一匹快马来拯救一条垂死的生命吗？”曹操被蔡文姬感动，赦免董祀。蔡琰回家伤感悲愤作《悲愤诗》二首。此后再无蔡文姬的记载，卒年不详。

蔡文姬是汉朝最后一个集大成的才女，他的成就跟班昭一样，是受了家庭的影响，因为她是蔡邕之女。然而，他的悲剧也是跟王昭君一样当了匈奴王的妻子，二人都有着同样被迫嫁给匈奴人。但是蔡文姬比王昭君更幸运，能够在有生之年回到中土。蔡文姬才华横溢，琴棋书画样样通,尤其对音律的造诣颇深。但是她的命运充满悲剧、坎坷,上半生婚姻不幸,下辈子好不容易嫁了个汉人,却又被曹操定罪,忧心忡忡,忧郁而死。

晋篇

谢道韫

谢道韫，生卒年不详，字令姜，东晋女诗人，宰相谢安侄女，安西将军谢奕之女，书法家王羲之儿子王凝之的妻子。

谢道韫的事迹不详，其中著名的故事都记载在《世说新语》中，谢安在一个雪天和子侄们讨论用何物比喻飞雪，谢安侄子谢朗说道"撒盐空中差可拟"，谢道韫则说"未若柳絮因风起"，其比喻精妙受到众人称许。因为这个故事，她与汉代班昭、蔡琰等人成为中国古代才女代表，"咏絮之才"成为后来称许才女的常用成语，事迹亦为《三字经》"蔡文姬，能辨琴。谢道韫，能咏吟"提及。

谢道韫出身名门，系东晋安西将军谢奕之长女，宰相谢安侄女，谢氏家族才女。自幼受良好教育。一次叔父谢安问她："《毛诗》中何句最佳？"谢道韫答道："《诗经》三百篇，莫若《大雅·嵩高篇》云，吉甫作颂，穆如清风山甫永怀，以慰其心。"谢安大赞其雅致。谢安颇为谢道韫婚事操心。魏晋时代，谢氏与王氏是两大望族，有"王谢共天下"的说法。出于门当户对考虑，谢安在王羲之的儿子当中物色侄女婿。最先看中王徽之，但谢安听说此人不拘小节，遂改变初衷，将谢道韫许配给王凝之。

王凝之是王羲之次子，善草书、隶书，先后出任江州刺史、左将军、会稽内史，却信五斗米道，平时踏星步斗，拜神起乩。道韫嫁王凝之为妻，婚姻并不幸福。婚后不久，谢道韫回到娘家，整天闷闷不乐。谢安感到奇怪问道："王郎，是逸少之子，不是庸才，你为什么不开心？"谢道韫回答："谢家一族中，叔父辈有谢安、谢据，兄弟中有谢韶、谢朗、谢玄、谢渊，个个都很出色，没想到天地间，还有王郎这样的人！"封是指谢韶，胡是谢朗，羯是谢玄，末是谢川，都是谢家兄弟小字。言下之意是，这个丈夫让她失望。谢道韫抱怨说谢家兄弟都这么有名气，为何单出王凝之这个蠢材呢！

谢道韫在王家过了数十年，东晋王朝气数已尽，孙恩、卢循起义爆发了。当时任会稽内史的王凝之已迷恋上道教，面对强敌进犯，不积极备战，而是闭门祈祷道祖能保佑百姓不遭涂炭。谢道韫劝谏丈夫几次，王凝之一概不理，谢道韫亲自招募数百家丁天天加以训练。孙恩大军长驱直入冲进会稽城，王凝之及其子女都被杀。谢道韫目睹丈夫和儿女蒙难惨状，手持兵器带着家中女眷奋起杀贼，但终因寡不敌众被俘，当时她还抱着只有三岁的外孙刘涛。她对孙恩厉声道："大人们的事，跟孩子无关，要杀他，就先杀我。"孙恩此前听说过谢道韫是位才华出众的女子，今日又见她如此毫不畏惧，顿生敬仰之情，非但没有杀死她的外孙刘涛，还派人将他们送回会稽。从此谢道韫寡居会稽，足不出户打理本府内务，闲暇时写诗，过着隐士生活。孙恩之乱平定不久，新任会稽郡守刘柳前来拜访谢道韫。事后，刘柳逢人就夸奖谢道韫说："内史夫人风致高远，词理无滞，诚挚感人，一席谈论，受惠无穷。”孙恩之乱，丈夫王凝之为会稽内史，守备不力，逃出被杀，谢道韫后半生写了不少诗文，汇编成集，流传后世。王凝之死后，谢道韫在会稽独居，终生未改嫁。

谢道韫出身名门望族是她的幸运，但同时生在乱世又是她的悲哀。她和王凝之从婚姻上来看，可谓完美，一是门当户对，二是这是一对才子佳人的结合。然而，如此完美的婚姻却不幸福，我想主要原因有多方面，这是一场政治联姻，东晋的两大士族谢安家族、王羲之家族才是最为门当户对的，另外谢道韫和王凝之的婚姻是一场没有爱情基础的婚姻，除此之外，谢道韫与婆家关系处得不好，谢道韫的身上有着太多反封建、反礼教的个性。她崇尚自由，特立独行，看不惯庸才，所以，她与王家的联姻注定是个悲剧。但是谢道韫的却是魏晋南北朝唯一集大成的才女，她因“咏絮之才”名扬千古。

上官婉儿

上官婉儿,复姓上官,小字婉儿,又称上官昭容,陕州陕人,唐代女官、诗人、皇妃。生活在公元664年到公元710年。上官婉儿是西汉上官桀、上官安、上官期祖孙三代后裔,唐高宗宰相上官仪孙女,曾祖父上官弘曾在隋朝时任江都宫福监,高祖父上官贤官至北周幽州太守。

公元664年,上官仪因替高宗起草废武则天的诏书,被武则天所杀,刚出生的上官婉儿与母亲郑氏同被配没掖廷。在掖廷为奴期间,在其母精心培养下,上官婉儿熟读诗书,不仅能吟诗着文,而且明达吏事,聪敏异常。公元677年,武则天召见年仅十四岁的上官婉儿,当场出题考较。上官婉儿文不加点,须臾而成,且文意通畅,辞藻华丽,语言优美,真好像夙构而成。武则天大悦,即下令免其奴婢身份,让其掌管宫中诏命。十四岁时因聪慧善文为武则天重用,掌管宫中制诰多年,有“巾帼宰相”之名。

武则天称帝,诏敕多出其手者,时称“内舍人”。不久,上官婉儿因违忤旨意,罪犯死刑,但武则天惜才而特予赦免,只是处以黥面。

以后上官婉儿遂精心伺奉，曲意迎合，更得武则天欢心。从公元696年开始，又让其处理百司奏表，参决政务，权势日盛。公元705年，张柬之等拥护李唐宗室大臣发动神龙政变，武则天被迫退位。神龙政变后，唐中宗复辟，又令上官婉儿专掌起草诏令，深得信任，又拜为昭容，封其母郑氏为沛国夫人。

上官婉儿与韦皇后、安乐公主往来，韦皇后上表请求规定全国士民百姓一律为被父亲休弃的母亲服丧三年。又请求规定天下百姓二十三岁才算成丁，到五十九年免除劳役，改易制度，用来收取人心民望，李显都准许。上官婉儿又向韦皇后推荐武三思，将武三思领进宫中，李显开始与武三思商议政事，张柬之等人从此受武三思遏制。不久，武三思依靠韦皇后和安乐公主等人支持，相继设计贬杀张柬之、桓彦范、敬晖、袁恕己和崔玄暐等五王，权倾人主，不可一世。上官婉儿又与其私通，并在所草诏令中，经常推崇武氏排抑皇家，致使太子李重俊气愤不已。

公元707年，李重俊与左羽林大将军李多祚等，矫诏发羽林军三百余人，杀武三思、武崇训于其府第，并诛其亲党十余人，又引兵从肃章门斩关而入，叩击阁门而搜捕上官婉儿。上官婉儿急忙逃至李显和韦皇后处，并扬言说："观太子之意，是先杀上官婉儿，然后再依次捕弑皇后和陛下。"李显和韦皇后一时大怒，遂带着上官婉儿和安乐公主登上玄武门躲避兵锋，令右羽林大将军刘景仁率飞骑二千余人，屯太极殿前，闭门自守。李重俊兵败被杀。上官婉儿曾四次向中宗进谏，反对立安乐公主为皇太女，从检举揭发，到辞官不做，再到削发为尼，都没得到唐中宗准许，最后以死相谏，喝毒药后，太医紧急救治，才得以保命。

上官婉儿深得李显、韦皇后信任，专秉内政，祖父一案被平反，上官仪追赠中书令、秦州都督、楚国公，上官庭芝追赠黄门侍郎、岐州刺史、天水郡公。此后，上官婉儿经常劝说李显，大量设置昭文馆学士，广召当朝词学之臣，多次赐宴游乐，赋诗唱和。每次都同时代替李显和韦皇后和安乐公主，数首并作，诗句优美，时人大多传诵唱和。对大臣所作之诗，李显又令她进行评定，名列第一者，常赏赐金爵，贵重无比。因此，朝廷内外，吟诗作赋，靡然成风。上官婉儿酷爱藏书，藏书万余卷，所藏之书均以香薰之。

百年之后，其书流落民间，依然芳香扑鼻且无虫蛀。其母郑氏去世后追谥为节义夫人，婉儿上表将自己的品级降为婕妤以示哀悼，不久之后恢复。李显派人在上官婉儿居地穿池筑岩，穷极雕饰，常引大臣宴乐其中。当时，宫禁宽疏，允许宫内官员任意出入。上官婉儿遂与一些宫官在宫外购筑宅第，经常与他们交接往来，有的人因此而求得高官要职。中书侍郎崔湜就是因与上官婉儿在外宅私通，后被引以为相的。不久，崔湜又在主持铨选时，多有违失，被御史李尚隐弹劾，以罪被贬外州司马；因上官婉儿和安乐公主为其申理，仍官复原职。

公元710年，太平公主势力日盛，上官婉儿依附太平公主。六月，李显突然驾崩，韦皇后将台阁政职、内外兵马大权以及中央禁军等全部安排自己的党羽和族人，朝政大权尽落韦氏之手。上官婉儿与太平公主起草了一份遗诏，立李重茂为皇太子，李旦辅政，韦皇后为皇太后摄政，以平衡各方势力，然而宰相宗楚客、韦温更改诏书，劝韦后效仿武则天。临淄王李隆基与太平公主商议，决定先下手为强。于是7月21日李隆基发动唐隆之变，派禁军官兵攻入宫中，杀死韦后、安乐公主及所有韦后一党，拥立其父李旦。上官婉儿执烛率宫人迎接，并把她与太平公主所拟遗诏拿给刘幽求观看，以证明自己是和李唐宗室站在一起的，刘幽求拿着遗诏求李隆基开恩，但李隆基不许，杀上官婉儿于旗下。葬于雍州咸阳县茂道乡洪渎原，太平公主非常哀伤，派人去吊祭，并出钱五百匹绢。

公元711年，复封为昭容，谥号惠文。开元初年，李隆基派人将上官婉儿的诗作收集起来，编成文集二十卷，令张说作序。据张说所著《唐昭容上官氏文集序》，结合墓志内容，应该是太平公主上表请求编集文集。此集今佚，《全唐诗》仅收其遗诗三十二首。

古语有言，女子无才便是德，女人的淫乱可能比男人的好色更加让人不能忍受。上官婉儿出生在盛唐时期，她是武则天、韦皇后、安乐公主、太平公主、临淄王李隆基等人的政治牺牲品。武则天统治时期可以说既有功也有过，她的功在于将唐朝推向了盛世，成为后来“开元盛世”的奠基人，她的过在于她违背了妇德、人伦，不该残害自己的子女，不该与众人乱伦，宠养男宠，败坏纲常，女人称帝古未有之。

上官婉儿跟武则天同为女人，加上她的才情，所以成为武则天的得力助手，私人秘书，因此而卷入到唐初政坛的风波当中，乃至丧命。武则天时期的盛世，跟上官婉儿的竭力扶持是密不可分的，然后她跟武则天是一样的，也是一个不顾妇道、人伦的人，为了自己的政治目的不择手段，甚至多次与人私通、淫乱。她和武则天一样，绝对是功大于过，个人的道德败坏跟天下太平比起来，孰轻孰重，老百姓和后人心里都有一杆秤。上官婉儿不仅有才华，是一位才女，能被唐中宗封为“昭容”，想必她的容颜也是很美丽的。但她这一生，为了自己的政治目的，而不择手段，最后也因政治而死，这是她的悲哀所在。

薛　涛

薛涛，字洪度。长安（今陕西西安）人。生活在约公元768年到公元832年。16岁入乐籍，与韦皋，元稹有过恋情，薛涛制作桃红色小笺来写诗，称“薛涛笺”。脱乐籍后终身未嫁。薛涛与刘采春、鱼玄机、李冶，并称唐朝四大女诗人。卓文君、薛涛、花蕊夫人、黄娥并称蜀中四大才女。流传至今诗作有九十余首。

薛涛的父亲薛郧学识渊博，把唯一的女儿视为掌上明珠，从小教她读书、写诗。薛涛八岁那年，薛郧在庭院里梧桐树下歇凉，他忽有所悟，吟诵道：“庭除一古桐，耸干入云中。”薛涛随口续上父亲薛勋的诗：“枝迎南北鸟，叶送往来风。”那年，薛涛不过八九岁。薛郧为人正直，得罪了权贵被贬谪四川，一家人跋山涉水搬到成都。没几年，他因为出使南诏沾染瘴疠命丧黄泉。那时薛涛年仅14岁。薛涛不得已，凭借“容姿既丽”和“通音律，善辩慧，工诗赋”，在16岁加入乐籍，成了一名营妓。

那时官员都是科举出身，文化不低，让他们看上眼的不多，身在消遣场中的薛涛，与当时许多著名诗人都有来往，不乏白居易、张籍、王建、刘禹锡、杜牧、张祜这样的诗坛领袖。薛涛作诗五百多首，这些诗大多散失，流传至今仅存九十余首，令人惋惜。贞元元年（785年），中书令韦皋出任西川节度使。一次酒宴中，韦皋让薛涛即席赋诗，薛涛提笔而就《谒巫山庙》，诗中写道："朝朝夜夜阳台下，为雨为云楚国亡；惆怅庙前多少柳，春来空斗画眉长。"韦皋看罢，拍案叫绝。一首诗让薛涛声名鹊起，从此府中每有盛宴，薛涛成为侍宴不二人选，成了韦皋的红人。

韦皋让她参与一些案牍工作，韦皋感觉大材小用，他向朝廷打报告，为薛涛申请作"校书郎"（一说武元衡所奏）。"校书郎"主要工作是公文撰写和典校藏书，虽然官阶为从九品，但工作门槛高，只有进士出身才有资格担当此职，大诗人白居易、王昌龄、李商隐、杜牧等都担任过此职，史上还没有一个女子担任过"校书郎"。薛涛大红大紫，有些恃宠而骄。来四川的官员为了求见韦皋，多走薛涛后门，纷纷给她送礼行贿，而薛涛"性亦狂逸"，收下的每一文全部上交。她的这一行为，让韦皋不满，一怒下，将她发配松州（今四川松潘县），以示惩罚。松州人烟稀少，兵荒马乱，走在荒凉的路上，薛涛内心非常恐惧。写诗："闻道边城苦，而今到始知。却将门下曲，唱与陇头儿。"她后悔自己的轻率与张扬，将那种感触诉诸笔端，写下动人的《十离诗》。《十离诗》送到韦皋手上，他的心软了，一纸命令，又将薛涛召回成都。这次磨难，薛涛脱去乐籍，成为一个自由身，寓居成都西郊浣花溪畔，院子里种满枇杷花。那年，她20岁。

元和四年（809年）三月，如日中天的诗人元稹以监察御史的身份，奉命出使地方。他久闻薛涛芳名，到蜀地后，约她在梓州相见。与元稹一见面，就被这位年仅31岁的年轻诗人俊朗的外貌和才情吸引。薛涛的爱情之火再次燃烧，她满怀真情地写下《池上双鸟》。迟来的爱情让薛涛感受到从未有过的幸福，两人流连锦江，相伴蜀山。那段时光是薛涛一生最快活的日子。7月，元稹调离川地，任职洛阳。她就收到了元稹的书信，寄托深情。才子多花心，薛涛对他的思念有增无减，朝思暮想，满怀幽怨与渴盼，汇聚成流传千古的名诗《春望词》。

元稹没回来，两人年龄差距过大，相差整整11岁。另外薛涛乐籍出身，一个风尘女子，对元稹的仕途没有太大帮助。这些，薛涛也能想明白，不后悔。从此她脱下喜爱的红裙，换上一袭灰色道袍，她的情绪走到了低谷，隐居浣花溪，给自己找了一块隐居之地。大和六年(832年)夏，薛涛闭上了双眼。第二年，曾任宰相的段文昌为她亲手题写了墓志铭，墓碑上写着“西川女校书薛涛洪度之墓”。

后人对薛涛的争议很大，我想有几方面原因，首先是发明了“薛涛纸”，一种她独创的造纸术，另外就是她的才华和风韵，还有其坎坷的人生。她年幼丧父，迫于生计才当了歌妓，但世俗的眼光对她的影响很大。她的初恋韦皋自私地将她发配到了蛮荒之地，没有丝毫的同情和怜悯，这对她的打击很大。分手后，好不容易遇到了元稹，没想到元稹又是第二个势利眼，抛弃了薛涛。薛涛已然对人生很失望，没有了任何的念想，于是她开始隐居，封闭自己，将自己的感情封死，就这样在绝望和孤独中离开了人世。薛涛出生在晚唐，社会政治腐败，朝政衰落，对她的人生观也会产生一些影响。薛涛的一生在物质上是清贫的，在爱情上也是失败的，唯一的成就只有她的诗文，她通过一首首炙脍人口的佳作向后人诉说了她的情怀。

鱼玄机

鱼玄机，晚唐诗人，长安（今陕西西安）人。初名鱼幼微，字蕙兰。生卒年不详。与文学家温庭筠为忘年交，唱和甚多。后被京兆尹温璋以打死婢女之罪名处死。性聪慧，有才思，好读书，尤工诗。与李冶、薛涛、刘采春并称唐代四大女诗人。其诗作现存五十首，收于《全唐诗》。

唐会昌四年（844年）出生于鄠杜，起名鱼幼微。约唐宣宗大中三年（849年）迁下邽就学。约唐宣宗大中八年（854年）返回鄠杜，与温庭筠相识。约十岁，鱼幼微作《卖残牡丹》，温庭筠作《题鄠杜郊居》《春尽与友人入裴氏林探渔竿》。温庭筠落第上千言出任方山尉。11岁的鱼幼微作《早秋》，温庭筠作《早秋山居》相和。大中十二年春（858年）李亿状元及第，崇真观题诗，与李亿相识，14岁的鱼玄机嫁给了李亿。大中十二年，温庭筠作《晚坐寄友人》，鱼幼微作《冬夜寄温飞卿》相和。大中十三年（859年）秋，鱼幼微作《感怀寄人》，庭筠以《鄠郊别墅寄所知》相和。幼微再作《闻李端公垂钓回寄赠》《赠邻女》相赠。十三年冬（859年），前往江陵，在路上作《春情寄子安》。

咸通元年（860年），16岁的鱼玄机寻亲江陵，该年秋作《江陵愁望寄子安》《隔汉江寄子安》《次韵西邻新居兼乞酒》《寄子安》《酬李学士寄簟》。又作《寄飞卿》求助，温庭筠寄《初秋寄友人》，鱼幼微作《和友人次韵》相和。九月九日重阳日在荆州，等候温庭筠作《重阳阻雨》《期友人阻雨不至》。咸通二年春（861年），17岁的鱼玄机作《赋得江边柳（一作临江树）》《情书（一作书情寄李子安）》《暮春有感寄友人》。咸通二年（861年）年秋，幼微决定东游。温庭筠作《送人东游》，幼微作《送别》相和。船行长江作《江行》《过鄂州（今武昌）》。在武昌上岸作《遣怀》《夏日山居》《题隐雾亭》《寄国香》。温庭筠作《寄山中友人》，鱼幼微作《和人次韵》相和，温庭筠作《寄山中人》再和。寻亲不成，幼微入道作《访赵炼师不遇》《寄题炼师》《题任处士创资福寺》。

咸通三年（862年）春，幼微返回长安，作《暮春即事》。此时先后收到温庭筠所寄《渚宫晚春寄秦地友人》，《西江贻钓叟骞生（一作西江寄友人骞生）》。遂作《和友人次韵》。咸通四年（863年）在昭义节度府任职。咸通八年（867年）辞职回长安作《酬李郢夏日钓鱼回见示》。秋，适逢李亿来长安，作《左名场自泽州至京，使人传语》《迎李近仁员外》。咸通九年（868年）春，委托温庭筠送李亿回府，温作《送李亿东归》。在咸宜观中作《和新及第悼亡诗二首》，温庭筠作《和友人悼亡（一作丧歌姬）》相和。又作《代人悼亡》，温庭筠作《和友人伤歌姬》相和。随后因“诗文候教”被改名鱼玄机，继而因妒杀女婢绿翘被捕入狱作《狱中作》。获救出狱后，改名虞有贤或鱼又玄。咸通十年（869年）初春，25岁的鱼玄机作《送卧云道士》，从此隐居虢州（今河南灵宝地区）苦读诗书。咸通十二年（871年），27岁鱼玄机被京兆温璋判杀。

鱼玄机在中国历史上并无正史对她的记载，因此生平事迹极度欠缺，但并不能因此而否定她的文学成就。她的事迹多为野史传颂，这里只是根据她的作品年表推测她的生平。她天资聪慧，10岁的时候就和大诗人温庭筠成为忘年交，在创作中多与温庭筠酬唱，成就非凡。但是她的一生终究有遗憾，没能邂逅自己的爱情，25岁就隐居，通过《送卧云道士》一诗，从中可看出她已经看破红尘，有心归道。鱼玄机孤零一生，身无长物，无奈感叹“易求无价宝，难得有心郎”，可见她对爱情的绝望。她因打死婢女绿翘，被京兆尹判处死刑，并暴尸荒野，她的一生充满了悲凉和凄楚，令人惋惜。

李 冶

李冶，字季兰，乌程（今浙江吴兴）人，生年不详，卒年为公元784年。女道士，中唐诗坛享有盛名的女诗人。晚年被召入宫，公元784年，因曾上诗叛将朱泚，被唐德宗下令乱棒扑杀之。李冶的诗以五言擅长，多酬赠遣怀之作。宋人陈振孙录《李季兰集》一卷，今已失传，仅存诗十六首。

李冶容貌俊美，天赋极高，从小显露诗才，六岁那年，写下一首咏蔷薇诗："经时未架却，心绪乱纵横。""架却"，谐音"嫁却"父亲认为此诗不祥，小小年纪就知道待嫁女子心绪乱，长大后恐为失行妇人。而这一不幸被他父亲言中。

成年后出家为女道士的她依然神情潇洒，专心翰墨，生性浪漫，爱作雅谑，加她善弹琴，尤工格律。当时的知名作家陆羽和释皎然均同她意甚相得，著名诗人刘长卿与她有密切联系。她还与朱放、韩揆、阎伯钧、萧叔子等情投意合。她的《寄朱放》《送阎二十六赴剡县》等诗一扫女性作家羞涩之态，坦然男女社交，其后千年历史都是罕见的。

朝天宝年间，唐玄宗闻知她的诗才，特召她入宫，那时，她已进入暮年，正栖身著名花都广陵。接旨后，只得应命北上。她有七律《恩命追入留别广陵故人》，《四库全书总目提要》以为“其详词意，不类冶作”，似乎缺乏根据。

李冶诗以五言擅长，多酬赠谴怀之作。刘长卿对她的诗极其赞赏，称她为“女中诗豪”。高仲武评论说：“士有百行，女唯四德。季兰则不然。形器既雄，诗意亦荡。自鲍照以下，罕有其伦。”又说她“上比班姬（婕妤）则不足，下比韩英（兰英）则有余。不以迟暮，亦一俊妪。”她与薛涛、鱼玄机、刘采春一起，被人称为“唐代四大女诗人”。清人汪如藻在修编《四库全书》时进献给乾隆皇帝的藏书中也有《薛涛李冶诗集》二卷。

唐朝的才女接二连三地遁入空门，不为尼姑就为道姑，我想这除了他们看破红尘外，可能还跟唐朝社会崇尚道教文化的风气有关系。李冶跟鱼玄机一样，自幼聪慧，成就非凡，但是他和鱼玄机的死都是悲剧。作为一个诗人不应该干政，作为一个女诗人更不应该干政，尤其是在古代那个男尊女卑的社会里，女人干政有伤风化。她因写诗批斗叛将朱泚，并上书皇帝，被唐德宗乱棒打死，一个皇帝对一个弱女子用乱棒之刑，可见皇帝当时对这个女人是切腹之恨。李冶的一生也充满坎坷，晚年以悲剧收场，但是她的文学成就依然屹立于中国历代才女名录。

五人篇

花蕊夫人

花蕊夫人，五代十国女诗人、后蜀后主孟昶妃子，姓徐（一说姓费），青城（今都江堰东南）人。生活在约公元886年到公元926年，蜀主孟昶封慧妃，赐号花蕊夫人。父耕，为唐眉州刺史，二女皆国色：长女为前蜀王建贤妃，称大徐妃；次女为王建淑妃，称小徐妃。幼能文，尤长于宫词，代表作《述国亡诗》。

宋太祖乾德二年（964年）十一月，宋太祖赵匡胤命忠武节度使王全斌率军六万向蜀地进攻，孟昶对花蕊夫人说："我父子以丰衣足食养士四十年，一旦遇敌，竟不能东向发一矢！"乾德三年（965年）元宵刚过，司空平章事李昊草表，孟昶自缚出城请降，自王全斌出兵之日算起，才六十六天后蜀灭亡，比起前蜀王衍被后唐所灭还快。花蕊夫人感慨万分，遂作诗：

君王城上竖降旗，妾在深宫哪得知？
十四万人齐解甲，更无一个是男儿！

孟昶、花蕊夫人一行三十三人被押赴汴梁，孟昶被封秦国公，封检校太师，兼中书令。宋太祖赵匡胤如此优待孟昶，只因他久闻花蕊夫人艳绝尘寰，欲思一见，又不便特行召见花蕊夫人，恐人议论。侍从家眷也一一赏赐，进宫谢恩就可见到花蕊夫人。那天谢恩，太祖格外留神，觉得她才至座前，便有香泽扑鼻，令人心醉，仔细端详，只觉得千娇百媚，难以言喻，等到花蕊夫人口称臣妾费氏见驾，愿皇上圣寿无疆时，那一片娇音，如莺簧百啭，呖呖可听，太祖被迷得神魂颠倒。七天后孟昶暴疾而终，年四十七岁，史家多认为是太祖毒死的。

太祖听到孟昶已死，辍朝五日，素服发表，赙赠布帛千匹，葬费尽由官给，追封为楚王。孟昶葬在洛阳，他的家属仍留汴京，少不得入宫谢恩。太祖见花蕊夫人全身缟素，愈显得明眸皓齿，玉骨珊珊，便乘此机会，把她留在宫中，通令侍宴。花蕊夫人此时此刻，身不由己，只得从命，饮酒中间，太祖知道花蕊夫人能诗，在蜀中时，曾作宫词百首，要她即席吟诗，以显才华，花蕊夫人吟道："初离蜀道心将碎，离恨绵绵，春日如年，马上时时闻杜鹃。三千宫女皆花貌，共斗婵娟，髻学朝天，今日谁知是谶言。"

自从孟昶暴病身亡，花蕊夫人被太祖威逼入宫，因为贪生，勉承雨露，虽承太祖宠冠六宫，心里总抛不下孟昶昔日恩情，亲手画了他的像，私自礼拜，不料被太祖撞见，只得谎称是张仙。可怜那些宫里妃嫔，听说供奉张仙可以得子，便都到夫人宫中照样画一幅，供奉起来，希望生皇子，从此富贵。不久，这张仙送子的画像，竟从宫禁中传出，连民间妇女要想生儿抱子，也画一轴张仙，香花顶礼，至今不衰。如此，孟昶九泉有知，也一定会感念花蕊夫人，后人咏此事："供灵诡说是神灵，一点痴情总不泯；千古艰难唯一死，伤心岂独息夫人。”

花蕊夫人后因介入宋廷权力之争，在立太子的问题上触犯了太祖弟弟光义的利益，一次打猎中被赵光义（后来的宋太宗）一箭射死。

花蕊夫人早年事迹不详，她跟杨贵妃一样在皇帝后宫被专宠，她跟杨贵妃有着相同的命运，都是不得好死。花蕊夫人在后蜀皇帝孟昶的后宫里享尽富贵，传说花蕊夫人喜欢芙蓉，后来孟昶下令在成都种满芙蓉，成都“蓉城”因此得名，可见孟昶宠幸花蕊夫人程度之深。花蕊夫人在后蜀后宫要风得风要雨得雨，除了她倾国倾城的容貌，从那首《述国亡诗》看得出，她的诗文才华也十分了得，因此她又是蜀中四大才女之一。她的命运在蜀亡后发生了转变，因为她的美丽，因为她的才华，她先后被赵匡胤兄弟轮番糟蹋，她只能苟且偷生。后来，却成为北宋初期政治的牺牲品，被宋太宗杀害致死。

周娥皇

周娥皇，生于公元936年，卒于公元965年，南唐司徒周宗长女，十九岁入宫为妃，得到李煜恩宠。建隆二年(961年)，李煜继位，册封周娥皇为国后。乾德二年(964年)，周娥皇病逝于瑶光殿，时年二十九岁，谥昭惠，葬于懿陵，史称大周后。

周娥皇貌美，元宗以其父为社稷元老，将其嫁给吴王李煜。建隆二年(961年)六月，元宗去世，李煜继位，册封其为国后(皇后)，并辟专房，恩爱有加。周娥皇“雪莹修容，纤眉范月”，她创造的“高髻纤裳”和“首翘鬓朵”等妆容，纤丽袅娜，使后宫争相效仿。周后精通音律，曾与后主雪夜畅饮，娥皇举杯请后主起舞，李煜说：“若要我起舞，除非你能为我新谱一曲。”娥皇随口吟唱，挥笔而就，写成《邀醉舞破》，又创作有乐谱《恨来迟破》，在南唐颇为流行。

《霓裳羽衣曲》是唐朝大曲中的法曲精品，至五代时，因兵乱失传。李煜曾搜寻到残谱，命宫廷乐师修缮，但不尽人意。周后考订旧谱谬误，增删调整，整理为新曲，并以琵琶弹奏，“清越可听”史舍人徐铉通晓乐律，就将新谱出示南唐乐师曹生，问：“法曲节奏柔缓，此曲旋律急促，是怎么回事？”曹生说：“旧谱确实较为缓慢，宫中有人改订过，新曲节奏急促，恐非吉兆。”后主喜音律，痴迷成性，以致荒废政事。监察御史张宪因此劝谏，李煜赏赐帛三十疋（匹），表彰他敢于直言，但并未因此停止对音律的嗜爱。

周娥皇通晓史书，精谙音律，采戏弈棋，莫不妙绝，尤工琵琶，曾为元宗弹奏琵琶以祝寿，元宗深为赞叹，赏赐以烧槽琵琶。曾创作乐曲《邀醉舞破》《恨来迟破》，并搜寻五代时已失传的《霓裳羽衣曲》，改订为新曲。周娥皇与后主感情甚笃，李煜曾为其创作《书琵琶背》《玉楼春·晚妆初了明肌雪》等诗词，及其去世，又作《昭惠周后诔》《挽辞》以纪念，为后世留下鲜明的文学形象。

乾德二年（964年），大周后生病，将年仅四岁的次子李仲宣置于别院抚养。十月，仲宣在佛像前玩耍，大琉璃灯为猫触落，幼子惊吓成疾，竟因此夭折。周后感伤不已，病情加重，李煜朝夕相伴左右，衣不解带，药必亲尝。周后虽病，但她常对后主说：“贱妾有幸嫁入宫门，至今已有十多年了，女子之荣，莫过于此。唯一的不足是幼子早夭，而我也即将远去，恐怕无法再报答您的恩情。”十一月，周后病危，料知时日无多，就取出元宗所赐烧槽琵琶和平日佩戴的约臂玉环，和后主作别。三天后，周后支撑着沐浴更衣，将含玉（玉蝉）放进口中，于瑶光殿与世长辞，时年二十九岁。乾德三年（965年）正月，葬于懿陵，谥号昭惠。周后英年早逝，后主哀痛不已，李煜遵从周后遗愿，将最爱的烧槽琵琶陪葬，又作《昭惠周后诔》《挽词》等悼念，以至于形销骨立、扶杖方能站立。

周娥皇是五代十国时期与花蕊夫人齐名的一代才女。她不仅琴棋书画样样通，而且造诣颇深，就连失传已久的古曲，她也能弥补残缺，将其弹奏出来。周娥皇出生在南唐贵族家庭，从小衣食无忧，无忧无虑，可以专心搞学问、爱好。后来因为政治联姻嫁到了皇家，做了李煜的妻子，但也算门当户对，才子配佳人，李煜也很爱她。后来，娥皇生病，病情加重，不仅是因为幼子夭折，还有一个原因，就是因为娥皇的妹妹周女英借探病为由，与自己的丈夫李煜有奸情，被娥皇发现后并未拆穿，痛定思痛，英年早逝，这个秘密已被周娥皇带走。

宋篇

李清照

李清照，号易安居士，齐州济南（今山东济南章丘区）人。生活在公元1084年到公元1155年，宋代女词人，婉约词派代表，有“千古第一才女”之称。

李清照生于一个爱好文学艺术的士大夫家庭。父亲李格非是济南历下人，进士出身，苏轼学生，官至提点刑狱、礼部员外郎。藏书甚富，善属文，工于辞章。现存于曲阜孔林思堂之东斋的北墙南起第一方石碣刻，上面写有：“提点刑狱、历下李格非，崇宁元年（1102年）正月二十八日率褐、过、迥、逅、远、迈，恭拜林冢下。”母亲是状元王拱宸孙女，很有文学修养。

李清照在这样一个文学氛围浓厚的家庭里，耳濡目染，家学熏陶，所以“自少年便有诗名，才力华赡，逼近前辈”。受到当时文坛名家、苏轼大弟子晁补之的大力称赞。朱弁《风月堂诗话》（卷上）说，李清照“善属文，于诗尤工，晁无咎多对士大夫称之”。《说郛》第四十六卷引《瑞桂堂暇录》称她“才高学博，近代鲜伦”。朱彧《萍洲可谈》别本卷中称扬她的“诗文典赡，无愧于古之作者”。

李清照少时随父亲生活在汴京，京都的繁华景象，激发了李清照的创作激情，除了作诗外，开始在词坛崭露头角，写出为后世广为传诵的著名辞章《如梦令》。此词一问世，便轰动整个京师，“当时文士莫不击节称赏，未有能道之者”。

宋徽宗建中靖国元年（1101年），李清照18岁，与21岁太学生赵明诚在汴京成婚。据李清照在《金石录后序》中云：“余建中辛巳，始归赵氏。”当时李清照之父做礼部员外郎，赵明诚之父做吏部侍郎，为政治联姻。李清照夫妇虽系“贵家子弟”，但因“赵、李族寒，素贫俭”，所以，在太学读书的赵明诚，当初一、十五告假回家与妻子团聚时，常先到当铺典质几件衣物换钱，然后买回他们所喜爱的果实，夫妇“相对展玩咀嚼”。

后两年，赵明诚进入仕途，虽有独立经济来源，但夫妇二人仍然过着俭朴的生活，且立下了“穷遐方绝域，尽天下古文奇字之志”。赵家藏书虽然汗牛充栋，可是对于李清照、赵明诚来说，却远远不够。他们便通过亲友故旧，想方设法，把朝廷馆阁收藏的罕见珍本秘籍借来“尽力传写，浸觉有味，不能自已”。遇有名人书画，三代奇器，更不惜“脱衣市易”。一次，有人拿一幅南唐画家徐熙的《牡丹图》求售，索钱20万文。他们留在家中玩赏两夜，爱不释手。但是，只好不舍地归还人家。为此，“夫妇相向惋怅者数日”。

宋徽宗崇宁元年（1102年）七月，其父李格非被列入元祐党籍，不得在京任职。其时被列党籍者17人，李格非名在第五，被罢提点京东路刑狱之职。九月，徽宗亲书元祐党人名单，刻石端礼门，共120人，李格非名列第二十六。同一年，赵挺之一路升迁，六月除尚书右丞,八月除尚书左丞。为救父于危难,李清照曾上诗赵挺之。被罢官后的李格非,只得携眷回到原籍明水。

朝廷党争愈演愈烈,李格非"元祐党人"的罪名竟株连到李清照身上。崇宁二年(1103年)九月庚寅诏禁元祐党人子弟居京;辛巳,诏:"宗室不得与元祐奸党子孙为婚姻。"崇宁三年(1104年),"夏,四月,甲辰朔,尚书省勘会党人子弟,不问有官无官,并令在外居住,不得擅自到阙下"。据此,李清照与赵明诚这对原本恩爱的夫妻,不仅面临被拆散的危险,而且偌大的汴京,已经没有李清照的立锥之地,她不得不只身离京回到原籍,去投奔先行被遣归的家人。

崇宁四年(1105年)暮春,赵挺之始除尚书右仆射兼中书侍郎。六月,"因与蔡京争权,屡陈其奸恶,且请去位避之",遂引疾乞罢右仆射。过半年,崇宁五年(1106年)二月,蔡京罢相,赵挺之复授尚书右仆射兼中书侍郎。同时,朝廷毁《元祐党人碑》,继而大赦天下,解除一切党人之禁,李格非等"并令吏部与监庙差遣",李清照也得以返归汴京与赵明诚团聚。宋徽宗大观元年(1107年)正月,蔡京复相,政治灾难又降到赵氏一家头上。三月,赵挺之被罢右仆射后五日病卒。卒后三日,即被蔡京诬陷。家属、亲戚在京者被捕入狱,因无事实,七月狱具,不久即获释。但赵挺之赠官却被追夺,其子的荫封之官亦因而丢失,赵家亦难以继续留居京师。李清照只好随赵氏一家回到青州私第,开始屏居乡里的生活。

李清照、赵明诚屏居青州,始于宋徽宗大观元年(1107年)秋。次年李清照25岁,命其室曰"归来堂",自号"易安居士"。归来堂,取义于陶渊明《归去来兮辞》。其时,曾对清照极为称赏的文学家晁补之与李清照之父同以党籍罢官归隐，自号“归来子”。晁补之在故乡缗城修“归去来园”，园中的堂、亭、轩皆以《归去来兮辞》中之词命名。李清照、赵明诚以“归来堂”名其书房，盖出于对晁补之仰慕，步其后而模仿之。《归去来兮辞》中有“倚南窗以寄傲，审容膝之易安”句，清照自号“易安居士”，当亦取其中之雅意。“归来堂”中，李清照与赵明诚虽然失掉昔日京师丞相府中的优裕生活，但却得到了居于乡里平静安宁的无限乐趣。他们相互支持，研文治学创作；他们节衣缩食，搜求金石古籍，在《金石录后序》中，李清照对此做了较为详尽地叙述。

政和四年（1114年）秋，赵明诚题“易安居士三十一岁之照”，云：“清丽其词，端庄其品，归去来兮，真堪偕隐。政和甲午新秋，德父题于归来堂。”政和七年（1117年），在李清照襄助下，赵明诚大体上完成《金石录》的写作。除自作序言外，还特请当时著名学者刘跂题写了一篇《后序》。史称，赵明诚撰《金石录》，李清照“亦笔削其间”。

宋徽宗宣和三年（1121年），李清照38岁。春、夏两季仍在青州。四月二十五、二十六日，赵明诚尝游仰天山水帘洞并题名刻洞内石壁。不久即知莱州。初，李清照未同行。至秋八月，清照由青州赴莱州。途经昌乐，宿于驿馆，作《蝶恋花·晚止昌乐馆寄姊妹》，表达对青州姊妹惜别之情。八月十日，清照到达莱州，又作《感怀》诗一首。诗前有小序云：宣和辛丑八月十日到莱，独坐一室，平生所见，皆不在目前。几上有礼韵，因信手开之，约以所开为韵作诗。偶得“子”字，因以为韵，作感怀诗云。

宣和七年（1125年），李清照42岁。赵明诚改守淄州。赵明诚曾得唐白居易所书《楞严经》与李清照共赏。宋钦宗靖康元年(1126年),李清照43岁,仍随赵明诚居淄州。是年,赵明诚因平定地方逃兵扰乱有功转一官。高宗建炎元年(1127年),李清照44岁。金人大举南侵,俘获宋徽宗、钦宗父子北去,史称"靖康之变",北宋朝廷崩溃。五月,康王赵构即位于南京应天府(今河南商丘),改元建炎,是为高宗。是年三月赵明诚因母亲死于江宁(今南京),南下奔丧。八月,起知江宁府,兼江东经制副使。北方局势愈来愈紧张,李清照着手整理遴选收藏准备南下:"既长物不能尽载,乃先去书之重大印本者,又去画之多幅者,又去古器之无款识者。后又去书之监本者,画之平常者,器之重大者屡减去载书十五车,至东海,连舻渡淮,又渡江,至建康。二月,青州兵变,杀郡守曾孝序,青州剩余书册被焚。"当李清照押运15车书籍器物,行至镇江时,正遇张遇陷镇江府,镇江守臣钱伯言弃城而去,李清照以其大智大勇在兵荒马乱中将这批稀世之宝于建炎二年(1128年)春押抵江宁府。

李清照至江宁后,雪日每登城远览以寻诗。以宋高宗为首的妥协投降派,借口时世危艰,拒绝主战派北进中原,一味言和苟安。李清照十分不满,屡写诗讽刺。建炎三年(1129年)二月,赵明诚罢守江宁。三月与李清照"具舟上芜湖,入姑孰,将卜居赣水上"。舟过乌江楚霸王自刎处,清照有感而作《绝句》以吊项羽。以项羽宁肯一死,引颈乌江以谢江东父老的壮烈史迹,对南宋统治者进行讽喻。五月,至池阳(今安徽贵池),赵明诚被旨知湖州。李清照在《金石录后序》中回忆说,赵明诚将"过阙上殿。遂驻家池阳,独赴召。六月十三日,始负担,舍舟坐岸上,葛衣岸巾,精神如虎,目光烂烂射人,望舟中告别。余意甚恶，呼曰：‘如传闻城中缓急奈何。’戟手遥应曰：‘从众。必不得已，先弃辎重，次衣被，次书册卷轴，次古器，独所谓宗器者，可自负抱，与身俱存亡，勿忘之。’遂驰马去”。不幸的是，由于途中感疾，赵明诚竟于八月十八日卒于建康。

赵明诚卒后，李清照为文祭之，文曰：“白日正中，叹庞翁之机捷；坚城自堕，怜杞妇之悲深。”葬毕赵明诚，李清照大病一场。当时国势日急，赵明诚妹婿李擢权兵部侍郎，从卫太后在洪州（今江西南昌）。为保存赵明诚所遗留文物书籍，李清照派人运送行李去投奔他。十一月，金人陷洪州，李清照只好携带少量轻便书帖典籍仓皇南逃。之后，李清照曾一度往依时任敕局删定官的弟弟李迒。这时传有密论列赵明诚者，有所谓“颁金”之语，李清照被迫以所有铜器等物追随帝踪，希图投进朝廷。颠沛流离中，所余文物又散失大半。

建炎四年（1130年）春，李清照追随帝踪流徙浙东一带。绍兴二年（1132年），李清照到达杭州。图书文物散失殆尽造成巨大痛苦，颠沛流离的逃亡生活使李清照陷入走投无路的绝境。孤独无依中，再嫁张汝舟。张汝舟早就觊觎她的珍贵收藏。当婚后发现李清照家中并无多少财物时，便大失所望，随即不断口角，进而谩骂，甚至拳脚相加。张汝舟的野蛮行径，使李清照难以容忍。后发现张汝舟还有营私舞弊、虚报举数、骗取官职的罪行。李清照便告发张汝舟，要求离婚。经查属实，张汝舟被除名编管柳州。李清照虽被获准离婚，但宋代法律规定，妻告夫要判处三年徒刑，故亦身陷囹圄。后经翰林学士綦崇礼等亲友大力营救，关押九日之后获释。

绍兴三年（1133年）五月，朝廷派同签书枢密院事韩肖胄、工部尚书胡松年出使金朝。李清照满怀激情地作古诗、律诗各一首为二公送行。诗中有“欲将血泪寄山河,去洒东山一抔土”之句,表达了反击侵略、收复失地的强烈愿望。绍兴四年(1134年),李清照完成《金石录后序》的写作。十月,避乱金华,写成《打马图经》并《序》,又作《打马赋》。在金华间,李清照曾作《武陵春》词,感叹辗转漂泊、无家可归的悲惨身世,表达对国破家亡和嫠妇生活的愁苦。又作《题八咏楼》诗,悲宋室之不振,慨江山之难守,其“江山留与后人愁”之句,堪称千古绝唱。绍兴十三年(1143年),李清照将赵明诚遗作《金石录》校勘整理,表进于朝。越十余年,约在绍兴二十五年(1155年),李清照怀着对死去亲人的思念和对故土难归的失望,在孤苦中悄然辞世,享年73岁。

李清照被后世誉为“千古第一才女”,实至名归,因为中国几千年来在学术上成就超过李清照的才女几乎没有。李清照出生在官宦之家,童年、少年、青年都生活得无忧无虑,工作之余可以和丈夫吟诗作对,只是到了中晚年,社稷沦丧,皇帝被掳,高宗难逃,一味求和的朝廷让她深感失望。正在国家危难之际,举家逃亡之时,丈夫又死去,一个女人饱受漂泊、逃亡之苦,本想嫁个男人从此有依靠,没想到这个男人又是居心叵测,更是饱受家暴之苦,被迫离婚,最后自身难逃牢狱之灾。国破家亡,相思成疾,李清照终在绝望和苦痛中与世长辞。李清照一生为了做学问、救国家四处奔走流亡,她是伟大的,这样的千古才女却生不逢时,遇人不淑实属不幸。

唐　婉

唐婉，字蕙仙，生卒年不详。南宋年间人。自幼聪慧，爱好诗文。唐婉是陆游的表妹、第一任妻子。陆家曾以一只精美的家传凤钗作信物，与唐家订亲。陆游十九岁（南宋绍兴十四年，1144年）与唐婉结合。才华横溢的唐婉与陆游亲密无间，引起陆母不满，陆游母亲认为女子无才便是德，再加上唐婉始终没有生育，更令陆母不悦。她为唐婉耽误了儿子的前程，遂命陆游休了唐婉。陆游夹在二人中间难以为人，另筑别院安置唐婉。

陆游母亲的嫂子即是唐婉母亲。陆游母亲尚未出嫁时，在娘家与嫂子关系不和，自然也不喜欢嫂子生的子女。当时风俗崇尚亲上加亲，因而唐婉还是过了门。唐婉生得漂亮，是当时小有名气的才女，陆游、唐婉婚后情爱弥深，沉醉于爱河中，功名利禄抛置九霄云外。新婚宴尔的陆游流连于温柔乡里，无暇顾及应试功课进仕为官。陆游母亲来到无量庵，请尼姑妙因为儿媳卜算命运。妙因一番掐算后，煞有介事地说："唐婉与陆游八字不合，先是予以误导，终必性命难保。"陆母闻言，惊魂未定，强令陆游将唐婉休弃。陆游心如刀绞，素来孝顺的他，面对态度坚决的母亲，暗自饮泣，别无他法命难违，二人虽难舍难分,终因婆媳关系不和而离婚,再无重逢之日。离婚后陆游娶王氏,很快生了孩子。唐家愤愤不平,觉得不把女儿嫁出去,颜面失尽。唐婉后由家人做主嫁给了皇家后裔同郡士人赵士程。

赵士程在当时有点名气,赵家是唐家世交,陆游文友,是陆游钦佩之人,因此他对唐婉也很同情。公元1155年,礼部会试失利后的陆游到沈园游玩,偶然邂逅了唐婉,两人百感交集。陆游感伤地在墙上题了一首《钗头凤》。1156年,唐婉再次到沈园瞥见陆游的题词,感慨万千,和了一阕《钗头凤》(世情薄)。同年秋,便抑郁而终。

关于唐婉的记载,正史上不多见,只因她与南宋大诗人陆游可歌可泣的爱情,从而千古传诵。南宋社会的风气是亲上加亲,近亲结婚,陆游、唐婉的婚姻失败后,陆、唐两家的关系也随之破裂,这是悲剧之一。悲剧之二,陆游、唐婉一对才子佳人是真心相爱,却因为陆游母亲的偏执而将两人活活拆散。陆游听从了母亲休了唐婉,对唐家和唐婉的打击很大,唐家为了挽回自己的颜面让女儿嫁给了自己不爱的男人赵士程。科场失利的陆游郁郁不得志,当他再见唐婉的时候已为人妇,他对唐婉除了内疚,就是同情和思念,唐婉被《钗头凤》里面的含义感动了,思念成疾,郁郁而终。

朱淑真

朱淑真，号幽栖居士，祖籍歙州（治今安徽歙县），《四库全书》定其为“浙中海宁人”，一说浙江钱塘（今浙江杭州）人。生活在约公元1135年到约公元1180年。宋代女诗人，留存作品最丰盛的女作家之一。生于官宦之家。夫为文法小吏，因志趣不合，夫妻不睦，抑郁早逝。淑真过世后，父母将其生前文稿付之一炬。生平不可考，素无定论。现存《断肠诗集》《断肠词》传世，为劫后余篇。

后人给朱淑真诗集作序，说她“嫁为市井民妻”，根据考证，她的丈夫不是普通百姓，而是一个小吏，朱淑真所不满的，并不是丈夫无财无势，而是才学不能相称，心灵无法沟通。婚后不久，她便因失望而发出抱怨：“鸥鹭鸳鸯作一池，须知羽翼不相依。东君不与花为主，何以休生连理枝？”

对于《生查子·元夕》词，作者究竟是欧阳修还是朱淑真，一直都存有争议。词的含义浅白易懂，写一个少女与情人约会。闺阁妇女自称：“月上柳梢头，人约黄昏后。”按那时说法，无疑就是邀人私奔之词，要比李清照被后人指责“闾巷荒淫之语，肆意落笔”来得严重。明代杨慎在《词品》里斥责朱淑真“不贞”。

朱淑真是在和丈夫离异后才另觅爱人，还是在无爱的婚姻中出轨，并无明确记载。但根据她在娘家的情况来看，她最后应该已经跟丈夫分居，纵使没有被正式休弃，不算“大归”，事实上已经离异。后考证其因与情人分手而“悒悒抱恨而终”，“其死也，不能葬骨于地下，如青冢之可吊”。有人据此猜测她又可能是投水自尽，死于湖中，尸骨都不能安葬。

南宋淳熙九年（1182年），魏仲恭将朱淑真残存作品辑录出版，并为之作序。序文开头说：“比在武陵，见旅邸中好事者往往传颂朱淑真词，每茄听之，清新婉丽，蓄思含情，能道人意中事，岂泛泛所能及？未尝不一唱而三叹也！”朱淑真的墓在杭州青芝坞。

朱淑真部分词作欣赏：

忆秦娥·正月初六日夜月

弯弯曲，新年新月钩寒玉。钩寒玉，凤鞋儿小，翠眉儿蹙。

闹蛾雪柳添妆束，烛龙火树争驰逐。争驰逐，元宵三五，不如初六。

浣溪沙·清明

春巷夭桃吐绛英，春衣初试薄罗轻。风和烟暖燕巢成。

小院湘帘闲不卷，曲房朱户闷长扃。恼人光景又清明。

生查子

寒食不多时，几日东风恶。无绪倦寻芳，闲却秋千索。

玉减翠裙交，病怯罗衣薄。不忍卷帘看，寂寞梨花落。

生查子

年年玉镜台，梅蕊宫妆困。今岁未还家，怕见江南信。酒从别后疏，泪向愁中尽。遥想楚云深，人远天涯近。

谒金门

春已半，触目此情无限。十二阑干闲倚遍，愁来天不管。

好是风和日暖，输与莺莺燕燕。满院落花帘不卷，断肠芳草远。

江城子

斜风细雨作春寒。对尊前，忆前欢，曾把梨花，寂寞泪阑干。芳草断烟南浦路，和别泪，看青山。昨宵结得梦夤缘。水云间，悄无言，争奈醒来，愁恨又依然。展转衾裯空懊恼，天易见，见伊难。

减字木兰花·春怨

独行独坐，独唱独酬还独卧。伫立伤神，无奈轻寒著摸人。

此情谁见，泪洗残妆无一半。愁病相仍，剔尽寒灯梦不成。

眼儿媚

迟迟春日弄轻柔，花径暗香流。清明过了，不堪回首，云锁朱楼。

午窗睡起莺声巧，何处唤春愁？绿杨影里，海棠亭畔，红杏梢头。

鹧鸪天

独倚阑干昼日长，纷纷蜂蝶斗轻狂。一天飞絮东风恶，满路桃花春水香。当此际，意偏长，萋萋芳草傍池塘。千钟尚欲偕春醉，幸有荼蘼与海棠。

清平乐·夏日游湖

恼烟撩露，留我须臾住。携手藕花湖上路，一霎黄梅细雨。

娇痴不怕人猜，和衣睡倒人怀。最是分携时候，归来懒傍妆台。

清平乐

风光紧急，三月俄三十。拟欲留连计无及，绿野烟愁露泣。倩谁寄语春宵，城头画鼓轻敲。缱绻临歧嘱付，来年早到梅梢。

点绛唇

黄鸟嘤嘤，晓来却听丁丁木。芳心已逐，泪眼倾珠斛。

见自无心，更调离情曲。鸳帏独。望休穷目，回首溪山绿。

点绛唇

风劲云浓，暮寒无奈侵罗幕。髻鬟斜掠，呵手梅妆薄。

少饮清欢，银烛花频落。恁萧索。春工已觉，点破香梅萼。

蝶恋花·送春

楼外垂杨千万缕，欲系青春，少住春还去。犹自风前飘柳絮，随春且看归何处。

绿满山川闻杜宇。便作无情，莫也愁人苦。把酒送春春不语，黄昏却下潇潇雨。

菩萨蛮

山亭水榭秋方半，凤帏寂寞无人伴。愁闷一番新，双蛾只旧颦。
起来临绣户，时有疏萤度。多谢月相怜，今宵不忍圆。

菩萨蛮·咏梅

湿云不渡溪桥冷，娥寒初破东风影。溪下水声长，一枝和月香。
人怜花似旧，花不知人瘦。独自倚阑干，夜深花正寒。

菩萨蛮·秋

秋声乍起梧桐落，蛩吟唧唧添萧索。欹枕背灯眠，月和残梦圆。
起来钩翠箔，何处寒砧作。独倚小阑干，逼人风露寒。

菩萨蛮·木樨

也无梅柳新标格，也无桃李妖娆色。一味恼人香，群花争敢当！
情知天上种，飘落深岩洞。不管月宫寒，将枝比并看。

朱淑真的生平依旧是个谜，正史多无记载，后人只能通过作品的思想去推测她的年限和经历。古代封建社会，男尊女卑，女子没有入官学考科举的机会，能够流传下来，算得上是集大成者。历来对朱淑真的褒贬不一，明代杨慎更是形容她“不贞”。

张玉娘

张玉娘，字若琼，自号一贞居士，处州松阳（今浙江丽水松阳县）人。生活在公元1250年到1277年，仅活了27周岁。后人将她与李清照、朱淑真、吴淑姬并称“宋代四大女词人”。

张玉娘出生在仕宦家庭，曾祖父是淳熙八年进士，祖父做过登士郎，父亲曾任过提举官。张玉娘自幼饱学，敏慧绝伦，诗词尤得体。张玉娘好舞文弄墨，擅长诗词，时人将她比作东汉曹大家班昭。她著有《兰雪集》两卷，留存诗词100余首，其中词只有16首，有人称之为李清照《漱玉集》后第一词集。

玉娘15岁时与她同庚的书生沈佺订婚，沈佺是宋徽宗时状元沈晦七世孙。沈、张两家有中表之亲，青梅竹马。订婚后，情投意合，互赠诗物。沈佺是个才思俊逸的士子，虽只有22岁，但顺利通过经、论、策三场考试进入殿试，高中榜眼，金榜题名。他的才思在京城一时传为佳话。据说，面试时，主考官问得沈佺是松阳人士，恰好这位主考到过松阳，于是考官拿松阳地名出了上联让沈佺对，上联是“筏铺铺筏下横堰”，才思敏捷的沈佺对出下联“水车车水上寮山”。对句工整，上联的“横堰”是地名，沈佺对的“寮山”也是地名，且都在松阳。

立时，众皆惊叹。考官又出了很多题，沈佺均对答如流，不落凡俗，一鸣惊人，称奇才。沈才子之名京城尽知，而天不佑人，他不幸得了伤寒，病入膏肓，玉娘得知沈佺是“积思于悒所致”，即寄书于沈佺，称“妾不偶于君，愿死以同穴也！”

此后，玉娘终日泪湿衫袖，父母心疼，想为她另择佳婿，玉娘悲伤地说：“妾所未亡者，为有二亲耳。”玉娘拒绝再婚，为沈佺守节，恹恹独守空楼，度过五年悲痛的日子。又一年元宵节，玉娘面对青灯，恍惚间见沈公子出现，对玉娘说希望您不要背弃盟约。语毕，人不见。玉娘悲痛欲绝，喃喃说道：“沈郎为何离我而去？”半月后，张玉娘受尽相思煎熬，终绝食而死。玉娘父母为女儿矢志忠贞的行为所感动，征得沈家同意，将玉娘与沈佺合葬于西郊枫林之地。月余，与她朝夕相处的侍女霜娥因悲痛“忧死”，另一名侍女紫娥也不愿独活，“自颈而殒”，玉娘生前畜养的鹦鹉也“悲鸣而降”。张家便把这“闺房三清”（即霜娥、紫娥和鹦鹉）陪葬在沈佺、玉娘的墓左右，这便是松阳有名的“鹦鹉冢”。时以班昭比之。然她才丰而运蹇，未尽其才，将婚而逝，事追“梁祝”。

张玉娘生前不幸，为情而死。她虽“情独钟于一人，而义足风于千载”，却鲜为人知；所著的《兰雪集》两卷，长期默默无闻。“历三百年后显于世。”直到明代成化、弘治年间，邑人王昭为之作传表彰，她的事迹才始显于世。清代顺治间，著名剧作家孟称舜任松阳教谕时，为其事迹所感动，为其诗词所折服。于是发动乡绅为张玉娘修墓扩祠，刊印《兰雪集》，并为她创作著名的35折传奇剧本《张玉娘闺房三清鹦鹉墓贞文记》。从此，玉娘的事迹和作品才得以流传。

张玉娘部分词作欣赏：

紫香囊

珍重天孙剪紫霞，沉香羞认旧繁华。

纫兰独抱灵均操，不带春风儿女花。

双燕离

白杨花发春正美，黄鹄帘低垂。燕子双去复双来，将雏成旧垒。秋风忽夜起，相呼渡江水。

风高江浪危，折散东西飞。红径紫陌芳情断，朱户琼窗侣梦违。憔悴卫佳人，年年愁独归。

古别离

把酒上河梁，送君灞陵道。去去不复返，古道生秋草。

迢递山河长，缥缈音书杳。愁结雨冥冥，情深天浩浩。

人云松菊荒，不言桃李好。淡泊罗衣裳，容颜萎枯槁。

不见镜中人，愁向镜中老。

《山之高》三章

山之高，月出小。月之小，何皎皎！我有所思在远道。一日不见兮，我心悄悄。

采苦采苦，于山之南。忡忡忧心，其何以堪！

汝心金石坚，我操冰雪洁。拟结百岁盟，忽成一朝别。朝云

暮雨心来去，千里相思共明月

玉蝴蝶

极目天空树远，春山蹙损，倚遍雕阑。翠竹参差声戛，环佩珊珊。雪肌香、荆山玉莹，蝉鬓乱、巫峡云寒。拭啼痕。镜光羞照，孤负青鸾。

何时星前月下，重将清冷，细与温存。蓟燕秋劲，沈郎应未整归鞍。数新鸿、欲传佳信，搁兔毫、难写悲酸。到黄昏，败荷疏雨，几度销魂。

川上女

川上女，行踽踽。翠鬓湿轻云，冰饥清溽暑。霞裾琼佩动春风，兰操蘋心常似缕。却恨征途轻薄儿，笑隔山花间妾期。妾情清澈川中水，朝暮风波无改时。

古别离

把酒上河梁，送君灞陵道。去去不复返，古道生秋草。
迢递山河长，缥缈音书杳。愁结雨冥冥，情深天浩浩。
人云松菊荒，不言桃李好。澹泊罗衣裳，容颜萎枯槁。
不见镜中人，愁向镜中老。

结袜子

闺中女儿兰蕙性,寒冰清澈秋霜莹。

感君恩重不胜情,容光自抱悲明镜。

《拜新月》二章

拜新月,拜月顾月圆。新月有圆时,人别何时见。

拜新月,拜月下庭除。欲祝心间事,未语先惨凄。

白雪曲

帘白明窗雪,风急寒威冽。欲起理冰弦,如疑指尖折。

霜帏眠不稳,愁重肠千结。闲看腊梅梢,埋没清尘绝。

捣衣曲

入夜砧声满四隣,一天霜月秋云轻。

自怜岁岁衣裁就,欲寄无因到远人。

明月引

明月度天飞,团团散清晖。中有后羿妻,窃药化蟾蜍。

碧海心如梦,澹澹生寒虚。关山一夜愁多少,照影令人添惨凄。

双燕离

白杨花发春正美,黄鹄帘垂低。燕子双去复双来,将雏成旧垒。秋风忽夜起,相呼度江水。风高江浪危,折散东西飞。红径紫陌芳情断，朱户琼窗旋梦违。憔悴卫佳人，年年愁独归。

采莲曲

女儿采莲拽画船，船拽水动波摇天。

春风笑隔荷花面，面对荷花更可怜。

写了那么多才子佳人的故事，大多数是以悲剧终结，如谢道韫与王凝之、陆游与唐琬等，但写到张玉娘与沈佺时，我的热血澎湃，证明人间还是有真情的，有真爱的。张玉娘与沈佺的爱情被后人誉为是“梁祝”第二，为此我深感欣慰。传说，张玉娘死后，与她朝夕相处的侍女霜娥因悲痛“忧死”，另一侍女紫娥也不愿独活，“自颈而殒”，玉娘生前畜养的鹦鹉也“悲鸣而降”。张家便把这“闺房三清”（即霜娥、紫娥和鹦鹉）陪葬在沈佺、玉娘的墓左右，这便是松阳有名的“鹦鹉冢”。虽然颇为传奇，充满神话色彩，但是可以看得出，张玉娘人品很好，对待下人很好，深得人心，侍女才愿意陪她去死。张玉娘跟朱淑真一样，之所以词作流传下来，多亏明清两代文人的帮忙，这是她之幸。

吴淑姬

吴淑姬，失其本名，浙江湖州人。生卒年均不详，约宋孝宗淳熙年间在世。父为秀才，家贫，貌美，慧而能诗词。有《阳春白雪词》五卷，《花庵词选》黄升以为佳处不减李易安。宋代四大才女之一。

吴淑姬出身穷苦，遭遇不幸，长期被当地恶少霸占，后来还被诬告与人偷情，被捕入狱。时审理此案的郡僚，知她是被冤枉的，对她的才华也有所耳闻。命令狱卒打开她身上的枷锁，令其赋诗。作《长相思令》：

烟霏霏，雪霏霏。雪向梅花枝上堆，春从何处回？醉眼开，睡眼开，疏影横斜安在哉？从教塞管催。

郡僚听后深受感动，不仅收藏了这词，第二天还告知了太守。太守王十朋兑现了自己的诺言，还了她自由。南宋人黄升在《唐宋诸贤绝妙词选》中收录其词作三首，并写有："淑姬，女流中黠慧者，有《阳春白雪》词五卷，佳处不减李易安。"其中"黠慧"二字，颇值得玩味。

后来一周姓土豪买了她，做自己的妾，名曰淑姬。

吴淑姬词作欣赏：

小重山

谢了荼蘼春事休。无多花片子，缀枝头。庭槐影碎被风揉，莺虽老，声尚带娇羞。

独自倚妆楼。一川烟草浪，衬云福。不如归去下帘钩。心儿小，难着许多愁。

惜分飞

岸柳依依拖金缕。是我朝来别处。惟有多情絮。故来衣上留人住。

两眼啼红空弹与。未见桃花又去。一片征帆举。断肠遥指苕溪路。

祝英台近·春恨

粉痕销，芳信断，好梦又无据。病酒无聊，攲枕听春雨。断肠曲曲屏山，温温沈水，都是旧、看承人处。

久离阻。应念一点芳心，闲愁知几许。偷照菱花，清瘦自羞觑。可堪梅子酸时，杨花飞絮，乱莺闹、催将春去。

吴淑姬是宋代四大才女中成就最小的一个，也是社会地位最低的一个。她虽然有些诗文才华，但是在封建社会，女子有才就是有伤风化，视为不贤。由于她出身贫苦，因此关于她的记载同样不多。女人本来是弱势群体，尤其是这样一个贫贱的女人，年纪轻轻就被恶少霸占，后来还被诬陷偷情，险些丧命，幸亏遇到仁厚的官吏，才保得一命。释放后，又被土豪买作小妾，继续被人消遣，吴淑姬一生命苦，充满悲剧色彩，作品传下来的也不多，好在后人知道了她这个才女。

黄　娥

黄娥(原作“峨”,后亦作“娥”),字秀眉,四川遂宁人。杨慎之妻,世称黄安人、黄夫人。生活在公元1498年到1569年,蜀中四大才女之一。

父亲黄珂官至尚书,自幼博通经史,能诗文,擅书札。黄珂是明成化年间进士,在后来的《明史》有传。黄娥母亲也是名门闺秀,黄娥从小饱读诗书,家庭教养好,加上她天资聪慧,很小就成了北京城有名的才女。黄娥21岁,正德十四年(1519年),父亲黄珂为她选中婆家,同朝重臣杨廷和家,把黄娥许配给了杨廷和儿子杨慎,也算门当户对,政治联姻。

正德十四年(1519年)与杨慎结婚不久,她的丈夫杨慎触怒嘉靖皇帝,撤职罢官,被嘉靖皇帝从北京城赶出来,谪戍云南永昌卫。原因是明武宗驾崩之后,没有子嗣,由堂弟朱厚熜继位大宝,朱厚熜就是有名的嘉靖皇帝。嘉靖皇帝是从堂兄手里接过皇帝宝座。不过,他面临一个巨大的尴尬,按照封建法统,世宗必须要拜武宗为“皇考”,就是堂弟要认堂兄为“皇考”,朱厚熜里面是不愿意的。朱厚熜个性强,于是把自己的父亲立为“睿宗”,祀太庙,在皇家法统上,他别出心裁地在宪宗和武宗之间，插入睿宗，排在武宗之前，事实上，这个“睿宗”完全是嘉靖皇帝杜撰出来的，虚假的皇家世袭表，杨慎生性正直，当然不会赞同，因此触怒嘉靖请皇帝。

杨慎谪守云南，长达30年之久，黄娥长期留居夫家新都县，管理家务。分别期间，以《寄外》诗闻名当世。又工于散曲，在明时已有刊本《杨升庵夫人词曲》5卷，又有《杨夫人乐府》，但其中多与杨慎《陶情乐府》所收者相混。近人将两人之作合编为《杨升庵夫妇散曲》，风格缠绵悲切，有“曲中李易安”之誉。黄娥与杨慎结合在中国文学史上是一段佳话，他们夫妻二人的诗词成就都很卓著。

作为封建知识分子，维护天下法统，是他们最重要的使命之一。所以，杨慎坚决反对皇帝的决定，不仅是口头反对，而且，联合不少大臣，频向嘉靖皇帝施压。开始，嘉靖皇帝底气不足，处处忍让。而杨慎等人没有见好就收，而是坚持斗争到底，终于激怒了嘉靖。丈夫被贬时，黄娥才26岁，这样的婚姻，黄娥没有放弃，她毅然带着家人，一路上护送丈夫杨慎去云南。杨慎的囚车，从通县下潞河上船。黄娥就赶到天津口，改乘大船，沿运河入长江，溯江而上。患难夫妻，风雨同舟，历尽了千辛万苦。

到湖北江陵，黄娥和杨慎就分开了，黄娥溯江而上，回到四川新都，居住在杨慎老家，杨慎则被押解，经湖南，过贵州，而至云南。黄娥仅仅过了五年夫妻生活，从此便和丈夫分居，整整三十年！嘉靖三十八年（1559年），黄娥老公杨慎客死异乡。黄娥听闻噩耗，悲痛万分，花甲之龄奔到了泸州，扶榇归里。当年生离，而今，竟成阴阳死别。

黄娥诗词欣赏：

闺中即事

金钗笑刺红窗纸，引入梅花一线香。蝼蚁也怜春色早，倒拖花瓣上东墙。

庭榴

移来西域种多奇，槛外绯花掩映时。不为秋深能结实，肯于夏半烂生姿。反嫌桃李开何早，独秉灵根放故迟。朵朵如霞明照眼，晚凉相对更相宜。

罗江怨·阁情

空庭月影，东方亮色。金鸡惊散枕边蝶。长亭十里，阳关三叠，相思相见何年月。泪流襟上血，愁穿心上结，鸳鸯被冷雕鞍热。

逗鹌鹑

分手东墙，送君南浦。目断行云，泪添细雨。载恨孤舟，戛愁去橹。厮看觑，两无语。当时也割不断那样恩情，今日个打迭起这般凄楚。

寄外

雁飞曾不到衡阳，锦字何由寄永昌？三春花柳妾薄命，六诏风烟君断肠。曰归曰归愁岁暮，其雨其雨怨朝阳，相闻空有刀环约，何日金鸡下夜郎？

黄莺儿散曲

积雨酿轻寒，见繁花，树上残。泥途满眼登临倦。江流几湾，云山几盘？天涯极目空肠断，寄书难。无情征雁，飞不到滇南。

失题

泪珠纷纷滴砚池，断肠忍写断肠诗。自从那日同携手，直到而今懒画眉。无药可疗长恨夜，有钱难买少年时。殷勤嘱咐春山鸟，早向江南劝客归。

杨慎是明代第一才子，黄娥是蜀中四大才女之一，才子佳人，黄娥父亲与杨慎父亲都是朝廷重臣，虽说是政治联姻，倒也门当户对。黄夫人一生与杨慎伉俪情深、相濡以沫，他们的爱情故事也可以算得上是一段佳话，事实证明，才子佳人的结合不见得都是悲剧。由于二人出身贵族，一生倒也衣食无忧，不用为生计操劳，几乎没有什么大的坎坷，唯一的一件大事就是杨慎被贬官，迫使杨慎和黄夫人两地分居，最后杨慎客死异乡，年迈的黄娥哭走奔丧，这是人生的悲剧，但从中看出他们爱之深情之切，在杨慎落难时，黄娥也没有离开他。不过，从杨慎触怒嘉靖皇帝这件事情上看，他应该为人正直，不奉承权贵，而黄娥则夫唱妇随，贤妻良母。

柳如是

柳如是，本名杨爱，字如是，又称河东君，因读辛弃疾《贺新郎》"我见青山多妩媚，料青山见我应如是"，故自号如是。与马湘兰、卞玉京、李香君、董小宛、顾横波、寇白门、陈圆圆同称"秦淮八艳"，柳如是为"八艳之首"。生活在公元1618年到公元1644年。嫁"学贯天人""当代文章伯"之称的明朝大才子钱谦益为侧室。

万历四十六年（1618年），柳如是出生，后被辗转贩卖，幼年不幸，身世不清。崇祯元年（1628年），柳如是为江南名妓徐佛收养。柳如是并不迷醉其中。崇祯五年（1632年），柳如是嫁与年逾花甲的大学士周某为侍妾。周状元，常把她抱于膝上，教她读诗学文。其他妻妾醋意大发。周某死后，柳如是被迫下堂而去，重操青楼旧业。崇祯五年（公元1632年），柳如是流落松江，改旧名，自号"影怜"，表浊世自怜意。在松江与复社、几社、东林党人交往，常着儒服男装，与诸人纵谈时势、和诗唱歌。

柳如是与李待问、宋征舆、陈子龙等都有过恋情，被封建礼教所阻。其中与陈子龙的一段情愫，双方情切意笃，长居松江南楼，赋诗作对，互相唱和。可惜南楼唱和美景不长，陈子龙原配张氏带人闹上南楼。柳如是不堪受辱，悲切而毅然地离去。虽然如此，陈子龙对于柳如是仍不死心。但陈子龙在抗清起义中不幸战败而死。柳如是择偶要求很高，许多名士求婚她都看不中，有的只停留在友谊阶段。崇祯十一年（1638年），二十岁的柳如是结识了原礼部侍郎、28岁即得探花的钱谦益。崇祯十三年（1640年）柳以男妆相，柳儒士之名与钱再相遇，钱并在其居住之半野堂之处，以“如是我闻”之名另筑一“我闻室”，以呼应柳如是之名。并带着柳如是徜徉于湖光山水，诗酒作伴。柳如是感其深情，愿嫁此时早已年过半百的钱谦益。

崇祯十四年（1641年），柳如是嫁给东林领袖、文名颇著的大官僚钱谦益。钱谦益娶柳后，为她在虞山盖了壮观华丽的“绛云楼”和“红豆馆”，金屋藏娇。两人同居绛云楼，读书论诗相对甚欢。钱谦益戏称柳如是"柳儒士"。柳如是后生有一女。崇祯帝自缢，清军占领北京后，南京建成了弘光小朝廷，柳如是支持钱谦益当了南明礼部尚书。不久清军南下，当兵临城下时，柳如是劝钱谦益与其一起投水殉国，钱谦益沉思无语，最后走下水池试了一下水，说“水太冷，不能下”，柳如是“奋身欲沉池水中”，却给钱谦益硬托住了。于是钱谦益便腼颜迎降了。钱谦益降清去北京，柳如是留在南京。钱谦益做了清朝的礼部侍郎兼翰林学士，由于受柳如是影响，半年后便称病辞归。

顺治四年（1647年），钱谦益因黄毓祺反清案被捕入狱，顺治五年（1648年），柳如是四处奔走，救出钱谦益，并鼓励他与尚在抵抗的郑成功、张煌言、瞿式耜、魏耕等联系。柳如是并尽全力资助，慰劳抗清义军，这些都表现出她强烈的爱国民族气节。钱谦益降清，本应为后世所诟病，但有柳如是的义行，而冲淡了人们对他的反感。康熙三年（1664年）五月二十四日，钱谦益去世。钱谦益去世后，乡里族人聚众欲夺其房产，柳如是为保护钱谦益家产业，竟用缕帛结项自尽。享年四十六岁。柳如是死后葬于虞山佛水山庄。时年其女年17岁，已嫁给无锡赵玉森编修之子。柳如是留下的作品主要有《湖上草》《戊寅草》与《尺牍》。

柳如是诗词欣赏：

梦江南·怀人其七

人去也，人去碧梧阴。未信赚人肠断曲，却疑误我字同心。幽怨不须寻。

南乡子·落花

拂断垂垂雨，伤心荡尽春风语。况是樱桃薇院也，堪悲。又有个人儿似你。莫道无归处，点点香魂清梦里。做杀多情留不得，飞去。愿他少识相思路。

梦江南·怀人其八

人去也，人去小棠梨。强起落花还瑟瑟，别时红泪有些些。门外柳相依。

梦江南·怀人其九

人去也，人去梦偏多。忆昔见时多不语，而今偷悔更生疏。

梦里自欢娱。

访秋水阁吊柳如是

隐隐河东柳，迎酬尽党人。序题戊寅草，帐设绛云茵。殉国艰于死，悬棺矢不臣。皇皇多列士，侠骨让红唇。

寻访眉楼遗址吊顾横波

夕照清溪水，秋波脉脉横。曲萦推第一，墨洒拟全能。邀寿外味友，义延东蹈僧。典封虽一品，风骨却崚嶒。

江城子·忆梦

梦中本是伤心路。芙蓉泪，樱桃语。满帘花片，都受人心误莫今宵风雨话，要他来，来得么。

安排无限销魂事。砑红笺，青绫被。留他无计，去便随他去。来还有许多时，人近也，愁回处。

杨白花

杨花飞去泪沾臆，杨花飞来意还息。怜杨柳花，忍思入南家。杨花去时心不难，南家结子何时还？杨白花，不恨飞去入闺闼，恨杨花初拾时。不抱杨花凤巢里，却爱含情多结子。愿得有力知春风，杨花朝去暮复离。

柳如是为“秦淮八艳”之首，这个主要表现在她的文采上、成就上。她的一生也比较坎坷，流落风尘。对她争议最大的就是她与明末文宗钱谦益的老少恋，老少恋本来就颇受议论，加上柳如是、钱谦益的身份差距，更是颇被世俗诋毁，毕竟柳如是来自烟花柳巷。但是柳如是一生不仅诗文成就高，而且颇有气节，胜似男儿，清军攻城后，她甚至带着钱谦益一起投水自尽，因钱谦益骨头软，她只好作罢。她嫁给钱谦益后，一心持家，做了贤妻良母，最后以死逼退恶人，足见其气节。徐天啸曾评价“其志操之高洁，其举动之慷慨，其言辞之委婉而激烈，非真爱国者不能”。

冯小青

冯小青，名玄玄，字小青。明万历年间南直隶扬州（今属江苏）人。生卒年不详。嫁杭州豪公子冯生妾。讳同姓，仅以字称。工诗词，解音律。为大妇所妒，徙居孤山别业。亲戚劝其改嫁，不从，凄怨成疾，命画师画像自奠而卒，年十八。

冯小青，据清初《女才子书》中记载，本名玄玄，明晚期人，大致生于万历晚期，其有事迹记于张岱《西湖梦寻》之《小青佛舍》一篇：小青，广陵人。冯小青秀丽端雅，聪颖伶俐，深得父母宠爱。冯小青母亲大家闺秀出身，善于舞文弄墨、抚琴弹弦，只有冯小青一个女儿，视如掌上明珠。对她悉心培育，一心盼望她长成一个才貌出众的姑娘。

冯小青十岁那年，来了一个化缘老尼，老尼一身灰布袈裟，慈眉善目，她见冯小青可爱，将她唤到身边。冯小青也觉得老尼慈祥可亲，非常乐意站在她面前。老尼抚着冯小青的头，缓缓开口说："小姐满脸颖慧，命相不凡，我教你一段文章，看你是否喜欢？"冯小青饶有兴致地点头，专注地看着老尼。老尼闭目合手，念了一段佛经。冯小青知是在考自己，也闭了眼，把刚才老尼念的佛经复述一遍，一字不差。老尼露惊诧状，摇了摇头，口诵一声"阿弥陀佛"，转身对冯小青母亲郑重道:“此女早慧命薄,愿乞作弟子;倘若不忍割舍,万勿让她读书识字,也许还可有三十年的阳寿。”

及年十六,其母贪得金帛,遂不及详访清浊,即以小青许嫁冯生。小青一见冯生之状,嘈喳戚施,憨跳不韵,不觉泪如雨下,惨然叹息曰:“我命休矣!”小青之怨自此始。及随生至杭,其妇更加妒悍,一闻娶妾,吼声如雷,含怒而出。只见小青黛眉不展,容光黯淡,袅袅然恰似迎烟芍药。妇自上至下把小青仔细看了一会,但冷笑曰:“标致!标致!”小青回鬟掩泪,愈加愤懑,然已是笼中鹦鹉,只得曲意承顺,而妇妒嫉之念不能少解。妇有戚属杨夫人者,才而贤淑,尝就小青学棋,绝怜爱之。偶谈及妇之奇妒处,不觉叹息曰:“我观汝女工诸技,色色皆精,奈何堕落在罗刹国内。我思欲脱子火坑,子能从我作笔砚友乎?”小青敛容起谢曰:“多蒙夫人爱同亲女,贱妾岂不知感,所恨命如一叶,与死为邻,只怕此生无由侍奉!”语未毕,忽值妇至,遂各散去。

一日,春光明媚,杨夫人邀妇泛湖,并拉小青随往。船到断桥,俱登岸闲步,妇与夫人携手立于垂杨之下。小青独至苏小墓边,取酒浇奠,低低口占一诗曰:

西陵芳草骑辚辚,内信传来唤踏春。
杯酒自浇苏小墓,可知妾是意中人。

时小青出居湖上未归,故有“内信传来”之句。当下徘徊,闲看了一会,即命肩舆由岳坟而行,及至天竺,小青拜祝已毕,又默占一绝云：

稽首慈云大士前，莫生西土莫生天。
愿为一滴杨枝水，洒作人间并蒂莲。

妇向前礼毕，顾谓夫人曰："我闻西方佛无量，而世多专礼大士，这是何故？"杨夫人未及答，小青应曰："只为菩萨能慈悲耳。"妇知讽己，便笑曰："是了，是了，我当慈悲汝。"既而舍舆登舫，荡桨中流。只见两堤间花柔草嫩，有许多艳服少年，挟弹驰骑，往来游冶。同船诸女伴，卷帘凭槛，笑语喧哗，倏东倏西，指点谑跃。而小青淡然凝坐，绝无轻佻之容。既而饮至半酣，杨夫人数取巨觞觞妇，妇已醉，徐语小青曰："船有楼，汝可伴我一登。"比及登楼远眺，久之，抚小青之背，而附耳低言曰："你看远山横黛，烟水空蒙，好光景可惜，汝何自苦。岂不闻章台柳，亦尝倚红楼，而盼韩郎走马，汝乃作蒲团空观耶！"小青曰："贾平章剑锋可畏也！"夫人笑曰："汝误矣，平章剑钝，女平章乃利害耳。"居顷之，顾左右寂无人，杨夫人又从容讽曰："观子丰神绝世，才韵无双，我虽非女侠，力能为汝定筹。适间所言章台柳故事，汝乃会心人，岂不领悟。今世岂少一韩君平，汝何为缄愁含怨，自苦如此。且彼视汝之去，如拔一眼中钉耳。纵能容妆，汝遂向党将军帐下作羔酒侍儿乎？"

小青谢曰："夫人休矣！吾幼时曾梦手折一花，随风片片着水，命止此矣！夙业未了，又生他想，彼冥曹姻缘簿，非吾如意珠，徒供群口画描耳。"夫人叹曰："子言亦是，吾不子强。虽然，好自爱，彼或好言语，或以饮食啖汝，汝乃更可虑。即旦夕所需，应用物件，只需告我。”遂相顾泣下沾衣，唯恐他婢窃听，徐拭泪还坐，寻别去。杨夫人每向宗戚语之，闻者莫不酸鼻云。居无何，妇妒益深，乃徙小青于孤山别业告诫曰：“非我命而郎至，不得入。非我命而郎之手札至，亦不得入。”小青既到孤山，暗自念，彼置我于闲僻之地，必然密伺短长，借莫须有事鱼肉我。以故深自敛戢。山在苏公堤畔，乃林和靖之故址。梅畦竹径，一水千峰，虽幸狺语得离，耳目清逸，然当梦回孤枕，听野寺之钟声；烟染长堤，望疏林之夕照，又未尝不黯然下泪也。因书一绝，以寄其幽怨云：

春衫血泪点轻纱，吹入林逋处士家。
岭上梅花三百树，一时应变杜鹃花。

小青之怨自此益深，而其幽愤之怀俱托之诗。或作小词，又好与影语。或斜阳花际，烟空水清，辄临池自照，对影絮絮如问答，婢辈窥视则不复尔，但微见眉痕惨然，似有泣意。

一日，早起梳妆毕后，独自步至池边，临波照影。徙倚之间，忽又呼影而言曰：“汝亦是薄命小青乎？我虽知汝，汝岂相怜，假使我赍恨而死，汝岂能因我而现形耶！”

喃喃了一会，复又笑曰：“狂且浊妪，无辱知我，若得与汝作水中清友，我来汝现，我去汝隐，汝非我不亲，我寻汝而至，洵足以相数晨夕，而可以无愁岑寂矣。”

正在踌躇之际，忽闻婢女寻唤，遂回至卧内，即事题诗一章曰：

新妆竟与画图争，知在昭阳第几名。

瘦影自临春水照，卿须怜我我怜卿。

又一夕，风雨潇潇，梵钟初动，四顾悄然，乃于书卷中捡出一帙《牡丹亭》，挑灯细玩。

及读“寻梦”“冥会”诸出，不觉低首沉吟，废卷而叹曰：“我只道感春兴怨，只一小青。岂知痴情绮债，先有一个丽娘。然梦而死，死而生，一意缠绵，三年冰骨，而竟得梦中之人作偶。梅耶柳耶，岂今世果有其人耶！我徒问水中之影，汝真得梦里之人，是则薄命，良缘相去殊远。”

言讫泫然泣下。回顾侍婢俱已熟寝，遂援笔赋成一绝云：

冷雨幽窗不可聆，挑灯闲看牡丹亭。

人间亦有痴于我，岂独伤心是小青。

时已夜半，但闻雨声淅淅，乱洒芭蕉；风响萧疏，斜敲窗纸；孤灯明灭，香冷云屏。而愁心耿耿，至晓不能成寐。

于时，杨夫人之女小六娘，染病而殁，夫人又欲从宦远方，小青遂因吊奠，即与夫人言别。一叩灵车，泪如泉涌，遂以卮酒奠毕，与夫人握手绸缪，备叙别后衷曲。

夫人因女夭亡，见了小青，倍加怜爱。小青又以夫人远去，转觉唏嘘。盘桓数日，遂与妇一同送出北关，洒泪而别。

自从夫人去后，无与同调，遂郁郁成疾，岁余益深。其妇每命医来看视，仍遣女婢以药送至。小青佯为感谢，俟婢退出，将药倾掷床头，笑曰："吾固不愿生，亦当以净体皈依，作刘安鸡犬，岂汝一杯鸩所能断送乎！"

然病益沉重，水粒俱绝，每日只饮梨汁一小盅许。然益明妆冶服，未尝草草梳裹，或拥襆欹坐，或呼琵琶妇唱盲词消遣。虽数晕数醒，终不蓬首偃卧也。

忽一日，语老妪曰："可为我传语冤业郎，觅一良画师来。"

有顷，师至，即命写照。写毕，揽镜细视曰："得吾形似矣，犹未尽我神也，姑置之。"

画师遂又凝神极巧，重写一图。小青又注目熟视曰："神是矣，而丰态未流动也，得非见我目端手庄故尔。"矜持如此，乃令置之。

复命捉笔于旁，而自与老妪指顾语笑，或扇茶铛，或检书帙，或自整衣褶，或代调丹碧诸色，纵其想会。须臾图成，果极妖纤之致，笑曰："可矣！"

冯小青生平事迹仍然不详细，留下的只有些许只言片语。从冯小青母亲大家闺秀得出结论，冯小青应该出身在名门，早年还是受到良好的教育，饱读诗书，颇受熏陶，最后以文学见长，她颇有佛缘，慧根不浅，言辞间透露出玄机。

薛素素

薛素素，名五，字润卿，江苏吴县人，生卒年不详，明代人。诗、书、画、琴、弈、绣无所不能，尤工水墨大士、山水兰竹工小诗，能书，作黄庭小楷。尤工兰竹，下笔迅捷，兼擅白描大士、花卉、草虫，各具意态，工刺绣。又喜驰马挟弹，百不失一，自称女侠。后为李征蛮所娶。所著诗集名《南游草》。

素素姿度妍雅，言动可爱，能书，作《黄庭》小楷，尤工兰竹，下笔迅扫，各具意态，虽名画好手，不能过也。素素自负侠名，善弹走马，以女侠自命，置弹于小婢额上，弹去而婢不知，广陵陆弼《观素素挟弹歌》云："酒酣请为挟弹戏，结束单衫聊一试，微缠红袖袒半鞲，侧度云鬟掩双臂。侍儿拈丸著发端，回身中之丸并坠。言迟更疾却应手，欲发未停偏有致。"自此江湖侠少年皆慕称薛五矣。少游燕中，与五陵年少挟弹出郊，连骑邀游，观者如堵。薛素素善驰马挟弹，能以两弹先后发，必使后弹击前弹，碎于空中。又置弹于地，以左手持弓向后，右手从背上反引其弓以击地下之弹，百不失一。绝技翩翩，亦青楼中少双者。真神乎技矣，小说家闻此，大可演绎传奇一部，以侠妓呼之，当不过誉。

薛素素不久艳名大震，传到四川大山，《众香词》云：

为李征蛮所嬖，其画像传入蛮峒。彭宣府深慕好之。吴人冯生自谓能致素素，费金钱无算。久之，语不雠，宣尉怒羁留十余年乃遣。北里名姬，至于倾动蛮夷，世所希有也。

薛素素部分诗词欣赏：

雨夜

江城漏转夜迢迢，坐向芳樽叹寂寥。挑尽银灯愁不尽，满庭疏雨湿芭蕉。

画兰竹题赠苏时钦

翠竹幽兰入画双，清芬劲节伴闲窗。知君已得峨眉秀，我亦前身在锦江。

怀人诗

良夜思君归不归，孤灯照客影微微。携来独枕谁相问，明月空庭泪湿衣。

长桥宴客

一尊聊卜夜，螯背恣雄谈。才减诗难得，情深酒易酣。点衣花片片，拂面柳毵毵。倾倒饮无尽，秋更忽报三。

独酌二首

一

香尝花下酒，翠掩竹间扉。独自看鸥鸟，悠然无是非。

二

好鸟鸣高树，斜阳下远山。门前无客过，数酌自酡颜。

谢王徵君叙诗

一篇劳见赠，字字气凌云。艺圃应无我，词坛独有君。偶曾吟拙句，何竟辱雄文。争似山阴客，鹅群报右军。

寄友四首

一

灯下金钱卜，风前玉笛横。此时身与世，总是别离情。

二

谁怜花烛燃，自与酒相亲。无限相思意，题诗寄远人。

三

未送鱼肠剑，先裁雁足书。金兰同臭味，不審近何如。

四

别路三千里，离情十二时。诗成凭寄与，一字一相思。

画兰

空谷佳人绝世姿，翠罗为带玉为肌。独怜错杂萧萧草，一段幽香秖自奇。

画菊扇头赠新知

金铃千朵绝栽培，分得寒香入酒杯。自怪苦吟清瘦甚，不知君却为谁来。

秋日邀何侍御饮得行字

石头城里莫愁乡，深愧侬家得擅场。江润水晴鸥对浴，天空云静雁成行。

绣衣半借芙蓉色，绿酒平分菡萏香。不是与君交意气，敢将汤饼啖何郎。

何侍御席上书事

中朝驸马解怜才，北海清尊日日开。共说绣衣能任侠，故教红拂得追陪。

高明杂遝龙门敞，佳气氤氲凤阙迴。自愧芳年心未灭，年年风絮舞章台。

中秋夜同蔡幼凝集杨姬舜华馆中

宫漏迢遥夜未阑，当筵讵灭幔亭驩。论交莫厌情如水，投分真成气似兰。

鹦鹉杯怜同姊把，凤凰琴喜对酒弹。姮娥解妬佳人面，不放冰轮出广寒。

同蔡长卿孝廉饮因赠

漫吟新句赠，聊当一枝春。豪饮如无敌，成文似有神。

侬惭花比貌，君似玉为人。会见传胪日，芳名遇等伦。

春日过茅山

参差台殿闷灵踪，何曲茅君次第逢。洞口鹤窥曾过客，日中人上最高峰。

华阳涧水桃千树，旧馆坛碑阙几重。遥望金沙何处是，浮图千尺罩乌龙。

薛素素的资料也极度稀缺，从才子资料比才女资料多这样的现实来看，古代女子的地位的确令人堪忧。薛素素的诗词流传下来的倒是不少。由于生平事迹欠缺，我也不好作笼统的评价，只是从只言片语的历史史料中，得知她琴棋书画无所不通，另外她还会刺绣，又喜欢骑马，自称女侠，可见她的性格应该是比较豪爽，属于外柔内刚型。一生经历了几段感情，与多人相恋，足见她生性风流。

清篇

贺双卿

贺双卿，初名卿卿，一名庄青，字秋碧，为家中第二个女儿，故名双卿。江苏金坛薛埠丹阳里人氏，清代康熙、雍正或乾隆年间人，生活在公元1715年到1735年。双卿自幼天资聪颖，七岁就开始独自跑到书馆听先生讲课，十余岁就做得一手精巧女红。28岁，容貌秀美绝伦，令人“惊为神女”。贺双卿是我国历史上最有天赋、最具才华的女词人，后人尊其为“清代第一女词人”。

康熙五十四年（1715年），江苏金坛四屏山下一户姓贺的农家添了一个女儿。这是贺家第二个女儿，所以取名双卿。小双卿乖巧，很少哭闹，双卿舅舅在学馆做杂役，离贺双卿家不远，没人照料小双卿，常常一个人跑到学馆窗外偷看。后来学馆先生见小姑娘聪明好学，破例让她进课堂旁听。小双卿免费在学馆旁听三年，学会读书写字。

贺双卿十岁，母亲认为姑娘大了，整天在外跑来跑去，像个疯丫头，将来怕嫁不出去，于是不再让她天天往镇上学馆跑，而让她留在家学针线女红。在家跟着母亲做家务，心里仍放不下学馆的笔墨诗文。她舅舅买来纸笔砚墨，一有闲暇，便坐在饭桌边写诗。请舅舅把她的习作带到学馆请先生批改，先生常在她的习作上批下鼓励几句。转眼贺双聊已经十八岁，长成亭亭玉立的大姑娘。贺双卿虽然有出色诗才和气韵，可在乡下人眼里一钱不值。双卿父亲去世，便由叔父做主，嫁与邻村佃户周大旺。周大旺农户出身，只知埋头种庄稼。

周大旺五大三粗，脾气火爆，斗大的字不识一个，贺双卿感到生活无望。进入周家三天后，贺双卿开始尝到苦涩。婆母杨氏是泼辣的女人，贺双卿不能与之相处。老实巴交的周大旺不敢反抗，乖乖扛了锄头下田，将这莫名的火都发在贺双卿的身上。从这天开始，贺双卿日日在婆母压制下生活。家中清扫、煮饭、喂鸡、养猪、舂谷之类的杂活都落到她头上。贺双卿向丈夫诉说，但不能有丝毫安慰。无处诉苦，双卿只好把满腔的忧怨倾诉在纸上，形成一首首滴血含泪的诗篇。

贺双卿患有严重的疟疾，在周家得不到调治，忽冷忽热经常发作，把她折磨得面黄肌瘦，憔悴不堪。丈夫对她也就越来越讨厌，婆婆不在家，她倒在床上大哭。丈夫和婆婆的欺凌，把贺双卿折磨的不成样子。双卿便在芦叶、竹叶、桂叶和破布残片上写，笔磨秃了，她就用炭棒和白粉代替。婆婆多次大发淫威，将双卿的笔折断，诗稿烧毁，无论如何也阻挡不了双卿写诗的激情。双卿不在乎留下什么传世之作，她写诗、作词的唯一目的，只是为了发泄她对生活的不满。大约在雍正末年、乾隆初年，一代女词人，最终在肉体与精神的双重折磨下，花颜凋落，含恨离世，留下千古遗憾。

贺双卿部分诗词欣赏：

浣溪沙

暖雨无晴漏几丝，牧童斜插嫩花枝。小田新麦上场时。汲水种瓜偏怒早，忍烟炊黍又嗔迟。日长酸透软腰肢。

望江南

春不见，寻过野桥西。染梦淡红欺粉蝶，锁愁浓绿骗黄鹂，幽恨莫重提。

人不见，相见是还非？拜月有香空惹袖，惜花无泪可沾衣，山远夕阳低。

湿罗衣

世间难吐只幽情，泪珠咽尽还生。手捻残花，无言倚屏。

镜里相看自惊，瘦亭亭。春容不是，秋容不是，可是怜双卿！

玉京秋

眉半敛，春红已全褪，旧愁还欠。画中瘦影，羞人难闪。新病三分未醒，淡胭脂，空费轻染。凉生夜，月华如水，素娥无玷。

翠袖啼痕堪验。海棠边，曾沾万点。怪近来，寻常梳裹，酸咸都厌。粉汗凝香蘸碧水，罗帕时揩冰簟。有谁念。原是花神暂贬？

二郎神

丝丝脆柳，袅破淡烟依旧。向落日秋山影里，还喜花枝未瘦。苦雨重阳挨过了，亏耐到小春时候。知今夜，蘸微霜，蝶去自垂首。

生受，新寒浸骨，病来还又。可是我双卿薄幸，撇你黄昏静后。月冷阑干人不寐，镇几夜，未松金扣。枉辜却，开向贫家，愁处欲浇无酒。

孤鸾

午寒偏准，早疟意初来，碧衫添衬。宿髻慵梳，乱裹帕罗齐鬓。忙中素裙未浣，褶痕边，断丝双损。玉腕近看如茧，可香腮还嫩。

算一生凄楚也拼忍。便化粉成灰，嫁时先忖。锦思花情，敢被爨烟薰尽。东菑却嫌饷缓。冷潮回，热潮谁问？归去将棉晒取，又晚炊相近。

惜黄花慢

碧尽遥天，但暮霞散绮，碎剪红鲜。听时愁近，望时怕远，孤鸿一个，去向谁边？素霜已冷芦花渚，更休倩、鸥鹭相怜。暗自眠，凤凰纵好，宁是姻缘！

凄凉劝你无言。趁一沙半水，且度流年。稻粱初尽，网罗正苦，梦魂易警，几处寒烟。断肠可似婵娟意，寸心里，多少缠绵！夜未闲，倦飞误宿平田。

大清第一女词人贺双卿竟然有着这样悲惨的人生，她虽然有着李清照的才情，却无李清照的命运，李清照出身名门，士族大家，而贺双卿却是在无尽的苦难和折磨中过完一生，这就是人的命运。后世评论贺双卿出身之贫寒、身世之悲凉亦世所罕见，自古红颜多薄命。常言道，龙配龙，凤配凤，然而现实却事与愿违，大清第一才女竟然嫁给一个粗枝大叶的农民，还是胸无点墨的农民。贺双卿嫁给他，不仅在心灵上无法与之沟通，有文化上的差异，而且还要过着农民一样的劳累生活，每天跟鸡鸭猪羊打交道，这实在不堪入目。再加上贺双卿的婆婆又是个市侩的农民，这让她的日子更加难熬。贺双卿大清第一词人的成就是在夫家逼迫下激励出来的。这样的才女要是放在现代社会起码还能有个好的出路，古代对女性的压迫可见一斑。

秋　瑾

秋瑾，祖籍浙江山阴（今绍兴），出生于福建省云霄县城紫阳书院（七先生祠），生活在公元1875年到公元1907年。中国女权和女学思想倡导者，近代民主革命志士。第一批为推翻清朝政权和数千年封建统治而牺牲的革命先驱，为辛亥革命做出巨大贡献，提倡女权、女学，为妇女解放运动的发展起到了推动作用。

1894年，其父秋信候任湘乡县督销总办时，将秋瑾许配给王廷钧为妻。1896年，秋与王结婚。王廷钧在湘潭开设“义源当铺”，秋瑾住在湘潭，也常回婆家。秋瑾在婆家双峰荷叶时，常与唐群英、葛健豪往来，“情同手足，亲如姐妹，经常集聚在一起，或饮酒赋诗，或对月抚琴，或下棋谈心，往来十分密切”。后三个人被誉为“潇湘三女杰”。

1897年6月，秋瑾生下第一个孩子王沅德。1900年，王廷钧纳资为户部主事，秋瑾随王赴京。不久，因八国联军战乱，回到家乡荷叶。次年生下第二个孩子王灿芝。1903年，王廷钧再次复职，秋瑾携女儿一同前往。1904年7月，不顾丈夫王廷钧反对，冲破封建束缚，自费东渡日本留学，在东京入中国留学生会馆所设日语讲习所补习日文，常参加留学生大会和浙江、湖南同乡会集会，登台演说革命救国和女权道理。秋瑾除在校学习外，还广交留学生中的志士仁人，如周树人、陶成章、黄兴、宋教仁、陈天华等。此间，秋瑾积极参加留日学生革命活动，曾与陈撷芬发起共爱会，作为开展妇女运动的团体；和刘道一、王时泽等十人结为秘密会，以最终打破在身上的封建枷锁反抗清廷、恢复中原为宗旨，创办《白话报》，参加洪门天地会，受封为“白纸扇”（军师）。

在日本主编《白话》月刊过程中，孙中山建议她可“依据此特长，利用宣传工具，报告时事，解决实事，效果越直接越迅速越好”。秋瑾一贯以提倡女权为己任，她说“女学不兴，种族不强；女权不振，国势必弱”，欲求男女平等，“女子必当有学问，求自立，不当事事仰给男子”，“仿欧美新闻纸之例，以俚俗语为文……以为妇人孺子之先导”。她以“鉴湖女侠”在杂志上发表了《演说的好处》《敬告中国二万万女同胞》《警告我同胞》等文章，抨击封建制度丑恶，宣传女权主义，号召救国。她写道：“诸位，你要知道天下事靠人是不行的，总要求己为是。当初那些腐儒说什么男尊女卑、女子无才便是德、夫为妻纲这些胡说，我们女子要是有志气的，就应当号召同志与它反对。”字里行间，充满女权解放激情。秋，继入青山实践女校，并在横滨加入冯自由等组织的三合会。

日语讲习所毕业后，报名转入东京青山实践女校附设的清国女子速成师范专修科，随即回国筹措继续留学费用。1905年，秋瑾归国，春夏间，分别在上海、绍兴会晤蔡元培、徐锡麟，并由徐介绍参加光复会。徐锡麟、秋瑾先后加入光复会后，国内革命形势有了迅速的发展。1905年7月，秋瑾再赴日本，不久入青山实践女校学习。由冯自由介绍，在黄兴寓所加入同盟会，被推为评议部评议员和浙江主盟人。在留日学习期间，她写下了许多革命诗篇，慷慨激昂，表示："危局如斯敢惜身？愿将生命作牺牲。""拼将十万头颅血，须把乾坤力挽回。"

1906年，因抗议日本政府颁布取缔留学生规则，愤而回国，在上海创办中国公学。先在绍兴女学堂代课。3月，往浙江湖州南浔镇浔溪女校任教，发展该校主持教务的徐自华及学生徐双韵等加入同盟会。暑假离职赴沪，与尹锐志、陈伯平等以"锐进学社"为名，联系敖嘉熊、吕熊祥等人在长江一带会党，准备起义。萍浏醴起义发生后，她与同盟会会员杨卓林、胡瑛、宁调元等谋在长江流域各省响应，并担任浙江方面的发动工作。到杭州后，与将去安徽的徐锡麟约定，在皖浙二省同时发动。此时她在杭州新军中又发展了吕公望、朱瑞等多人参加同盟会与光复会。不久，萍浏醴起义失败，接应起义事遂告停顿。

1906年秋冬间，为筹措《中国女报》经费，回到荷叶婆家，在夫家取得一笔经费，并和家人诀别，声明脱离家庭关系。其实是秋瑾"自立志革命后，恐株连家庭，故有脱离家庭之举，乃借以掩人耳目。"1907年1月14日，《中国女报》创刊。秋瑾撰文提倡女权，宣传革命。以"开通风气，提倡女学，联感情，结团体，并为他日创设中国妇人协会之基础为宗旨"。并为该报写了《发刊词》，号召女界为"醒狮之前驱"，"文明之先导"。旋因母丧回绍兴，秋瑾先后到诸暨、义乌、金华、兰溪等地联络会党。大通学堂无人负责，乃应邀以董事名义主持校务。遂以学堂为据点，继续派人到浙省各处联络会党，则往来杭、沪间，运动军学两界，准备起义。她秘密编制光复军，并起草檄文、告示，商定先由金华起义，处州响应，诱清军离杭州出攻，然后由绍兴渡江袭击杭州，如不克，则回绍兴，再经金华、处州入江西、安徽，同徐锡麟呼应。原定1907年7月6日起义，后改为7月19日。

1907年7月6日，徐锡麟在安庆起义失败，其弟徐伟供词中牵连秋瑾，事泄。1907年7月10日，她已知徐失败的消息，拒绝了要她离开绍兴的一切劝告，表示“革命要流血才会成功”，她遣散众人，毅然留守大通学堂。14日下午，清军包围大通学堂，秋瑾被捕。她坚不吐供，仅书“秋风秋雨愁煞人”以对。1907年7月15日凌晨，秋瑾从容就义于绍兴轩亭口，时年仅32岁。

秋瑾，与其说是才女，还不如说是政治家。中国封建社会几千年了，女性一直处于社会的底层，她弘扬女权，实际上她是与中国几千年来的传统思想为敌，她的失败是注定的，但是她的确为革命做出了巨大的贡献。秋瑾作为女性代表，她的死加速了清政府的灭亡，因为男女平等是时代所趋。从秋瑾当年的旧照片看，她不仅是个才女，还是位天姿国色的美女。从民族大义看，她是英雄壮举，巾帼悲歌，但是从家庭角度讲，却未尽到为母之道、为妻之道，毕竟自古家国难两全。

民国篇

林徽因

林徽因，原名林徽音，其名出自“《诗·大雅·思齐》：大姒嗣徽音，则百斯男”。福建闽县（今福州）人，出生于浙江杭州。生活在公元1904年到公元1955年。中国建筑师、诗人、作家。人民英雄纪念碑和中华人民共和国国徽深化方案的设计者之一。代表作《你是人间四月天》《莲灯》《九十九度中》等。其中，《你是人间四月天》最为大众熟知，广为传诵。

林徽因祖父林孝恂，进士出身，历官浙江金华、孝丰等地。父林长民毕业于日本早稻田大学，擅诗文，工书法，曾任北洋政府司法总长等职；叔叔林觉民。1904年6月林徽因出生于浙江杭州，随祖父母居住；5岁，由大姑母林泽民授课发蒙；8岁，移居上海，入虹口爱国小学学习。1916年，因父在北洋政府任职，举家迁往北京，就读英国教会办的北京培华女中。1920年4月，随父游历欧洲，在伦敦受到房东女建筑师影响，立下攻读建筑学的志向。此间，还结识了父亲弟子——诗人徐志摩，对新诗产生浓厚兴趣。1921年，随父回国，仍到培华女中续学。

1923年，徐志摩、胡适等在北京成立新月社，林徽因常参加新月社举办的文艺活动，登台演出印度诗人泰戈尔诗剧《齐德拉》，饰演主角齐德拉公主，台词全用英语。她流利的英语和俊秀的扮相，在文艺界留下深刻印象。1924年6月，林徽因和梁启超长子梁思成同时赴美攻读建筑学。1924年9月，两人一起进入宾夕法尼亚大学美术学院学习，均从三年级课程读起。梁思成在美术学院建筑系，因建筑系不收女生，林徽因即注册在美术系，林徽因注册英文名字Lihyllihei-Yin。但她仍选修建筑系主要课程，实现自己的志愿。1927年，从美术学院毕业后，又入耶鲁大学戏剧学院学习舞台美术设计半年。1928年春，她同梁思成结婚。

1928年8月，夫妻回国，受聘于东北大学建筑系。林徽因在到职前先回福州探亲，曾应福州师范学校和英华中学之请，作《建筑与文学》和《园林建筑艺术》的演讲。为其叔林天民设计福州东街文艺剧场。翌年，到东北大学讲授《雕饰史》和专业英语。从1930年到1945年，梁思成、林徽因夫妇二人共同走了中国15个省，190多个县，考察测绘2738处古建筑物，很多古建筑就是通过他们的考察得到世界、全国的认识，从此加以保护。比如像河北赵州大石桥、山西应县木塔、五台山佛光寺等。也正是由于在山西的数次古建筑考察，使梁思成破解了中国古建筑结构的奥秘，完成对《营造法式》这部“天书”的解读。

1931年，林徽因受聘北平中国营造学社。次年，为北平大学设计地质馆和灰楼学生宿舍。此后数年，她多次深入晋、冀、鲁、豫、浙各省，实地调查勘测数十处古代建筑，单独或与梁思成合作发表《论中国建筑之几个特征》《平郊建筑杂录》《晋汾古建筑调查纪略》等有关建筑论文和调查报告，还为署名梁思成的《清式营造则例》一书写了绪论。这是一本研究中国古代建筑必读的重要工具书。林徽因在从事建筑科学研究之余，也开始从事文学创作。1931年4月，她第一首诗《谁爱这不息的变幻》以“徽音”为笔名，发表于《诗刊》第二期。以后几年中，又在《诗刊》《新月》《北斗》，天津《大公报》《文学杂志》等，先后发表了几十篇作品。大部分是诗歌，也有散文、小说、戏剧和文学评论。她曾被聘为北平女子文理学院外语系讲授《英国文学》课程，负责编辑《大公报·文艺丛刊·小说选》，担任《文学杂志》编委。经常参加北平文学界读诗会等活动。1936年，平津各大学及文化界发表《平津文化界对时局宣言》，向国民政府提出抗日救亡的八项要求，林徽因是文艺界的发起人之一。

1937年夏，她在山西五台山地区发现中国最古老的一座木结构建筑——建于唐代佛光寺大殿。正当她要进行深入研究时，“七七事变”爆发，她被迫中断野外调查工作，不久，北平沦陷，全家辗转逃难到昆明。次年，她为云南大学设计具有民族风格的女生宿舍。1940年，她随梁思成工作单位“中央研究院”迁到四川宜宾附近的李庄，住在低矮破旧的农舍里。颠沛流离的生活使她肺病复发。在病榻上，她通读二十四史中有关建筑部分，为写《中国建筑史》搜集资料，常工作到深夜。抗战胜利后，林徽因全家于1946年8月回到北平。不久，她为清华大学设计教师住宅，并接受校外设计任务。

1948年5月，她在《文学杂志》发表了《病中杂诗》9首。同年底，北平郊区解放，解放军包围古都北平。林徽因夫妇想到城内无数巍峨壮观、雕梁画栋的古建筑也许将毁于战火,忧心如焚,寝食不安。1949年初,两位解放军突然到访,表现出对重要文物古迹的保护态度,让他们消除了对共产党的疑虑,并应解放军请求,编写了《全国文物古建筑目录》。此书后来演变成为《全国文物保护目录》。时年,林徽因还被聘为清华大学建筑系一级教授。1950年林徽因被特邀参加全国政协一届二次会议,并被任命为北京市都市计划委员会委员兼工程师,提出修建"城墙公园"设想。

1951年,47岁的林徽因为挽救濒于停业的景泰蓝传统工艺,抱病与高庄、莫宗江、常莎娜、钱美华、孙君莲深入工厂做调查研究,并设计一批具有民族风格的新颖图案,为"亚洲及太平洋区域和平会议""苏联文化代表团"献上一批礼品,深受一参会人员欢迎。1952年,梁思成、刘开渠主持设计人民英雄纪念碑,林徽因被任命为人民英雄纪念碑建筑委员会委员,抱病参加设计工作,与助手关肇邺一起,经过认真推敲,反复研究,完成须弥座图案设计。1952年5月,林徽因、梁思成翻译了《苏联卫国战争被毁地区之重建》一书,并由上海龙门书局印行,为国家建设提供借鉴。应《新观察》杂志之约,撰写《中山堂》《北海公园》《天坛》《颐和园》《雍和宫》《故宫》等一组介绍中国古建筑的文章。

1953年10月,林徽因当选为建筑学会理事,并任《建筑学报》编委,被邀参加第二届全国文代会。1954年6月,选为北京市人民代表大会代表。20世纪50年代,梁思成因提倡新建筑用作大屋顶等传统形式和保护北京古城而遭到批判。1953年5月,北京市开始酝酿拆除牌楼,对古建筑大规模拆除。时任北京市副市长的吴晗担起了解释拆除工作的任务，为挽救四朝古都仅存的完整牌楼街不因政治因素而毁于一旦，林徽因丈夫梁思成与吴晗发生激烈争论。梁思成被吴晗的言论气得失声痛哭。不久，在文化部社会文化事业管理局局长郑振铎邀请文物界知名人士在欧美同学会聚餐会上，林徽因与吴晗也发生一次面对面的冲突。随后，林徽因病情急剧恶化，最后拒绝吃药救治。

1955年4月1日6时20分，林徽因病逝于同仁医院，享年51岁。林徽因治丧委员会由张奚若、周培源、钱端升、钱伟长、金岳霖等13人组成。4月3日，林徽因追悼会在北京市金鱼胡同贤良寺举行。去世后，她的遗体安葬在八宝山革命公墓，墓碑下方有一块刻着秀丽花圈的汉白玉。

林徽因的成就堪称民国第一才女，这也是适合对她的褒扬，然而她的总体成就足以与李清照并肩。林徽因是古今集大成的才女，她出身名门，自由受到了良好的教育，加上她的夫家又是梁启超家族，可谓门当户对。从老照片看，林徽因年轻时还是位美女，风情万种，她把梁思成、金岳霖、胡适、徐志摩等大才子迷得神魂颠倒，可见她人才非同一般。金岳霖更是为了她终身不娶。徐志摩为了她竟然抛妻弃子，最后英年早逝。胡适对她，更是可望而不可即。最终与梁思成终成眷属。林徽因不仅在文学造诣上享有盛名，她还是位出色的建筑设计师，中国的很多知名建筑出自她手，就连国徽也参与设计，才华了得。她和梁思成为中国古代建筑研究奠定了坚实的科学基础。

张爱玲

张爱玲，原名张煐，现代作家，原籍河北省唐山市。生活在1920年9月30日到1995年9月8日920年，张爱玲出生在上海公共租界西区一幢没落贵族府邸。张爱玲出身名门，祖父张佩纶是清末名臣，祖母李菊耦是李鸿章长女。父亲张志沂，母黄素琼。

1922年张爱玲随父迁居温州。父任职金浦路铁路局英文秘书。1924年，张爱玲开始私塾教育，母亲与姑姑张茂渊奔赴欧洲游学，张爱玲由姨奶看管。1928年，父亲辞去职务，由天津搬回上海，母亲和姑姑也返回上海。张爱玲开始学习绘画，英文和钢琴，并开始读《三国演义》《西游记》《七侠五义》等古典名著。1930年入黄氏小学插班读六年级。张瑛改名为张爱玲，同年父母协议离婚，母亲与姑姑搬出宝隆花园洋房，在法租界租房住，张爱玲仍然随父亲生活。

1931年，张爱玲入读上海圣玛利亚女校，随白俄罗斯练习钢琴。1932年，母亲去法国，张爱玲于圣玛利亚校刊首次发表短篇小说《不幸的她》。1933年，张爱玲在圣玛利亚校刊发表第一篇散文《迟暮》，开始与父亲学写旧诗。1934年父亲再婚，后母为孙宝琦之女孙用蕃，并迁回麦根路别墅。张爱玲写《理想中的理想村》《摩登红楼梦》

《后母的心》等文章，但未发表。1936年，母亲携美国男友返回上海，张爱玲在《凤藻》上发表散文《秋雨》。1937年，张爱玲在圣玛利亚校刊《国光》半月刊发表小说《牛》《霸王别姬》及评张若谨小说《若馨评》。在《凤藻》发表《论卡通画之前途》。后与后母因一点小事发生口角，被父亲责打，并拘禁半年。1938年年初，张爱玲趁夜逃到母亲家。同年张爱玲参加伦敦大学远东区入学考试，得第一名。

1939年，张爱玲与母亲，姑姑迁居静安寺路赫德路口爱丁堡公寓5楼51室。因战乱持伦敦大学成绩单入读香港大学文科，认识终生挚友炎樱。1940年，张爱玲散文《我的天才梦》参加《西风》三周年纪念征文，获第十三名荣誉奖，并获学校两项奖学金。1941年底，珍珠港事件爆发，香港沦陷，港大停课，母亲男友死在新加坡战火。1942年夏，张爱玲与炎樱返回上海，与姑居住在爱丁顿公寓6楼65室，开始写作生涯，在《泰晤士报》上写影评和剧评。在英文《二十世纪》月刊发表《中国人的生活与服装》《中国人的宗教》《洋人看戏及其他》等散文和其他五六篇影评。1943年，张爱玲认识当时月刊《紫罗兰》主编周瘦鹃。5月，张爱玲在该刊物上发表小说《沉香屑第一炉香》该篇文章使张爱玲在上海文坛一炮打响，崭露头角。6月，张爱玲发表续作《沉香屑·第二炉香》。7月，张爱玲认识了评论家柯灵。此后张爱玲在《杂志》《万象》《古今》等刊物发表《茉莉香片》《到底是上海人》《心经》《倾城之恋》等一系列小说，散文。同年，汪精卫政府宣传部部政务次长胡兰成，因得罪汪精卫入狱，而苏青听说胡兰成入狱后，携张爱玲到周佛海处为胡兰成求情。年底在日本人干预下胡兰成出狱。胡兰成读杂志《天地》中张爱玲的小说《封锁》后大为赞赏，胡兰成写信给苏青询问张爱玲，张爱玲从苏青那里知道胡兰成的情况。后胡兰成亲自拜访张爱玲，两人长谈五个小时，一见倾心。此时胡兰成38岁，张爱玲24岁，胡兰成已经结婚。

1944年1月，张爱玲在《万象》刊登长篇小说《连环套》，共登六期。2月，在《天地》刊出散文《烬余录》。后发表《花凋》《谈女人》《红玫瑰与白玫瑰》等一系列小说、散文。5月，傅雷以“讯雨”为笔名发表评论《论张爱玲的小说》，对张爱玲《金锁记》大加赞扬，对其他小说采取批评态度特别是《连环套》。8月，胡兰成与第二任妻子离婚，在炎樱媒证下与张爱玲结婚。9月，张爱玲小说集《传奇》由《杂志》出版，四天后即再版。张爱玲因此在上海文坛大放异彩，《杂志》编辑部多次举行《传奇》座谈会，张爱玲出席活动。11月，张爱玲在胡兰成创办《苦竹》第一期发表散文《谈音乐》，后继续发表小说散文。同时胡兰成到武汉，住在江汉医院，认识一名姓周护士，很快与周护士开始同居生活。12月，大中剧团在卡尔登戏院上演舞台剧《倾城之恋》，张爱玲在《苦竹》上发表《自己的文章》以回应傅雷的批评。

1945年1月，话剧《倾城之恋》继续上演，张爱玲散文集《流言》由中国科学公司出版，畅销一时。张爱玲继续在月刊《杂志》上发表《留情》《我看苏青》等小说散文。3月，胡兰成回到上海，与张爱玲厮守一个多月，且主动告诉张爱玲他和周护士的事情。5月，胡兰成回到汉阳，并以“胡览乘”为笔名在《天地》上发表《张爱玲与左派》一文，对张爱玲大加赞美。8月15日，日本正式投降，胡兰成也开始逃亡生活。1946年2月，张爱玲从上海到温州寻找胡兰成，此时胡兰成身边又有了另外一个女人，范秀梅。张爱玲到来也使得胡兰成大吃一惊，张爱玲只在温州停留二十几天便回去了，此后八九个月，二人偶或还通音信。当年张爱玲也被上海一家小报攻讦为文化汉奸。张爱玲应桑弧邀请编写电影剧本《不了情》，《太太万岁》。11月，《传奇》（增订本）由山河图书公司出版。

1947年4月，张爱玲在《大家》发表小说《华丽缘》。5月，《大家》发表小说《多少恨》。1947年6月，张爱玲对胡兰成的感情心灰意冷，终于写了一封绝交信，信中写道："我已经不喜欢你了，你是早已不喜欢我了的。这次的决心，我是经过一年半的长时间考虑的，彼时唯以小吉故，不欲增加你的困难。你不要来寻我，即或写信来，我亦是不看的了。"后张爱玲与姑姑迁居梅龙镇巷内重华新村2楼11号居住。1949年，胡兰成从香港出逃，后转赴日本定居。1950年，张爱玲以"梁京"为笔名在《亦报》上连载长篇小说《十八春》。7月，张爱玲应夏衍的邀请参加上海市的第一届文代会。11月，《十八春》由《亦报》出版社出版。1951年5月，张爱玲任以梁京为笔名在《亦报》上连载中篇小说《小艾》。

1952年，张爱玲向香港大学申请复学获得批准。7月张爱玲持港大证明出国，经广州抵达香港，住于女青年会，并未再入港大复学。张爱玲开始为香港"美国新闻处"翻译《老人与海》《爱默生选集》《美国七大小说家》等书。此间，张爱玲一直在香港深入简出，很少与人交往。1953年，张爱玲认识了宋淇、邝文美夫妇。之后，张爱玲奉命为《今日世界》杂志写了两部长篇小说《秧歌》《赤地之恋》。同年，父亲在上海病逝。1954年，《秧歌》《赤地之恋》英文版出版，中文版也问世。张爱玲寄《秧歌》中文版给胡适，后两人开始通信并结下友谊。

1955年11月，张爱玲搭乘“克利夫兰总统号”游轮赴美国。租住在纽约救世军办的女子宿舍，张爱玲与炎樱重逢并同去拜访胡适。

1956年2月，张爱玲得到Edwararowelolony写作奖金，在二月间搬去Colony所在的纽英伦州。这个写作基金会主要是为作家提供一个安静、舒适环境。在这里，张爱玲遇见了她的第二个丈夫Fedinaneyher赖雅先生。赖雅比张爱玲大三十岁，是一个很有才气的美国剧作家。1956年8月，张爱玲与赖雅相识半年后结婚。张爱玲开始用英文撰写长篇小说《Pinears》。1957年，CBS上映英文版电影《秧歌》。夏志清发表《张爱玲论》首次肯定张爱玲在中国小说史上的重要地位。同年，母亲在英国病逝。1958年，张爱玲获加州韩廷敦哈特福基金会资助半年，在加州专门从事写作，发表小说《五四遗事》，为香港电懋电影公司编写《情场如战场》《桃花运》《人财两得》等剧本。1960年，张爱玲成为美国公民。

1961年，出访台湾，欲访张学良未如愿。后结识台湾小说家白先勇、王文兴、陈若曦、王帧和等人，并与王帧和赴莲花旅游，但途中接到美国打来的长途电话，赖雅不幸中风晕倒。张爱玲只得取消访问计划，回到美国。冬天，在港为电懋电影公司编写《红楼梦》《南北一家亲》等剧本。1962年到1976年，张爱玲在美国创作和发表的作品无数。1979年，张爱玲在《中国时报》副刊发表小说《色戒》。1981年，《海上花注译》出版。同年7月29日，胡兰成于日本东京去世，享年75岁。1983年，唐文标出版《张爱玲卷》，张爱玲出版《惘然记》。1986年，后母在上海病逝。1987年《余韵》出版，1988年《续集》出版。1991年姑姑在上海病逝。1993年张爱玲完成《对照记》。1995

年9月8日夜，张爱玲在洛杉矶西木区公寓内去世，享年七十四岁。9月19日，遗体在洛杉矶惠泽尔市玫瑰岗墓园火化。9月30日，骨灰由林式同、张错、高全之、张绍迁、许媛翔等人携带出海，撒于太平洋。

张爱玲出身名门，祖母更是李鸿章的长女，家世渊源。早年的张爱玲衣食无忧，但生活在战乱年代，心灵多少受过创伤。张爱玲生性忧郁，从她的"婚姻就是不止一次的卖淫"这句话看得出来；同时，她又是充满野心的，如她的"成名要趁早，不然快乐也来得很晚"这句话看出来。张爱玲才华横溢，不过，从老照片看她的相貌人才只能算是一般。她的文学成就和才情堪称"民国四大才女"之首。她的一生当中经历了几次失败的婚姻，还不算婚外情，或许她已经对男女感情不抱希望，定居美国后，将精力都用在了创作中。

石评梅

石评梅，名汝壁，因爱慕梅花之俏丽坚贞，自取笔名石评梅。曾用笔名评梅女士、波微、漱雪、冰华、心珠、梦黛、林娜等。山西省平定县人，生活在1902年到1928年。中国近现代女作家、革命活动家，“民国四大才女”之一。

父亲石铭，字鼎丞，清末举人；石评梅之母是父亲续弦，家为山西省平定县一个书香门第。石评梅聪颖好学，受父母喜爱，从三四岁开始，父亲就教她认字，坚持不断，后来进了小学，白天上课，晚上她父亲仍然教读《四书》《诗经》等。辛亥革命后，石评梅父亲石铭到省城太原立图书馆任职，随父到太原，进入太原师范附属小学就读，附小毕业直接升入太原女子师范学校读书。由于石评梅天资聪颖，在学校被誉为“才女”。在女师读书间显露石评梅的反抗思想和组织才能。女师闹风潮，她为组织者之一。风潮后，校方开除她，后因惜其才学，又恢复了学籍。

1919年，石评梅从太原女师毕业，考入北京女子高等师范学校。在父亲支持下，到北京求学。到北京后，改考体育系。新思潮影响下，石评梅一面在女高师勤奋学习课业，一面即开始向各报刊投稿。

1921年12月20日，石评梅的诗歌《夜行》就在山西大学“新共和学会”办的刊物《新共和》第一卷第一号上正式刊出。1920年山西同乡会上，石评梅结识北京大学学生、五四运动健将、山西籍最早共产党人高君臣。1923年4月15日，石评梅曾致信高君宇，倾吐她思想郁闷。高君宇次日去信，助她分析青年之普遍郁闷，在于社会制度不合理。

1923年5月下旬，石评梅与体育系12人、博物系14人组成“女高师第二组国内旅行团”南下旅游，她们沿京汉铁路，经保定、武汉、南京、上海，从青岛、济南返回北京。返校后，石评梅写了一篇五万余字的长篇游记《模糊的余影》，连载于《晨报副刊》。1923年，石评梅完成学业，接受师大附中聘请担任女子部学级主任和体育教员、国文教员，后来还在春明女校、女一中、若瑟女校、师大等校兼任教员和讲师。担任北京师大附中女子部主任。1924年高君宇因张国焘被捕叛变遭到北洋军阀政府通缉。他从在京住所腊库胡同十六号化装脱险，在狂风暴雨的夜晚到石评梅住处告别。1924年石评梅和陆晶清合编《京报》副刊的《妇女周刊》时，得到鲁迅的关怀和支持。

1924年11月，石评梅与陆晶清等编辑出刊《京报》副刊《妇女周刊》。她以犀利的笔触，揭露抨击社会的黑暗势力，激励人民革命斗志。1925年3月，高君宇因病逝世。3月29日，北京大学、国民会议促成会全国代表大会和山西省立一中校友会召开高君宇追悼大会，石评梅送挽联：“碧海青天无限路，更知何日重逢君。”又在白布上亲笔题写一首挽词，悬挂在追悼会上。5月8日，根据高君宇遗愿由石评梅和高全德出面将高君宇安葬在北京陶然亭，石评梅在高墓周围亲手植松柏十余株，并在墓上题碑记。1925年5月30日，上海发生“五卅惨案”，石评梅和陆晶清等于7月1日在《妇女周刊》第二十九期发表本刊编辑部特别启事，对“沪汉惨屠”表示愤慨之情。

1926年3月18日，北京各界在李大钊领导下在天安门前召开国民大会，要求段祺瑞执政府拒绝日、英、美等八国提出的撤除大沽口国防设备的最后通牒，抗议日舰对大沽口的炮击。会后二千余人游行情愿。段祺瑞执政府出兵镇压，制造了“三一八”惨案。石评梅虽然没有亲自参加到执政府门前请愿行列，但好友刘和珍不幸遇难，陆晶清也负了伤。1926年3月19日，石评梅即奔医院看望负伤的朋友。并于3月22日在《京报副刊》发表散文《血尸》，3月25日，又参加女师大为刘和珍和杨德群召开的隆重追悼大会，同时在《京报副刊》发表《痛哭和珍》一文，悲愤地指出：“昨天的惨案，这也是放出野兽来噬人；”“你的血虽然冷了，温暖了的是我们的热血，你的尸虽然僵了，铸坚了的是我们的铁志。”“我也愿将这残余的生命，追随你的英魂！”

1926年上半年，石评梅与好友陆晶清等编辑北京《世界日报》副刊《蔷薇周刊》，工作之余在京从事文学事业。初以写诗歌与散文为主，当时即被称为北京著名女诗人，到后期创作不少短篇小说。1926年8月26日，鲁迅离京南下，石评梅至前门车站送行。鲁迅在当天的日记中记载：“三时至车站，晶清、石评梅来送。”1927年发表的小说《匹马嘶风暴》是这一时期石评梅的小说代表作之一。1928年9月18日，石评梅在北京西拴马桩八号寓所开始发病，剧烈头痛，她以为身体不适是常事，照常去附中教书，但病情日益加重。友人庐隐等送石评梅进旧刑部街日本山本医院，师大教授兼附中主任林砺儒和庐隐等均在医院守护，不久开始昏迷。9月23日由日本山本医院转到协和医院，诊断为脑炎。9月30日石评梅即逝世于北京协和医院，被安葬在陶然亭高君宇墓旁。1928年10月13日，世界日报社、女师大学生会、春明女校、蔷薇社及绿波社等在女师大礼堂开追悼会，庐隐报告石评梅生平事迹，焦菊隐代表绿波社致辞，女师大学生会写祭文，陆晶清从上海专程赶回北京，写下《我哭你唤你都不应》的祭文。1928年12月，由蔷薇社编辑，《世界日报》印行《石评梅纪念刊》，登载三十余篇悼念文章。石评梅逝世后，经庐隐、陆晶清等努力，编辑出版石评梅生前所著小说散文集《偶然草》，散文集《涛语》等书。

石评梅一生当中，以创作诗歌、散文、小说见长，有"北京著名女诗人"之誉。作品主题大多以追求爱情、真理、自由、光明为主题，同时她还是一位政治活动家。他去世后，周恩来等共产党领袖出席追悼活动。石评梅只活了短短26岁，正是风华正茂之时，却英年早逝，真可谓天妒英才。虽然只有短短的26年，她的一生却充满传奇和生命力，她为革命做出了贡献，为后人留下了美好的诗篇。

吕碧城

吕碧城，一名兰清，字遁夫，号明因、宝莲居士。安徽旌德县人。生活在1883年到1943年，女权运动首倡者之一，中国女子教育先驱，中国第一位动物保护主义者，中国新闻史上第一位女编辑，中国第一位女性撰稿人，开创近代教育史上女子执掌校政先例的民国奇才女。被赞"近三百年来最后一位女词人"、与秋瑾一起称为"女子双侠"，诗人、政论家、社会活动家、资本家。20世纪，中国文坛、女界，曾有过"绛帷独拥人争羡，到处咸推吕碧城"的一大景观。

吕碧城年幼坎坷，少年失怙，家产被夺，夫家退婚，寄人篱下，母妹服毒。吕碧城9岁议婚于同邑汪氏，10岁订婚。1895年，吕碧城12岁，其父光绪进士吕凤歧去世，吕碧城母亲回乡处理祖产，吕家一门四女，并无男子，族人便以其无后继承财产为名，巧取豪夺，霸占吕家财产，唆使匪徒将母亲劫持。吕碧城在京城听到消息，四处告援，给父亲朋友、学生写信求助，几番波折，事情终于获得圆满解决。

此事让与吕碧城有婚约的汪家起了戒心，小小年纪竟能呼风唤雨，于是提出退婚要求，吕家孤女寡母不愿争执，答应下来，双方协议解除婚约。家庭破落，婚约解除，她不得不随母亲远走娘家，吕碧城母亲带着四个未成人的女儿投奔在塘沽任盐运使的舅父严凤笙。此间，吕家又发生一件不幸的事。吕碧城和大姐、二姐先后走出家门后，只剩下母亲严氏和最小妹妹吕坤秀两人。亲戚对她们就食娘家不满，1902年，竟唆使匪徒将二人劫持，为免受辱，母女二人只好服毒。在大姐吕惠如请求下，时任江宁布政使樊增祥星夜飞檄邻省，隔江遣兵营救。幸亏救兵赶到得及时，才将母女二人救活。

1903年，吕碧城想去天津城内探访女子学校，被保守舅父严词骂阻，说她不守本分，要她恪守妇道。年轻气盛的吕碧城第二天就逃出家门，只身"逃登火车"，奔赴天津。身无分文、举目无亲的吕碧城，在赴津列车中，幸遇好心人佛照楼老板娘，将其带回家中安顿。当得知舅父署中方秘书夫人住在《大公报》社，吕碧城便给方太太写信求助。此信巧被《大公报》总经理英敛之所见，英敛之一看信，为吕碧城的文采连连称许。英敛之亲自前往拜访，受聘为《大公报》第一名女编辑。吕碧城到《大公报》仅数月，在报端屡屡发表诗词作品，格律谨严，颇受诗词界前辈赞许。又连续撰写鼓吹女子解放与宣传女子教育的文章，如《论提倡女学之宗旨》《敬告中国女同胞》《兴女权贵有坚忍之志》等。

1904年到1908年，吕碧城借助《大公报》，积极兴女权、倡导妇女解放而发表大量文章和诗词，结识了大批当时的妇女解放运动领袖人物，与秋瑾尤其交好。1904年5月，秋瑾从北京来到天津，慕名拜访吕碧城。两人情同姊妹，订为文字之交。两位新女性成就了一段"双侠"的传奇。吕碧城连续发表提倡女子解放的文章，震动京津，袁世凯之子袁克文、李鸿章之侄李经义等人纷纷投诗迎合，一时，京津文坛，形成众星捧月局面。

1904年9月，“北洋女子公学”成立，11月7日，天津公立女学堂在天津河北二马路正式开学。吕碧城担任总教习，负责全校事务，兼任国文教习。按照英敛之、吕碧城等人意见，学校定名为“北洋女子公学”。在傅增湘的“学术兼顾新旧，分为文理两科，训练要求严格”的办学方针的指导下，1906年春天，北洋女子公学增设师范科，学校名称遂改为北洋女子师范学堂，租赁天津河北三马路的民宅作为校舍，第一期只招学生46人，后又在津、沪等地招生67人，学制一年半，称为简易科。

吕碧城执掌女子学校总教习，在社会轰动一时。1909年，陈庚白13岁，就读于天津客籍学堂，仰慕吕碧城大名，暗中前往女子学堂窥伺其风采。后来任总统府秘书的沈祖宪，曾称吕碧城为“北洋女学界的哥伦布”，赞赏其“功绩名誉，百口皆碑”。1907年7月15日，秋瑾绍兴遇难，无人敢为其收尸，中国报馆“皆失声”，吕碧城设法与人将其遗体偷出掩埋，又在灵前祭奠。她后来南游杭州，又拜谒秋瑾墓，不禁感慨万端，作一首《西泠过秋女侠祠次寒山韵》，追怀这位志同道合的挚友。之后，吕碧城用英文写了《革命女侠秋瑾传》，发表在美国纽约、芝加哥等地报纸上，引起颇大反响，也使自己陷于险境。吕碧城与秋瑾交往引起官方注意，以致直隶总督袁世凯一度起了逮捕吕碧城的念头。

1912年，袁世凯在京登上民国总统宝座，吕碧城凭借与袁世凯旧交，出任总统府机要秘书，后又担任参政一职。她欲一展抱负，但黑暗官场让她心灰意冷，1915年袁世凯蓄谋称帝时，吕碧城毅然辞官离京，移居上海。她与外商合办贸易，两三年间，就积聚起可观财富，在上海静安寺路自建洋房别墅，其住宅之豪华，生活之奢侈，为沪上人士所艳羡生妒。可见有非凡的经济头脑。1918年吕碧城前往美国就读哥伦比亚大学，攻读文学与美术，兼为上海《时报》特约记者，四年后学成归国，1926年，吕碧城再度只身出国，漫游欧美，达七年之久。她将自己的见闻写成《欧美漫游录》，先后连载于北京《顺天时报》和上海《半月》杂志。吕碧城两度周游世界，写了大量诗词。

1928年，她参加了世界动物保护委员会，创办中国保护动物会，并在日内瓦断荤。1929年5月，她接受国际保护动物会邀请赴维也纳参加大会，并盛装登台作了演讲，与会代表惊叹不已。1930年吕碧城正式皈依三宝，成为在家居士，法名“曼智”。1943年1月24日在香港九龙孤独辞世，享年61岁。遗命不留尸骨，火化成灰后将骨灰和面为丸，投于中国南海。

吕碧城也是一位女权主义者，但是她比秋瑾更幸运，亲眼看见了清朝的灭亡。她跟秋瑾一样，是一位女性政治侠客，为革命而奔走。她的成就很大，中国新闻史上第一位女编辑，女性撰稿人，被称为“近三百年来最后一位女词人”。词学家龙榆生称誉她是“凤毛麟角之才女”，诗人易实甫认为“诗文见解之高，才笔之艳，皆非寻常操觚家所有也”。她盛誉满载，可见她的确有过人之才。

萧　红

萧红，乳名荣华，学名张秀环，后改名为张乃莹。笔名萧红、悄吟、玲玲、田娣等。黑龙江省哈尔滨市人，生活在1911年到1942年，中国近现代女作家，“民国四大才女”之一，被誉为“20世纪30年代文学洛神”。

1911年，出生于黑龙江省哈尔滨市一个封建地主家庭，幼年丧母。1916年，外祖父将萧红学名改为张廼莹。1919年，生母姜玉兰感染霍乱病故。父亲张廷举续娶梁亚兰，即萧红继母。1920年，入呼兰县乙种农业学校女生班读初小。1924年，入北关初高两级小学校女生部读高小。后转入呼兰县第一女子初高两级小学校。1927年，入哈尔滨市东省特别区区立第一女子中学就读。萧红喜欢文学和绘画，在校刊发表过抒情诗。1928年，哈尔滨市学生维持路权联合会发起反日护路游行示威活动，即“一一九”运动。萧红参加游行，主动担任宣传员。

1929年，祖父去世，萧红十分悲痛。祖父去世后，她已没有留恋。1930年，初中毕业，不顾家庭反对出走北平，入北平大学女子师范学院附属女子中学，读高中一年级。因为没有家庭支持，生活陷入困顿中。1931年1月，寒假中离开北平返回呼兰，被软禁家中。2月底，再次去北平，不久未婚夫汪恩甲追到北平。3月中旬，两人一起离开北平回哈尔滨。汪恩甲哥哥汪大澄不满萧红去北平读书，代弟弟解除与萧红婚约，萧红到法院状告汪大澄。汪恩甲为顾及哥哥声誉，违心承认解除婚约是自己主张。萧红输掉官司，回到呼兰，随家搬到阿城县福昌号屯，被迫与外界隔绝。

1931年10月，从福昌号屯经阿城逃到哈尔滨。一个月后与汪恩甲到道外十六道街东兴顺旅馆同居。半年后，萧红怀孕，临产期近，汪恩甲不辞而别。萧红写信向哈尔滨《国际协报》副刊编辑裴馨园求助，裴馨园多次派萧军到旅馆给萧红送书刊。萧红因此结识萧军。1932年8月7日，松花江决堤，洪水泛滥市区，由于萧红欠钱太多，旅馆不让萧红离开。萧军趁夜租一条小船，用绳子把萧红救出，到裴馨园家暂住。不久萧红住进医院分娩，孩子生后因无力抚养而送人，后夭折。出院后，两人住进道里新城大街的欧罗巴旅馆，开始共同生活。因没有固定收入，二人仅靠萧军当家庭教师和借债勉强度日。

1932年11月，萧红、萧军从欧罗巴旅馆搬出，安家于道里商市街25号。1933年3月，参加中共党员金剑啸组织赈灾画展，展出两幅粉笔画。4月，发表小说《弃儿》，是萧红最早发表的文学作品。1933年7月，与萧军、白朗、舒群等人在抗日演出团体“星星剧团”中担任演员，以实际行动支持抗日，由于引起敌伪特务机关注意，剧团于公演前解散。1933年10月，在舒群等人帮助下，萧红、萧军合著的小说散文集《跋涉》自费在哈尔滨出版。《跋涉》的出版，在东北引起大轰动，受到读者广泛好评，为萧红继续从事文学创作打下基础。

1934年6月，因《跋涉》大部分揭露日伪统治下社会的黑暗，歌颂人民觉醒、抗争，带有鲜明现实主义色彩，为躲避迫害，萧红、萧军在中共地下党组织帮助下，逃离哈尔滨，经大连乘船到达青岛。萧军在《青岛晨报》任主编，萧红完成著名中篇小说《生死场》。此间，两人与上海鲁迅先生取得联系，并得到鲁迅指导与鼓励，被称赞中国左翼文学一下子多了两个实力作家。鲁迅特意将两人介绍给茅盾、聂绀弩、叶紫、胡风等左翼作家。这些人后来成为萧红好朋友。不久，萧红、萧军、叶紫在鲁迅支持下结成“奴隶社”。

1935年12月，《生死场》以“奴隶丛书”名义由上海容光书局出版，署名“萧红”。鲁迅为之作序，胡风写后记，萧红一举成名。1936年6月15日，萧红作为最初发起人之一，与鲁迅、茅盾、巴金、以群等67位作家联合签名发表《中国文艺工作者宣言》，反对内战。1936年7月，因与萧军在感情上出现裂痕，为求得解脱、缓解矛盾，萧红只身东渡日本。1936年10月19日，鲁迅先生在上海逝世。萧红发表《海外的悲悼》等诸多作品用以怀念。

1937年7月7日，“卢沟桥事变”爆发。8月13日，日军大举进攻上海，萧红、萧军不顾危险，帮助日本进步作家鹿地亘、池田幸子夫妇躲过特务机关搜捕。1937年9月，萧红、萧军撤往武汉，结识著名青年诗人蒋锡金，住进他在武昌水陆前街小金龙巷25号的寓所久，东北籍青年作家端木蕻良也搬来与他们同住。萧红、萧军与从东北各地流亡到武汉的舒群、白朗、罗烽、孔罗荪等青年作家积极投身于抗战文艺活动，并在武汉形成一个很有影响的东北作家群。萧红创作了多篇以抗日为主题的作品，《天空的点缀》《失眠之夜》《在东京》《火线外二章：窗边、小生命和战士》等散文发表，对宣传推动人民抗战起到积极作用。

1938年1月，萧红、萧军和聂绀弩、艾青、田间、端木蕻良等应民族大学副校长李公朴之邀，离开武汉到山西临汾民族大学任教担任文艺指导员。2月，临汾形势紧张，萧红、端木蕻良随丁玲率领西北战地服务团来到西安。4月，萧红与端木蕻良一起回到武汉。5月，两人在武汉结婚。1938年11月，萧红在江津白朗家生下一子，产后第四天，孩子头天夜里抽风而死。产后萧红回到重庆，应邀写纪念鲁迅先生的文章，主要有《记我们的导师记忆中的鲁迅先生》《鲁迅先生生活散记》《鲁迅先生生活忆略》等。

1939年冬，萧红和端木蕻良搬到黄桷树镇上名秉庄，住在靳以楼下。1940年1月底，萧红随端木蕻良离开重庆，飞抵香港，住在九龙尖沙咀乐道8号。2月5日，“中华全国文艺界抗敌协会香港分会”在大东酒店为二人举行欢迎会。3月，萧红参加香港女校纪念三八劳军筹备委员会在坚道养中女子中学举行的座谈会。8月3日，香港文协、青年记者协会香港分会、华人政府文员协会等文艺团体联合在加路连山孔圣堂召开纪念会，纪念鲁迅先生六十岁诞辰，萧红负责报告鲁迅先生生平事项，纪念会上演出了萧红到港后写的哑剧《民族魂》。1941年4月，美国进步作家史沫特莱回国途经香港，特意到九龙看望病中的萧红。后来萧红听从史沫特莱建议到玛丽医院做全面检查，发现患有肺结核。10月，萧红住院打空气针治疗。11月底，因受医院冷遇，萧红返回九龙家中养病。

1941年12月8日，太平洋战争爆发，九龙陷于炮火，柳亚子先生应萧红之约，到九龙乐道萧红住处去探望她。次日，端木蕻良和青年作家骆宾基护送萧红从九龙转移香港，住进思豪酒店。1942年1月12日，日军占领香港。萧红病情加重，被送进香港跑马地养和医院，因庸医误诊为喉瘤而错动喉管，手术致使萧红不能饮食，身体衰弱。1月15日，端木蕻良和骆宾基将萧红转入玛丽医院。次日，萧红精神渐复，在纸上写下“我将与蓝天碧水永处，留下那半部《红楼》给别人写了”，“半生尽遭白眼冷遇，身先死，不甘，不甘。”1942年1月21日，玛丽医院由日军接管，萧红被送进红十字会在圣提士反女校设立的临时医院。1月22日上午10点，萧红病逝，享年31岁。

萧红不像另外三大才女（吕碧城、石评梅、张爱玲）那样属于实实在在的女权主义者，萧红更像是一个爱国主义者，鲁迅先生一生清高、淡泊，他能为萧红作品写序，证明萧红的才情是相当了得的。鲁迅先生说：“萧红是当时中国最有前途的女作家，很可能成为丁玲后继者，而且她接替丁玲的时间，要比丁玲接替冰心的时间早得多。”鲁迅先生对她的评价如此之高。萧红的一生也有过几次情感经历，生活在乱世的她体会到了人生百味。

后　记

三千年华夏文明，孕育了无数勤劳、勇敢、智慧的炎黄子孙，他们世世代代生活在这片土地上，为他们的生存、需求、荣誉而抗争。从周厉王执政时期到如今，历时2800多年，华夏大地英雄、能人辈出，他们成就千古绝唱，经久不衰，这也是为何人类被誉为“万物之灵”所在。2800年来，炎黄子孙虽然世世代代在华夏大地上繁衍，世代相传，不知经历了多少代、多少人、多少事，但卓有成就而被后人记住的人寥寥无几，但是几百人、几千人肯定还是有的，本书不可能一一收录，该书主要收录从春秋到民国69位集大成者。

本书收录的69位古今大才，虽然他们出身不同、才华不同，走的路也不同，但是他们的命运基本上大同小异。真理永远掌握在少数人当中，而才子抑或是佳人正是大多数人中的少数人，他们被多数人包围其中，他们想要发声、想要作为，却往往被庸才挡道。比如鲁国，只有孔丘一人醒着，举国上下都在沉睡，孔丘焉能作为？楚国，只有屈原是人杰，小人奸臣众多，连楚王也昏庸，他难有作为。……君子在小人面前往往束手无策，秀才在兵面前往往有理说不清。古今多少事，都付笑谈中。

本书即将由北岳文艺出版社出版，在此感谢出版社所有为此书的出版付出心血的工作人员，感谢你们的付出。

代言

2016年10月8日于成都